ROMANIAN

Romanian is a language which, because of its Latin origin and its direct and indirect loans from other Romance languages, is readily assimilated by an English speaker, especially if he knows French or Italian.

The student the authors have in mind is the non-specialist amateur and traveller. To this end, the material does not go far beyond the most elementary and the style varies between 'conversational' and 'near-formal'. Much of the vocabulary will be familiar to the student who knows other Romance languages; the major difficulties lie with the grammar, and this the authors have tried to grade as carefully as possible within the limits of a single volume.

The dialect covered in the book is Daco-Romanian, the national language of Romania, spoken by nearly ninety per cent of its inhabitants.

TEACH YOURSELF BOOKS

ROMANIAN

Virgiliu Ştefănescu-Drăgăneşti

Martin Murrell

TEACH YOURSELF BOOKS
Hodder and Stoughton

First printed 1970
Eighth impression 1990

ISBN 0 340 26384 9

Printed and bound in Great Britain for
Hodder and Stoughton Educational
a division of Hodder and Stoughton Ltd.,
Mill Road, Dunton Green, Sevenoaks, Kent
by Richard Clay Ltd, Bungay, Suffolk

This volume is available in the U.S.A. from
Random House, Inc.,
201 East 50th Street, New York, NY 10022

CONTENTS

INTRODUCTION

The Romanian (Rumanian, Roumanian) language developed from the Roman *koine* of the lower Danube region from about the middle of the first millennium of our era. Of the languages spoken around that part of the Danube before this time we know very little. The Dacians, who occupied a large part of this territory, spoke a Thracian tongue. At the beginning of the second century Dacia was made a Roman province, and the *lingua franca* used among the colonists, who were drawn from many different parts of the Roman Empire, was a variety of Latin. Latin thus became, and remained, the official language of communication in the region.

Despite the influences from neighbouring tongues to which Romanian has been open throughout most of its history, the language has preserved its basic Latin character in much the same way as English has preserved its Germanic character. Slavonic (Bulgarian, Serbian, Polish, Ukrainian, Russian) elements are most apparent in the vocabulary, to a smaller extent in the syntax (sentence grammar) and phonology (the sound-system), and hardly at all in the morphology (word grammar). Romanian has also developed certain features that are found in its non-Slavonic Balkan neighbours, e.g. in Albanian and Greek. In addition, items have been adopted at various times from nearby Turkish, Hungarian and German, and these last two languages, especially Hungarian, are still spoken by important minorities ('co-inhabiting nationalities') living on what is politically Romanian soil. Much of the borrowed vocabulary, however, was replaced during the nineteenth century in a conscious attempt to 're-Romanize' the language, with French and Italian supplying, in part, the models. In more recent times even a handful of English loans have been accepted into the lexicon (e.g. *fotbal*, *meci* 'match', *bridge*, *whisky*).

There are four principal dialects of Romanian, the most important being Daco-Romanian, which is the national language—spoken, with relatively small variations, by nearly ninety per cent of the inhabitants—of the Socialist Republic of Romania, whose total population now exceeds twenty million. This is the type of Romanian we present and describe in this book.[1] Other speakers of this dialect, i.e. inhabitants of the neighbouring countries, and speakers of the other main dialects are far less numerous.

Because of its Latin origin, and its direct and indirect loans from other Romance languages, a large part of the vocabulary of Romanian is readily assimilated by an English speaker, especially if he knows French or Italian. In working through the book you will find many familiar words, especially those conveying more abstract concepts, some identical in spelling with similar words used in English and others differing only slightly. This makes it fairly easy to read Romanian texts of a formal, non-literary nature. In addition, many words from the 'everyday' register and a number of grammatical items have a well-known appearance to a student who knows other Romance tongues (e.g. *pîine* 'bread', *casă* 'house', *da* 'give', *bun* 'good', *tu* 'you', *ce* 'what', *un* 'a', *de* 'of'). The major difficulties lie in the grammar, and this we have tried to grade as carefully as we could within the limits of a single volume. From about the middle of the course, the going is a little 'tough', but provided you have assimilated most of the material in the preceding Lessons, you will not have to slow your pace unduly. Each Reading Text can be worked through without referring to the new grammar, as translations are provided in the Vocabulary. After the reading of the Text, the Grammar and Exercises can be tackled piecemeal.

The variety of Daco-Romanian described in this book is the so-called present-day Standard—*limba română standard* (usually called, rather confusingly, *limbă*

[1] We have made no attempt to keep description (e.g. 'it occurs . . .', 'it may occur . . .') and prescription (e.g. 'you (may) use it . . .') distinct.

literară, because it forms the basis of the modern written language). We have not tried to separate the spoken and written mediums, for most learners require a little of both. The student we have in mind is the interested non-specialist amateur and traveller. The material used includes a few colloquialisms and spoken-medium patterns, especially at the level of discourse (i.e. in terms of utterance combinations), but does not go far beyond the most elementary. By 'elementary' we mean, of course, 'frequently occurring—and therefore useful—patterns'. The style of the Romanian in this work varies between 'conversational' and 'near-formal'.

And now a little advice on a possible method of using this book.

Each **Lesson** is divided into four or five parts. First comes the new **Vocabulary**: the new words and phrases, with the necessary grammatical labelling (you are told, for example, what 'part of speech' each item is, its gender if applicable, its plural form, and so on), and a separate list of **Phrases** which we have selected (from the Text) for translation, as they present various difficulties. The Phrases will help you to read the new **Text** without consulting the new **Grammar** section. Some of the Phrases are useful collocations, common expressions, which need careful memorizing. But do try to remember the context in which they are used. Ideally, you should learn as many of the Texts as you can by heart. This is far more useful, and even more enjoyable, than learning lists of isolated words.

Read through the Vocabulary and Phrases fairly quickly, noting those words which look familiar and spending a little longer on the rest. Then, after working through the Text with one eye on the Vocabulary, go back to the Vocabulary and study it hard. See if you can guess or remember the genders and plural forms of nouns, the four adjective forms, and so on. Continually test yourself, and before you begin a new Lesson check that you remember at least seventy per cent of the vocabulary in the preceding Lesson. Read the Text again and try to give the gist of it to yourself (in Romanian, of course), recalling at least what you consider to be the more important Romanian phrases. The next task is to read through the new Grammar, picking out in the Text the points noted, and to work through the Exercises—very carefully. Finally, recite and/or write out as much of the material in the original Text as you can from memory. It will not be necessary to tackle every *Lesson in this way, you can and should vary your procedure, but working along lines similar to those suggested here may bring the best results. It is a good idea to keep a notebook for writing down the phrases (phrases, rather than isolated words) which you find the most difficult to memorize and to try out variations on them—substitute some of the lexical items for others, turn statements into questions or commands, combine some items with others, change the tense and person, use a different determiner, and so on.*

The first five Lessons and one other each contain a section on **Pronunciation.** These sections should be looked at before the Text is attempted. The description of the various sounds should be studied closely and the sounds practised aloud. The vowels and diphthongs are probably harder to get right than the consonants, and they should, moreover, be kept distinct from each other. A summary of the sounds of Romanian, with their technical labels, is given in **Appendix 1,** which may be useful for sporadic reference. In the Lessons, rules describing formal changes in terms of graphemes (i.e. letters, orthographic symbols) are also to be interpreted in phonemic terms (i.e. in terms of the sound system). Generally, this presents no problem. A rule such as 'drop *-e*, add *-or*' readily yields the corresponding sound-equivalent rule 'drop /-e/, add /-or/' (sound representations are placed between slant-lines, as in this example). Where differences arise, we have noted them.

Each Grammar section presents its own problems.

Remember that this is a *course*, not a grammar book, and so the material is graded. The rules given are at first quite simple, but many are repeated and elaborated as the Lessons progress. This means that it may not always be easy to check up on a particular point at any given stage. However, the **Romanian Word List** and **Classified Index** will help you to locate all the more important uses and descriptions in the Lessons. Although in most cases you will be able to understand each Text without referring to the Grammar section, you should read the latter carefully as it frequently introduces several additional examples of a new structure and in so doing indicates the extent of its use—and thus its usefulness.

To help you to master the main words and patterns, a set of **Exercises** is appended to each Lesson. These should be worked through in conjunction with a re-reading of the Vocabulary and Grammar. Most of them can be done first orally, then in writing. The substitution tables are for giving more practice in the important structures; they produce isolated sentences, of course, and an additional exercise would be for you to contextualize some of the sentences (e.g. fit them into a two- or three-line dialogue of your own composing). Some of the Exercises are provided with specimen answers, which you will find in the **Key.** These answers may not correspond to your own in every case, but this does not mean that your answers are necessarily wrong! The models in the Key can only serve as a guide—to help you keep a check on your own progress. The answers to the translation exercises provide you with further Romanian texts; since the whole object is to learn and practise *correct* usage, it is a good idea to read the model answer carefully *before* you tackle the translation itself. If you find you can understand the Romanian translation answer fully and can memorize most of it, there is little need to do the actual translation exercise!

The Key is printed after the two Appendices. **Appendix 1** comprises a summary of the sound-system and the orthography. **Appendix 2** consists of a list of all the verbs used in the Lessons plus a few useful additions. At various points during the course you should look up the verbs whose infinitives you have learnt and check their conjugations in this List. The List will also help you when you do the Exercises.

Following the Key comes a list of all the Romanian words used in the Lessons, with references. You may like to add translations yourself, though it is usually more profitable to write up in your own notebook the more difficult words, giving each a full context. The following **English-Romanian Vocabulary** must be used with great care. Most of the translations apply specifically to the contexts in which the words were used, and meanings are not differentiated. It is a good idea to check the meaning of a given Romanian word against its use in one or more Texts. A few words appear in this Vocabulary for the first time; most of these—but only these—are provided with a few grammatical details to help you use them. For those used in the Lessons, the relevant grammatical information has to be sought in the Lessons. This Vocabulary is followed by a **Tourist Restaurant Aid**—a list of restaurant food items that you might find useful as a tourist, and the Classified Index.

One final tip: if you go to Romania knowing some Romanian, don't hesitate to try out what you have learnt! The Romanians are among the most friendly people on earth and will be delighted at your efforts to speak their language and very willing to help you. Those of you who would like to study the language with a native teacher can do so in Romania itself, where courses for foreigners are held every summer at the mountain resort of Sinaia. There are parallel sets of courses for beginners, for intermediate, and for advanced students, lasting one month and beginning in July (details and application forms from: Universitatea Bucureşti, Direcţia Cursurilor de vară, str. Pitar Moş 7–13, România). Information about travelling to and staying in Romania can be obtained from a Romanian embassy or consulate, or from a branch of the Romanian National Travel Office (O.N.T.) (e.g. at 98–99 Jermyn Street, London, S.W.1).

Acknowledgment The authors are indebted to Mrs Anna-Lisa Murrell and Miss Constance Milcoveano for their invaluable suggestions and their assistance in preparing the difficult typesheet. They also extend their sincere thanks to Mr E. D. Tappe, of the School of Slavonic and East European Studies, University of London, for reading through the manuscript and pointing out a number of errors and infelicities. For any inaccuracies or omissions remaining in the printed text the authors alone are responsible.

GLOSSARY OF GRAMMATICAL TERMS

Technical terms are labels that make it possible to dispense with repeated elaborate explanations. In this book we have used a minimum of technical terminology, but a glance at the Index will show that the number of terms is still quite large. Some of these are known to everyone, but others may be novel. A brief, and *very rough*, description of them, based on traditional grammar, appears below. Even the best known are included, as there are many cross-references, and we thought it better to include too many rather than too few. The items are listed alphabetically.

Adjective A word, phrase or clause that modifies a noun ('a *red* herring'). In English noun phrases, single-word adjectives usually precede the noun head and follow determiners. Many adjectives may function as complements after certain verbs ('it is *red*') and have a comparative and superlative degree ('redd*er*', 'redd*est*'). An adjective may be modified by certain adverbs ('*very* red'). In Romanian, adjectives agree with their head in gender number and case. Phrases and clauses modifying nouns may be called adjectival ('the girl *you went out with*').

Adverb Any modifier that is not an adjective or determiner ('he writes *well*', 'he's *with the manager*', 'he went *straight* to the manager', '*of course* I did'). There are many different classes in both English and Romanian. The members of some classes may be used as answers to the questions 'why?', 'how?', 'where?', 'when?', etc., and some form small grammatical classes.

Article In English the word *a*(*n*) is the indefinite article and *the* the definite article as used as determiners with nouns. A noun modified by no article may be said to be modified by *zero* article. The Romanian definite article is a non-separable element which we will call a suffix (unlike English *the*), the indefinite article a determiner (as in English).

Auxiliary This is a separable grammatical verbal item used with the infinitive or a participle of a lexical verb to indicate tense, mood, or some other special feature of the action or state ('I *will* sing', 'I *might* sing', 'I *have* sung'). In any language the number of auxiliaries is limited, and they can be exhaustively listed.

Case In Romanian, words functioning in noun phrases are subject to changes of form not only according to the nature of the head, with which they are made to 'agree' (see **Gender** and **Number**), but also according to the function of the noun phrase in a given clause. If we take the pronouns as an example, those used as subjects are said to be in the Nominative Case (*eu, el*); those used as direct objects in the Accusative (*mă, îl*); those used as indirect objects in the Dative (*îmi, îi*). In discussing nouns, determiners and adjectives we shall merely speak of a *base-form* (= nominative and accusative) and a *case-form* (= genitive and dative), since (apart from this one contrast) the *exact* case function of such words is generally shown by word order and/or by special markers, not by changes of form or the addition of suffixes (see further 16.3/2 (a)). A Genitive construction is one that can be replaced by a possessive determiner or pronoun ('*that girl's* boyfriend' → '*her* boyfriend'). The referent of a noun in the genitive is 'possessed by' another noun's referent; the referent of a noun in the dative is the 'recipient' of the direct-object referent (of the subject referent if the verb is in the passive).

Clause A Clause comprises a subject and a predicate ('John + can't come today'), and one or more clauses forms or form a sentence. A 'complex' sentence may comprise a 'main' clause—i.e. a clause that may stand on its own as a complete sentence—('*I'll cry* if you do') and one or more 'subordinate' clauses ('I'll cry *if you do*'). Subordinate clauses modify, or enter into the structure of, phrases or other clauses. A 'compound' sentence comprises two or more 'co-ordinate' (main) clauses ('*he came in* and *sat down*'). Sentences may also be 'complex-compound'.

Conjunction This is a grammatical word or phrase that joins words, phrases and clauses ('red *and* white', 'I watched her *as* she went', 'I know *that* that's right'). Those that may join main clauses are called 'co-ordinating' (e.g. *and*, *but*, *or*, *so*, *zero* conjunction); others are 'subordinating' (*as*, *that*, *when*, *if*, *provided*).

Determiner This is a non-lexical modifier of nouns that in many noun phrases may replace an article; it is different from an adjective in that, *inter alia*, it has no comparative and superlative degree (cf. *all*, *every*, *this*, *some*). In Romanian, most determiners show gender, number and case to the same extent as adjectives. In this book, the term is sometimes an ellipsis for *non-pronominal determiner* or *determiner pronoun*. Determiners can be listed exhaustively.

Determiner Pronoun This is a determiner that may stand on its own without a noun head (cf. *all*, *both*, *this*, *each*, as in '*both* have left', 'I like *this*').

Finite The infinitive and participles of a verb are non-finite forms. Other verb forms—those that change their form to show person and number—are called finite.

Gender Gender is like 'sex'. We say a noun denoting a male being is 'masculine', one denoting a female 'feminine', while a thing such as a table is of neither sex, and the noun denoting it is 'neuter'. The vast majority of nouns in English are neuter, with few exceptions: we call a thing 'it', not 'he' or 'she'. In Romanian, even inanimate nouns may be masculine or feminine according to convention. For convenience we shall talk of M-nouns, F-nouns and N-nouns. N-nouns operate either as M-nouns or as F-nouns according to their number form. Romanian has thus a two-term system of gender (M and F), made complicated by the existence of a class of nouns (N-nouns) that alternate between the two terms. It is important to remember the gender of a noun in order to know, for instance, which of the two forms, M or F, a modifying determiner or adjective should take; these 'agree' with their head (the noun to which they are joined) or with the noun to which they refer.

Head The centre of a noun phrase is the Head of that noun phrase, while the remaining elements are its Modifiers. The head of 'the King of England's son' is *son*; that of 'the King of England' is *King*; that of 'the powerful king' is *king*.

Infinitive This is the central non-finite form of the verb we give in the Vocabularies (*a merge*). In both languages it may—or may not—be preceded by a marker (English *to*, Romanian *a*).

Interjection This is a word or phrase used frequently in exclamations or parenthetically in clauses. It does not function structurally within a phrase or clause ('*oh!*', '*really!*', '*really*, John!', '*why*, it's you!').

Interrogative (see **Relative**).

Marker A marker is a separable element that resembles a preposition, but a unit preceded by a marker does not function as an adverb. It is used to 'mark', for example, the passive agent (in Romanian and English), the infinitive (in English and Romanian), certain types of direct object (in Romanian), and so on.

Mood For our purposes in this book, we regard Romanian verbs as having four Mood forms: the *Conditional* (*ar merge* 'he'd go'), which indicates 'unreal' conditions; the *Imperative* (*mergi* 'go!'), which is used in giving commands; the *Subjunctive* (*să meargă*)—in most cases simply the indicative preceded by the conjunction *să*—which suggests the possibility of an action or state; and the *Indicative* (*merge* 'he goes'), which is 'neutral' in relation to the other moods.

Non-determiner Pronoun This is a grammatical item that may replace or be replaced by a noun phrase, but which cannot take noun modifiers such as determiners, or function as a determiner itself (Eng. *I*, *who*, *me*, *myself*, Rom. *cine*, *unul*, *îmi*).

Non-pronominal Determiner This is a determiner that can only be used as a modifier, that is, it cannot stand as a pronoun (English *a*, *the*, *every*, *my*, Romanian *un*, *nişte*, *meu*).

Noun (adj.: *nominal*) A lexical item that, in English, may be modified by a determiner, an article such as *the*, an adjective, a phrase or a clause ('that red *book* over there'). A noun forms the head of a noun phrase. Many nouns in both languages have two number forms, singular (*book*) and plural (*books*). Every Romanian noun has a specific gender and may take a definite article suffix.

Noun Phrase A noun, with or without modifiers, constituting an element in the structure of a phrase or clause. A noun phrase may be replaced by a pronoun. It may function as (part of) the subject or complement of a clause ('*that girl*'s pretty'), or as the object of a transitive verb ('I like *that girl*'). In both languages a noun phrase becomes a possessive determiner on taking a genitive marker ('*that girl's* mother').

Number This is a two-term system in both languages. In Romanian, most noun-phrase elements and finite-verb forms have different *singular* and *plural* forms.

Object The direct object of a clause is a noun phrase or pronoun that completes the sense of a transitive verb. Many verbs require 'fulfilling' in this sense ('he took *his hat*', 'he broke *it*'); others may be optionally fulfilled ('he read (*the book*)', 'he painted (*it*)'). The indirect object indicates the 'recipient' or 'beneficiary' of the direct object referent ('he gave it *to John*', 'he painted *me* a picture') or of the subject referent ('it was given *to John*'). The word *complement* is sometimes used to indicate the noun phrase or adjectival or adverbal phrase that follows a copulative verb, that is, a verb of state ('he's *a man*', 'she looks *funny*'), and sometimes it covers both this meaning and that of 'direct object'. In Romanian, a pronoun functioning as direct object is in the Accusative Case and as indirect object in the Dative Case, while the noun complement of a copulative verb is in the Nominative Case.

Participle Present and Past Participles are non-finite forms of verbs. In English only, present participles (*laughing*, *breaking*) may be used as noun modifiers ('the *laughing* girl'), and in both languages as clause modifiers ('she approached me, *laughing*'). Past participles (*laughed*, *broken*) are used in both languages in the formation of certain tenses ('he hadn't *broken* it) and as noun modifiers ('a *broken* marriage').

Particle This is a useful label for those words which formally resemble prepositions and markers but whose status as one or the other or as something else has not been established or it is convenient to leave vague because of their multiple class membership.

Phoneme This is not a grammatical but a phonological

term (included here for convenience). A Phoneme is the smallest distinctive unit of significant speech sound in a given dialect. For example, we may talk of the **p**-phoneme of Standard British, writing it /p/, which is an abstraction of all the different **p**-sounds an English speaker uses, no two or more of which he uses repeatedly in a *regular* way with other sounds to produce *different words*. Likewise, there are a number of different, though regularly recurring, **l**-sounds in English (cf. the three different **l**'s in the phrase 'a little plum'), but if we interchange them we do not produce a different or nonsensical phrase, even though it sounds rather un-English. Thus, while we have a number of different **l**-*sounds* in English, we only have *one* **l**-*phoneme*.

Phrase One or more words that may form a complete unit of clause structure: subjects and objects consist of noun phrases, verbs of verb phrases, adverbs of adverb phrases, etc. It is also used loosely in this book to cover one or more words that it is useful to *translate* as a unit.

Possessive This is a determiner ('it's *my* book', '*John's* place') or pronoun ('it's *mine*') that specifies the 'possessor' of a noun. Genitive noun phrases may be replaced by grammatical possessive determiners ('*that girl's* husband' → '*her* husband') or by possessive pronouns ('it's *Jane's* → 'it's *hers*'). In Romanian, the form of a possessive agrees in gender, number and case with the noun whose referent (whatever the noun denotes) constitutes the 'property' (whatever it is that is possessed).

Predicate The Predicate of a clause is what remains after we have removed the subject. It consists of a verb phrase, with or without objects, complements and/or adverbs ('I *picked up my pen*', 'the girl over there *won't*').

Preposition A Preposition (e.g. *in*, *on*, *for*) precedes a noun phrase to form an adverb phrase—a unit which may be replaced by a single adverb ('he sat *on the bench*' → 'he sat *there*'). Prepositions can be exhaustively listed. Note that, by extension, the term can be applied to certain other, formally similar words such as markers and particles. We have made a distinction only in a few essential cases.

Referent The non-linguistic entity in our experience (person, abstract concept, material thing, etc.) which a lexical item refers to or denotes.

Reflexive A Reflexive Verb is one that, by means of a special set of pronouns, indicates that the action performed is performed *by* the subject *on* or *for* the subject ('he cut *himself*', 'she gave *herself* a treat'). In Romanian, the reflexive pronouns are used in more functions than in English; their presence may fulfil the conditions of transitivity or they may indicate that the subject 'possesses' the object.

Relative and Interrogative Relative and Interrogative words such as *who*, *which*, *where*, *what*, *how*, *that* operate as pronouns ('*which* is right?'), determiners ('*which* word is right?'), or adverbs ('*where* are the answers?'). Most words used in the one function are also used in the other ('the girl *who's* looking at you', '*who*'s looking at you?'). Some are used in only one of the two functions (Romanian *cine*: interrogative only, pronoun only; English *that*: relative only, pronoun only); others are used in other functions besides (Romanian *cît*); and some introduce exclamations ('*how* lovely!'). English has a *zero* relative pronoun ('the girl *zero* you met'), which is always replaceable by *that*. Relative clauses modify nouns ('the boy *you met*') and are used as nominalizations ('give it to *whoever you like*', 'I don't like *what you wrote*').

Sentence A sentence may be thought of as a minimal utterance comprising one clause, or two or more clauses having a definable relationship to one another. In writing, a distinction is traditionally made between 'complex', 'compound', and 'complex-compound' sentences (see also **Clause**).

Subject The subject of a clause is a noun phrase whose referent—if the predicate contains an active-voice verb—performs the action or exists in the particular state asserted by the predicate ('*I* picked up my pen', '*the girl over there* won't'). In Standard British English a singular human-noun subject may be replaced by *he* or *she* but not by *him* or *her*. In Romanian the subject and predicate are frequently conflated (*venim* 'we come').

Tense Verb forms change to indicate temporal features of the action in question in relation to other actions—for example, the present, the past, the future, simultaneity, continuity, sequence, etc. This *kind* of feature of the verb is called Tense (but not necessarily all those features listed: some of these may not occur or may go under other labels, depending on the language under discussion).

Transitive The verb in a clause containing a direct object is said to be Transitive. Many verbs may be used either intransitively ('he *grew*', 'the door *opened*') or transitively ('he *grew it*', 'he *opened it*'). There are more restrictions on the occurrence of the former in Romanian than in English, Romanian uses of reflexive verbs often corresponding to intransitive uses in English. There is a relationship in both languages between transitivity and voice.

Verb This is a word or phrase that may form a minimal predicate, describing an action or state. It varies its forms to indicate (for instance) tense ('it *was* red', 'it'*s been* red', 'it *will be* red') and mood ('it *would be* red', *were* it red', '*be* a man'). In Romanian most finite verb forms vary for person, that is, the choice of form is in part conditioned by the subject of the clause (cf. Eng. 'I *sing*', 'he *sings*', 'I *am*', 'you *are*', Rom. *dăm* 'we give', *dai* 'you give').

Verb Phrase This consists of a verb (a main verb with or without auxiliaries) and any verb modifiers, especially adverbs of manner ('he *died*', 'he *might die*', 'he *has died*', 'he *died quickly*'). It is used by some linguists also in the sense of 'predicate'.

Voice In English when the verb phrase of a clause comprises a form of the auxiliary verb *to be* plus the past participle of a main (lexical) verb, we say that the verb is in the Passive Voice ('the teacher *was shot* at', 'he *will be granted* leave'), which contrasts with the Active Voice ('he *shot* at the teacher', 'the officer *will grant* him leave'). The passive indicates that the action expressed by the verb is performed not *by* the subject (= active voice) but *on* or *for* the subject—by an *agent* stated or unknown ('the teacher was shot at (*by one of his students*)', 'she was shocked (*by his behaviour*)').

ABBREVIATIONS

In the Lesson Vocabularies each item is given an abbreviated label. For fuller details of an item's uses it is necessary to consult the Grammar sections.

acc.	accusative case
adj.	adjective, adjectival
adv.	adverb, adverbial (phrase)
art.	article (definite or indefinite)
B-form	base-form (nominative-accusative)
C-form	case-form (genitive-dative)
conj.	conjunction
dat.	dative case
det.	determiner, non-pronominal determiner
det. pron.	determiner pronoun (i.e. a form that may be used either as a det. or as a pron.)
Eng.	English
F	F-gender (noun), F-form
fut.	future (tense)
imp.	imperative mood
int.	interjection
inv.	invariable (form) (i.e. a form that does not change for gender, number and case, or for person and number, etc.)
lit.	literally, more literally
M	M-gender (noun), M-form
mark.	marker
N	N-gender (noun), N-form
num.	numeral
part.	participle
past	past (tense)
pl.	plural (form)
poss.	possessive
prep.	preposition, preposition-like phrase, particle
pres.	present (tense)
pron.	pronoun, non-determiner pronoun
Rom.	Romanian
sing., sg.	singular (form)
vb.	verb (form)

Lesson 1

1.1 Vocabulary

am *vb.* I have, I've got
*a*pă *F* water
c*a*nă *F* jug
c*a*rte *F* book
c*a*să *F* house
cl*a*să *F* classroom, class
cu *prep.* with, of
de *prep.* of, made of
f*a*tă *F* girl
l*a*dă *F* box, chest
l*a*mă *F* blade, razor-blade
l*a*mpă *F* lamp
l*a*pte *M* milk
l*e*mn *N* wood
m*a*să *F* table
măr *N* apple
o *det. F* a, an
om *M* man
pah*a*r *N* glass
pe *prep.* on
pom *M* tree
pun *vb.* I put, I am putting
ras *N* shave
s*a*lă *F* hall
sub *prep.* under
text *N* text
toc *N* pen
tren *N* train
un *det. M/N* a, an
văd *vb.* I see

Phrases

o c*a*nă cu *a*pă	a jug of water
o l*a*mă de r*a*s	a razor-blade
o s*a*lă de cl*a*să	a classroom
de l*e*mn	made of wood, wooden

1.2 Text

Note: stressed vowels are italicized.

O c*a*nă cu *a*pă. O c*a*nă cu l*a*pte. Un pah*a*r cu *a*pă. Un pah*a*r cu l*a*pte. O m*a*să de l*e*mn. O l*a*dă de l*e*mn. O l*a*mă de r*a*s. O c*a*rte pe m*a*să. Un t*o*c pe m*a*să. O l*a*dă sub m*a*să. Un *o*m sub un p*o*m. V*ă*d o c*a*să. V*ă*d o cl*a*să. V*ă*d o s*a*lă. V*ă*d o s*a*lă de cl*a*să. V*ă*d o c*a*nă cu l*a*pte pe m*a*să. V*ă*d un pah*a*r cu *a*pă pe m*a*să. V*ă*d o f*a*tă sub un p*o*m. V*ă*d un m*ă*r sub m*a*să. V*ă*d un t*o*c. V*ă*d o c*a*rte. *A*m o c*a*să. *A*m o c*a*rte. *A*m un t*o*c. *A*m un pah*a*r cu *a*pă. *A*m o l*a*mpă. *A*m un m*ă*r. P*u*n un m*ă*r pe m*a*să. P*u*n o l*a*dă sub m*a*să. P*u*n o c*a*nă cu l*a*pte pe m*a*să. P*u*n un t*o*c pe m*a*să. P*u*n o c*a*rte pe m*a*să.

o casă

o clasă

o sală

o masă

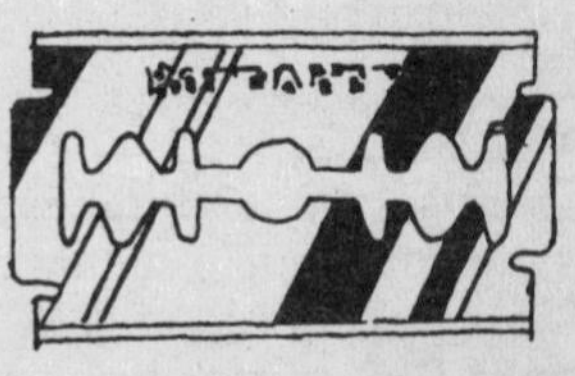

o lamă

o cană

o lampă

o fată

o carte

un om

un pom

o ladă

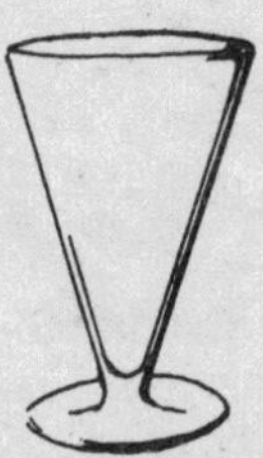

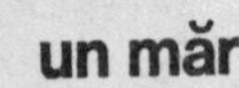

un pahar

un toc

un tren

1.3 Pronunciation

Romanian uses the same alphabetic letters as English, plus a few additions; many of the letters have a similar range of phonetic value to those in many other modern European languages that use the Latin alphabet.

The spelling of Romanian is largely phonemic, that is, with very few exceptions, the same letter represents the same sound-type in all positions and in all words of the same (standard) dialect. For this reason, it is not necessary to provide phonetic transcriptions throughout. In this and the next four Lessons the letters and sounds will be explained. Sound symbols are printed between slant-lines and stressed vowels are italicized; hyphens are occasionally used to show syllable-boundaries, thus /l*a*m-pă/ (two syllables).

1.3/1 Vowels

a /a/ resembles the Standard British English vowel-sound in words like *come*, *some*, *cut*. The Romanian sound is a little longer but not as long or as far back as in the English words *palm*, *card*. Practise:

am, pah*a*r, ras

Romanian *cam* 'about' is pronounced like English *come*
cad 'I fall' is pronounced like English *cud*
cat 'storey' is pronounced like English *cut*
lampă 'lamp' is pronounced like English *lumper*

ă /ă/ represents a sound similar to the English vowel-sound in words like *hurt*, *jerk*; it is shorter than the vowel in *fur*, *sir*. The mark ˘ placed above the letter *a* is thus not used in Romanian to show a difference in length; *ă* stands for a vowel-sound different in quality from *a*, the centre of the tongue being raised higher for *ă* than for the more open *a*.

Practise:

văd, c*a*să, cl*a*să, m*a*să, c*a*nă, l*a*mă, l*a*mpă, f*a*tă

e /e/ is almost the same as the English vowel-sound in words like *pen, ten, said.* (See also 3.3/1.)
Practise:
de, lemn, carte, text

o /o/ resembles the English vowel-sound in words like *bought, caught, pork,* but it is a little shorter and closer, i.e. the back of the tongue is raised somewhat higher. Avoid making the Romanian vowel as long as the vowel in the English words *cord, lord,* or as open as the vowel in *cod, John.*
Practise:
pom, toc, o

u /u/ is shorter than the long English *oo* of *boot* and longer than the short English *oo* of *wood.* It is a high rounded back vowel of medium length.
Practise:
un, cu, pun, sub
None of these five vowels should be diphthongized, but initial *o* and *u* are sometimes preceded by a very short *w*-sound.

1.3/2 Consonants

b /b/, *m* /m/, *f* /f/, *v* /v/, *s* /s/ are very similar to English *b, m, f, v, s,* in *bat, mat, fat, vat, sat.*

p /p/, *t* /t/, *c* /k/ are like English *p, t, c* in *spar, star, scar.* Try to avoid aspirating these sounds. (Aspiration generally accompanies the pronunciation of English *p, t, c,* when they are not preceded by *s,* as in *par, tar, car.*) For *c,* see also 2.3/3.

t /t/, *d* /d/, *n* /n/, *l* /l/, *r* /r/, *s* /s/ are dentals, that is, they are pronounced with the tip of the tongue against the upper teeth, and not against the teeth-*ridge* as in English. (Eng. *t,* for example, is a dental only when followed immediately by a regular dental sound as in *eighth* (= *eight* + *th*).)

l /l/ is always 'clear' in Romanian, as in the English words *live, like, along*—that is, like English *l* before a vowel. (It is never like the 'dark' English *l* in *tell*, *all*, *almost*.)

r /r/ is strongly trilled with the tip of the tongue, like Scots *r*, and pronounced in all positions (also before consonants and at the end of words).

h /h/ is pronounced in a similar way to English *h* in *head*, *behave*, but with more audible friction. The sound occurs both before a vowel and after a vowel, and even at the end of words, when it approaches *ch* in Scottish *loch*.

x in the prefix *ex*- is pronounced like English *x* in *extreme* before consonants (=/ks/), and like English *x* in *exact* before vowels (=/gz/).
Romanian has the same two words: *extrem* /ekstr*e*m/, *exact* /egz*a*kt/. In other occurrences *x* is usually /ks/ in all positions: *text* /tekst/, *taxi* /taks*i*/.

1.3/3 Stress

We mark stress in this book by printing the vowel of the stressed syllable in italics. There is no special mark for it in the Romanian orthography.

One syllable of a word of two or more syllables is more strongly accented or stressed than the other syllable(s). The position of the stressed syllable is largely unpredictable, as in English, and has to be learnt for each new word.

The contrast between stressed and unstressed syllables in Romanian is not so marked as in English. On the other hand, unstressed vowels are not generally reduced or elided; they retain their quality whatever the degree of stress associated with them. Notes on syllable changes appear in other Lessons. As in English, grammatical words (determiners, prepositions, markers, conjunctions, auxiliaries, etc.) are frequently unstressed or more weakly stressed than are lexical words (nouns, verbs, adjectives, adverbs), though, as you will notice, this is not always the case.

1.3/4 Intonation (Speech Melody)

Statements are spoken with a falling intonation or tune, as in English. However, the last accented syllable in a Romanian phrase may not always have as high a fall in pitch as in English. Practise the following phrases (the sign ↓ indicates that the fall in pitch should begin on the stressed syllable of the following word):

o c*a*nă cu ↓ *a*pă
un pah*a*r cu ↓ l*a*pte
un *o*m sub un ↓ p*o*m
*a*m un ↓ t*o*c
v*ă*d o ↓ c*a*să
v*ă*d un pah*a*r cu *a*pă pe ↓ m*a*să
p*u*n o c*a*rte pe ↓ m*a*să

Now practise reading the Text of the Lesson. Read it aloud several times.

1.4 Grammar

1.4/1 Nouns: Gender

There are three genders in Romanian, traditionally called Masculine (M), Feminine (F), and either Neuter or Mixed (N). Male beings are generally M, and female beings are generally F, but objects and abstract concepts are variously M, F, or N.

1.4/2 The Indefinite Article (Eng. *a*, *an*)

M- and N-nouns take the indefinite article *un* and F-nouns *o*:

M un *o*m	a man
N un m*ă*r	an apple
F o f*a*tă	a girl
F o c*a*rte	a book

Note the omission of the *definite* article after a preposition:

o c*a*nă pe m*a*să	a jug on the table
un m*ă*r sub m*a*să	an apple under the table

In English, of course, the article *the* is required. On the other hand, the indefinite article is not omitted in such phrases:

un m*ă*r sub o m*a*să	an apple under a table

1.4/3 Verbs

Verbs take different endings for person, and subject pronouns (like *I*, *we*, *you*, etc.) are often omitted:

am	I have
pun	I put

1.5 Exercises

Note: Exercises for which a key is provided are asterisked.

1. Copy out the Text of the Lesson and read it aloud once again. Note that every letter has a sound-value.

2. Make a dozen or so different sentences with the help of the following table.

Method: Read across from left to right, selecting one word from each column, taking care not to cross any horizontal lines (e.g. if you choose *un*, you cannot choose *cană*, and so on). This substitution table yields 42 sentences in all.

<table>
<tr><td rowspan="2">am
văd
pun</td><td>un</td><td>măr
pahar
toc</td><td rowspan="2">pe
sub</td><td rowspan="2">masă</td></tr>
<tr><td>o</td><td>cană
carte
lampă
lamă</td></tr>
</table>

*3. Translate:

I have a glass of milk. I have a jug of water. I see a man under a tree. I see a box under the table. I see a book on the table. I'm putting a wooden box under the table.

4. Having checked your translation of the sentences in Exercise 3, practise reading the Romanian sentences aloud. Note where the stress falls.

Lesson 2

2.1 Vocabulary

*A*na *F* Ann
*a*re *vb.* (he, she, it) has (got)
b*e*re *F* beer
bun *M/N*, b*u*nă *F adj.* good
c*a*meră *F* room
c*a*mere *F pl.* rooms
c*a*se *F pl.* houses
c*î*ine *M* dog
cîinĭ *M pl.* dogs
cl*a*se *F pl.* classes
cop*i*i /kop*i*į/ *M pl.* children
cop*i*l *M* child
c*u*rte *F* (court)yard
dar *conj.* but
din *prep.* from
doi *M*, d*o*ŭă *N/F num.* two
El*e*na *F* Helen
grăd*i*nă *F* garden
în *prep.* in, into
l*î*ngă *prep.* by, near
m*a*re *M/N/F sg. adj.* big
marĭ *M/N/F pl. adj.* big
mic *M/N*, m*i*că *F adj. sg.* small
micĭ *adj. pl.* small
m*î*nă *F* hand
N*i*cu *M* Nick
pah*a*re *N pl.* glasses
P*e*tre *M* Peter
pis*i*că *F sg.* cat
pis*i*cĭ /pis*i*čĭ/ *F pl.* cats
p*î*ine *F* (loaf of) bread
pîinĭ *F pl.* loaves of bread
pomĭ *M pl.* trees
sif*o*n *N* syphon, soda water
st*i*clă *F sg.* bottle
st*i*cle *F pl.* bottles
str*a*dă *F* street
t*e*xte *N pl.* texts
t*o*curĭ *N pl.* pens
T*o*ma *M* Tom
vin *N* wine
v*i*ne *vb.* (he, she, it) comes, is coming

Phrases

*a*m un t*o*c în m*î*nă	I have a pen in my hand (*lit.* in hand)
v*i*ne un tr*e*n	A train comes, is coming

2.2 Text

*A*m un pah*a*r cu b*e*re. *A*m o st*i*clă cu b*e*re. V*ă*d un pah*a*r cu b*e*re pe m*a*să. V*ă*d pe m*a*să un pah*a*r cu v*i*n. V*ă*d pe m*a*să un pah*a*r cu sif*o*n. V*ă*d pe m*a*să o st*i*clă cu v*i*n l*î*ngă o st*i*clă cu b*e*re. *A*m o c*a*rte în m*î*nă. *A*m un t*o*c în m*î*nă. V*ă*d un *o*m în c*u*rte. V*ă*d d*o*i pomĭ în grăd*i*nă. V*ă*d un c*î*ine în str*a*dă. V*ă*d doi c*î*inĭ în c*u*rte. V*ă*d o

o cameră

o sticlă

o curte

o stradă

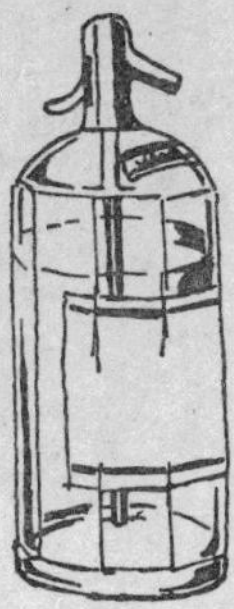

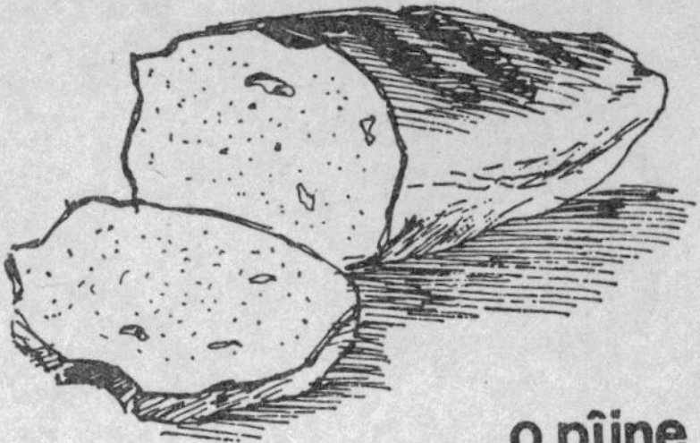

o pîine

un sifon

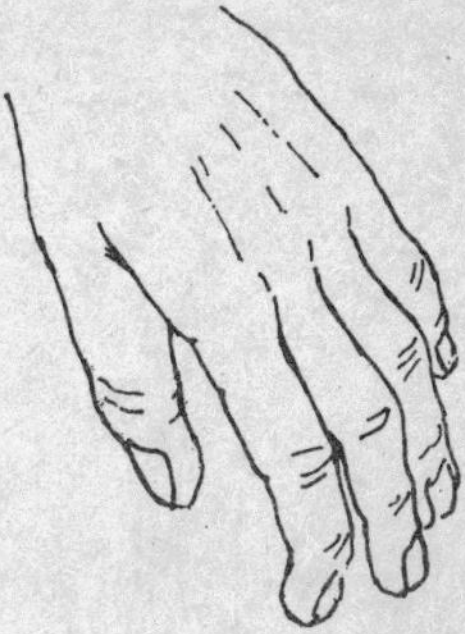

o mînă

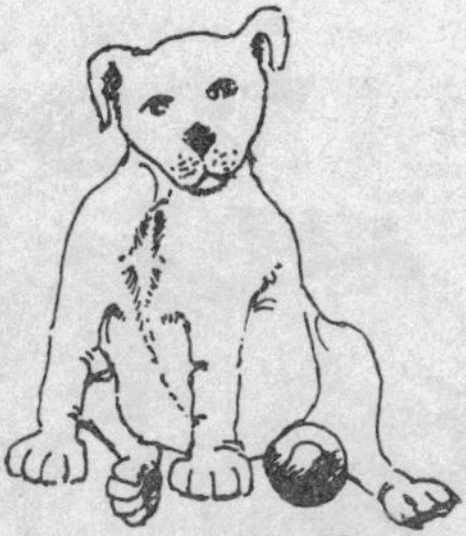

un cîine mic

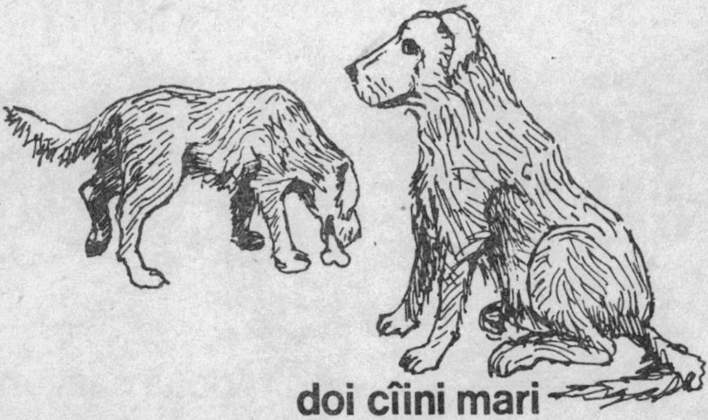

doi cîini mari

două mere

o casă mică

un copil
sub un pom

un cîine
sub masă

două case mari

p*î*ine pe m*a*să. V*ă*d d*o*uă p*î*inĭ pe m*a*să l*î*ngă d*o*uă st*i*cle cu b*e*re. V*ă*d d*o*uă pah*a*re cu v*i*n. V*ă*d o f*a*tă l*î*ngă un cop*i*l în grăd*i*nă. V*ă*d d*o*i cop*i*i în cl*a*să. N*i*cu *a*re un c*î*ine m*i*c. T*o*ma *a*re un c*î*ine m*a*re. P*e*tre *a*re o pis*i*că m*i*că. El*e*na *a*re d*o*uă pis*i*cĭ m*i*cĭ. *A*na *a*re o c*a*să m*i*că dar *a*re o grăd*i*nă m*a*re. El*e*na *a*re d*o*uă c*a*se m*a*rĭ. *A*m d*o*uă c*a*mere m*a*rĭ. *A*na *a*re d*o*i cop*i*i. *A*m d*o*i c*î*inĭ m*a*rĭ. N*i*cu *a*re d*o*i c*î*inĭ m*i*cĭ.

Un *o*m v*i*ne din str*a*dă. O f*a*tă v*i*ne din c*a*să. Un cop*i*l v*i*ne din c*u*rte. O pis*i*că v*i*ne din grăd*i*nă. V*i*ne un tr*e*n.

P*u*n o p*î*ine pe m*a*să. P*u*n un sif*o*n sub m*a*să. P*u*n o c*a*rte pe m*a*să, l*î*ngă l*a*mpă.

2.3 Pronunciation

2.3/1 Vowels

î /ɨ/ has no near-equivalent in Standard English.[1] It lies between the vowel sounds of the English words *reed* and *rude*, and is pronounced with spread lips. Practise it by putting the lips in position for Rom. *i* /i/ (like Eng. *ee* in *reed*), and, keeping them spread, raise the centre (not the front or back!) of the tongue as high as you can and try to say /i/. The resulting sound should be similar to Rom. *î*, as in the word *rîd* 'I laugh'. For *i* you raise the front of the tongue, for *î* the centre of the tongue, for *u* the back of the tongue (and round the lips). Now practise all the three central vowels, *a*, *ă*, *î* (centre of tongue low, centre half-raised, centre high), as in *var*, *văr*, *vîr* and *par*, *păr*, *pîrr*.

The sound /ɨ/ also used to be represented by the letter *â*, but this symbol is used today only in the name of the country, *România*, and all words containing the root *român-*, such as *român*, *românesc*, *româncă*, etc. Do not confuse this *â* (= *î*) with *ă*.

[1] It does occur as the first part of a diphthong in the local dialects of Birmingham and Liverpool in the pronunciation of *reed* [rɨi̯d] (cf. Rom. /ɨi̯/).

The letter *i* stands for three sounds:

i /i/ resembles the Standard British English *ee* or *i* sound in words like *feet*, *sleep*, *machine*. The Romanian sound, however, is somewhat shorter and 'purer', that is, there is no tendency to diphthongization as with the similar English sound. Practise:
din, vin, v*i*ne, mic, cop*i*l, sif*o*n, N*i*cu

i /ĭ/ is sometimes called a pseudo-vowel. It has no syllabic value, but its presence or absence following a consonant is clearly audible. It is like an extremely short, voiceless /i/-sound, like a brief, whispered /i/, which accompanies or completes the release of a final consonant. In the Lesson Vocabularies and throughout the earlier Lessons it will be printed *ĭ* instead of *i*. Practise using it in the following words:
pomĭ, marĭ, t*o*curĭ 'pens', Bucur*e*ştĭ /bukur*e*shtĭ/ 'Bucharest'

i /i̯/ is a semi-vowel very similar to Eng. *y* in *yard*. It occurs only in combination with other vowels, i.e. in diphthongs and triphthongs. In certain cases this sound is conditioned by other sounds and may have no separate orthographic symbol.

Thus, in Romanian texts, the letter *i* represents /i/ or /ĭ/ or /i̯/. These sounds in turn must be distinguished from /î/ (*î*, *â*).

2.3/2 Diphthongs

Diphthongs and triphthongs are vocalic glides, i.e. the tongue moves from one special position to another or to others within one and the same syllable (as *oi* in Eng. *noise*). Diphthongs may be falling, that is, the first element is accented, or rising, in which case the second element is accented. (In English *rest-cure* the diphthong (in the second syllable) is falling; in *rescuer* it is rising.) The unstressed elements in vowel glides are shown in the phonemic script by means of the sign ̯.

ii /ii̯/ (falling), which occurs in the plural form *copii* /ko-p*i*i̯/, is rather like a lengthened /i/. Try to make a clear distinction between /i/, /ii̯/ (both single syllables) and /ii/ (=/i-i/, two syllables).

îi /îi̯/ (falling) comprises a glide from the position of the vowel /î/ to that of the vowel /i/. Practise: p*î*ine, c*î*ine /k*î*i̯-ne/

oi /oi̯/ (falling) is very much like the English diphthong *oi* in *noise*, *voice*. It occurs in the word *doi* 'two'.

uă /u̯ă/ (rising) is similar to the diphthong in the English word *influence*. It consists of a glide from a very short /u/ (like Eng. *w*) to an /ă/. It occurs in *două* /d*o*-u̯ă/.

2.3/3 Consonants

c /č/: It was stated in 1.3/2 that Rom. *c* was pronounced as in Eng. *scar*. However, it has a different sound when followed by the letter *i* or *e*, viz. like Eng. *ch* in *cheese*, *much*. Practise:
mici /miči/ (one syllable), pis*i*ci /pi-s*i*či/ (two syllables), ciocol*a*tă /čocol*a*tă/ 'chocolate', ceai /čai̯/ 'tea'

g /g/: Except when followed by *-e* or *-i*, *g* is pronounced as Eng. *g* in *game*. Examples:
l*î*ngă /l*î*n-gă/, grăd*i*nă, g*a*ră 'station'

ch /k/, *gh* /g/: The diagraphs *ch*, *gh* are used before *-e* and *-i* only. The sounds are similar to the /k, g/ represented by simple *c* or *k* and *g*, though the contact between the tongue and the roof of the mouth is a little more forward. Practise:
ch*i*flă /k*i*flă/ 'roll', ch*e*lner /k*e*lner/ 'waiter', înghe*ța*tă /în-ge-ts*a*-tă/ 'ice-cream', ghid 'guide'

2.4 Grammar

2.4/1 Nouns: Plural

Nouns take various ends to mark the plural. Generally speaking, M-nouns take the ending *-i*; F-nouns take the ending *-e* or *-i*; N-nouns either *-e* or *-uri*.

Examples:

	Singular	*Plural*
M	pom 'tree'	pomĭ 'trees'
M	c*î*ine	c*î*inĭ
F	c*a*să	c*a*se
F	c*a*meră	c*a*mere
F	p*î*ine	p*î*inĭ
F	pis*i*că	pis*i*cĭ
N	pah*a*r	pah*a*re
N	toc	t*o*curĭ

An irregular plural:

M	cop*i*l 'child'	cop*i*i /kop*i*i̯/ 'children'

2.4/2 Adjectives

Unlike English usage, Romanian adjectives frequently follow the nouns they qualify. At the same time they are made to 'agree' with their head-nouns in gender, number and case.

With nouns in the singular, adjectives can have one form for M/N-nouns and one form for F-nouns. With nouns in the plural, adjectives may have an M-form and an F/N-form. Examples:

Msg. un c*î*ine bun
Mpl. doi c*î*inĭ bunĭ
Fsg. o c*a*să b*u*nă
Fpl. d*o*uă c*a*se b*u*ne
Nsg. un toc bun
Npl. d*o*uă t*o*curĭ b*u*ne

Most Romanian adjectives therefore have four forms, e.g. *bun*, *bună*, *bunĭ*, *bune*:

	M	N	F
sg.	bun		b*u*nă
pl.	bunĭ	b*u*ne	

Some adjectives have only three forms, e.g. *mic*, *mică*, *micĭ*:

	M/N	F
sg.	mic	m*i*că
pl.	micĭ	

Others again have only two forms, e.g. *mare*, *marĭ*:

	M/N/F
sg.	m*a*re
pl.	marĭ

Examples:

M: un pom mare	doi pomĭ marĭ
F: o casă mare	două case marĭ
N: un pahar mare	două pahare marĭ

So that there is no confusion, every adjective in the Lesson Vocabularies is given four forms, even if two or more of these are identical.

2.4/3 Numerals

The numeral *doi* 'two' is used with M-nouns. The form *două* is used with F- and N-nouns.

A useful way of memorizing the gender of Romanian nouns is to learn them together with the indefinite article in the singular and the numeral *doi*, *două* in the plural, e.g.:

M: un cop*i*l	d*o*i cop*i*i
F: o m*a*să	d*o*uă m*e*se
N: un text	d*o*uă t*e*xte

It will by now be clear why N-nouns are called 'mixed': they take M-forms in the singular and F-forms in the plural.

2.4/4 Verbs

The verbal form *are* /*a*-re/ means 'he has', 'she has' or 'it has', depending on the context. Similarly, *vine* /v*i*-ne/ means 'he, she, it comes'; it is the third person singular of the present tense of the verb *a veni* /a ve-n*i*/ 'to come'.

2.5 Exercises

1. Copy out the Text of this lesson and then read it aloud.

2. Read off and write out at least a dozen sentences from each of the following tables:

(*a*)

			c*î*ine	
N*i*cu		un	pah*a*r	m*a*re
*A*na			m*ă*r	m*i*c
P*e*tre			toc	
El*e*na	*a*re			
T*o*ma			c*u*rte	
			c*a*rte	
		o	m*a*să	m*a*re
			c*a*meră	
			c*a*să	m*i*că
			c*a*nă	
			grăd*i*nă	

(*b*)

		d*o*i	cop*i*i	m*i*cĭ
			c*î*inĭ	
N*i*cu			p*î*inĭ	
El*e*na			c*a*se	
*A*na	*a*re	d*o*uă	c*a*mere	m*a*rĭ
T*o*ma			pis*i*cĭ	
P*e*tre			pah*a*re	
			st*i*cle	

(*c*)

N*i*cu			c*a*să
El*e*na		din	c*u*rte
*A*na	v*i*ne	în	c*a*meră
T*o*ma			grăd*i*nă
P*e*tre			str*a*dă

*3. Translate into Romanian: I have a book. I've got a pen. I've got a cat. I have a dog. I have a bottle of wine.

I see a man in the street. I see a girl in the yard. I see two trees in the yard. I see a jug of water on the table. I see two cats under the table. I see two children in the garden.

Nick has a glass of milk. Helen has two loaves of bread. Peter's got a big apple. Ann has a little lamp on the table. I'm putting a book on the table. I put a bottle of wine and two bottles of beer under the table. I put two loaves of bread by a jug of water on the table.

4. Having checked your translation of the sentences in Exercise 3, practise reading the Romanian sentences aloud. Notice where the stress falls.

Lesson 3

3.1 Vocabulary

From this Lesson on, both the singular form and the plural form of nouns are given. In the case of adjectives, the four forms given are: M/N sg., F sg., M pl., N/F pl.

ace*a*sta /ač*a*sta/ *det. pron. F* this, that
ac*e*sta /ač*e*sta/ *det. pron. M/N* this, that
*A*nglia /*a*n-gli-i̯a/ England
Bucur*e*şti Bucharest
ce /če/ *det. pron.* what
c*i*ne /č*i*ne/ *pron.* who
de *u*nde *adv.* from where, where . . . from
dicţion*a*r — dicţion*a*re *N* dictionary
d*o*ctor — d*o*ctori *M* doctor (male)
d*o*ctoriţă — d*o*ctoriţe *F* doctor (female)
do*a*mna (*abbreviated* d-na *or* dna.) *title* Mrs
do*a*mnă — do*a*mne *F* lady
domnişo*a*ra (d-şoara) *title* Miss
d*o*mnul (dl.) *title* Mr
dumnea*e*i /dum-nea̯-i̯ei̯/ *pron.* she (*polite*)
dumneal*o*r /dum-nea̯-lor/ (d-lor) *pron.* they (*polite*)
dumneal*u*i /dum-nea̯-lui̯/ *pron.* he (*polite*)
dumneav*o*astră /dum-nea̯-vo̯*a*-stră/ (dvs.) *pron.* you (*polite*)
e /i̯e/, *e*ste /i̯este/ *vb.* (he, she, it, there) is
ea /i̯a/ *pron. F* she
ei /i̯ei̯/ *pron. M* they
el /i̯el/ *pron. M* he
ele /i̯ele/ *pron. F* they
eu /i̯eu̯/ *pron.* I
engl*e*z, engl*e*ză, engl*e*zi, engl*e*ze *adj.* English
engl*e*z — engl*e*zi *M* Englishman
a f*i* *vb.* to be
L*o*ndra London
Mar*i*a /mari̯a/ Mary
profeso*a*ră — profeso*a*re *F* teacher (female)
profes*o*r — profes*o*ri *M* teacher (male)

român, română, români, române *adj.* Romanian
român — români *M* Romanian (male)
româncă /romînkă/ — românce /romînče/ *F* Romanian (female)
România /romîniia/ Romania
sau /sau/ *conj.* or
sînt *vb.* (I) am, (they) are
sînteți *vb.* (you) are
student — studenți *M* student (male)
studentă — studente *F* student (female)
și *conj.* also, and, too
unde *adv.* where

Phrases

eu sînt student	I am a student
dvs.[1] sînteți profesor	you are a teacher
cine e /čine ie/ cine-i /činei/	who is
ce e /če ie/ ce-i /čei/	what is
dar eu ce sînt?	but what am *I*? (i.e. what is my nationality, profession, etc.)
doamna	the lady
doamna Soare *d*-na Soare	Mrs Soare

3.2 Text

Cine sînteți d*vs*.?	Eu sînt Toma Soare.
Ce sînteți d*vs*.?	Eu sînt profesor.
Cine e doamna?	Doamna e *d*-na Bratu.
Ce e *d*-na Bratu?	Și dumneaei e profesoară.
Ce sînt eu?	Și d*vs*. sînteți profesor.
Cine-i în grădină?	D-șoara Maria Soare.
Ce e d-șoara Soare?	Dumneaei e studentă.

[1] Such abbreviated forms may be used in writing. To show that the *-voa*-syllable is stressed we italicize the *-vs*. (and similarly the *d-* of *d-na*, etc.).

C*i*ne sînt în grăd*i*nă?	Mar*i*a şi R*a*du So*a*re.
C*e*-i R*a*du So*a*re?	R*a*du So*a*re e stud*e*nt.
C*e* sînt Mar*i*a şi R*a*du?	*E*i sînt stud*e*nţĭ.
De *u*nde sînt*e*ţĭ d*vs*.?	*E*u sînt din Român*i*a, din Bucur*e*ştĭ.
C*e* sînt*e*ţĭ d*vs*.?	S*î*nt rom*â*n.
C*e* este *d*-na So*a*re?	Şi dumnea*e*i e rom*â*ncă.
C*e* sînt *d*l. şi *d*-na So*a*re?	*E*i sînt rom*â*nĭ.
Dar *e*u c*e* sînt?	D*vs*. sînt*e*ţĭ engl*e*z.
De *u*nde sînt*e*ţĭ?	S*î*nt din L*o*ndra.
De *u*nde e *d*l. Br*o*wn?	*D*l. Br*o*wn e din *A*nglia.
C*e* este *d*l. Br*o*wn?	Şi dumneal*u*i e engl*e*z. Dumneal*u*i e d*o*ctor.
Cu c*i*ne e *d*l. Br*o*wn?	*D*l. Br*o*wn e cu *d*-na Br*o*wn.
Şi c*e* e *d*-na Br*o*wn?	Şi dumnea*e*i e d*o*ctoriţă.
C*e* s*î*nt ei?	*E*i sînt d*o*ctorĭ. Ei sînt engl*e*zĭ.
C*e* e ac*e*sta?	Ac*e*sta e un dicţion*a*r.
C*e* e ace*a*sta?	Ace*a*sta e o c*a*rte.
C*e*-i ac*e*sta?	Ac*e*sta e un pah*a*r.
C*e*-i ace*a*sta?	Ace*a*sta e o m*a*să.
*U*nde sînt Mar*i*a şi T*o*ma?	E*a* e în c*a*să şi *e*l e în grăd*i*nă.
*U*nde sînt *d*-na şi *d*l. So*a*re?	Dumneal*o*r sînt în c*a*să sau în grăd*i*nă.
*U*nde sînt Mar*i*a şi El*e*na?	*E*le sînt în c*u*rte.

3.3 Pronunciation

3.3/1 Vowel Glides

au /au̯/ (falling) is very much like the English diphthong in *out*, *now*. Avoid any tendency to monophthongize the sound: the /u̯/ should not be completely absorbed by the /a/. (The Romanian word *sau* 'or' is not pronounced 'sah', as modern Standard British *sow* ('pig') tends to be.)

ui /ui̯/ (falling) resembles the English glide in the first syllable of the word *ruinous*. The /i̯/-element in the

Romanian diphthong, however, keeps its Romanian-/i/ quality. Example:

dumneal*ui* /dumnȩal*u*i̯/.

ei /ei̯/ (falling) resembles the English diphthong in words like *day*, *beige*. Examples:

ce-i /čei/, lei 'lei' (pl. of *leu*, monetary unit), 'lions'.

ei, *iei* /i̯ei̯/ resembles archaic English *yea*. After a vowel, and in one pronoun, it is spelt simply *ei*:

ei, dumnea*ei* /dumnȩai̯ei̯/.

ia /i̯a/ (rising) sounds rather like *you-* in English *young*. The sequence /ii̯a/ is also written *ia*:

*A*nglia /*a*n-gli-i̯a/, Român*i*a /ro-mî-n*i*-i̯a/, Mar*i*a /ma-r*i*-i̯a/.

The pronoun *ea* 'she' is also pronounced /i̯a/.

oa /o̯a/ (rising) resembles the *wo-* in English *wonder*. The Romanian semivowel /o̯/ is a little more open than English *w*. Examples:

So*a*re /so̯are/, do*a*mna, profeso*a*ră.

ea /ȩa/ (rising) is similar to the diphthong /i̯a/ described above, but the semivowel /ȩ/ is more open than /i̯/. Examples:

dumneavo*a*stră /dum-nȩa-vo̯*a*-stră/, dumneal*ui*, dumneal*o*r.

ie /i̯e/ (rising) sounds very much like the English glide *ye-* in *yes*. The sequence /ii̯e/ is also written *ie*:

pri*e*ten /pri-i̯*e*-ten/ 'friend'.

Initially in older words /i̯e/ may appear also simply as *e*:

el /i̯el/, e /i̯e/, *e*ste /i̯este/.

io /i̯o/ (rising) resembles the English glide *yo-* in *York*. Example:

dicţion*a*r /dic-tsi̯o-n*a*r/ 'dictionary'.

3.3/2 Consonants

ş /sh/, *z* /z/ are very similar to the initial consonants in English *shed* and *zed* respectively. Romanian *şi* sounds very much like the English pronoun *she*. Romanian /z/

(like /t, d, ts, s, n, l, r/) is a dental sound. Practise: engl*e*z, z*e*ro 'zero', 'nil', z*e*ce /z*e*če/ 'ten'.

ţ /ts/ is similar to the *ts* at the end of English *hats*, but the Romanian sound is a dental, not an alveolar. Romanian ţ can stand at the beginning of a word as well as in the middle and at the end. Practise:

sînt*e*ţĭ /sîn-t*e*tsĭ/, stud*e*nţĭ, d*o*ctoriţă, ţ*a*ră 'country'.

3.3/3 Intonation

Questions beginning with an interrogative word are generally said with a falling intonation, as in English. Practise the following, allowing the main accent to fall on the stressed syllable of the first stressed word in each:

↓C*i*ne sînt*e*ţĭ dumneavo*a*stră?
↓C*e* e do*a*mna Br*a*tu?
De ↓*u*nde e d*o*mnul Br*o*wn?
↓ *U*nde sînt d*o*mnul şi do*a*mna So*a*re?

3.4 Grammar

3.4/1 Nouns

F-nouns denoting occupation or nationality are derived by various means from the corresponding M-nouns, e.g. un rom*â*n/o rom*â*ncă, un profes*o*r/o profeso*a*ră, un d*o*ctor/o d*o*ctoriţă, un stud*e*nt/o stud*e*ntă. With nouns denoting occupation or nationality, the indefinite article is generally omitted after the verb *a fi*:

*e*u sînt stud*e*nt — I am a student

3.4/2 Nouns: Plural

M-nouns ending in a consonant form their plural by adding -*ĭ* to the form of the singular:

engl*e*z 'Englishman', engl*e*zĭ 'Englishmen'
rom*â*n 'Romanian', rom*â*nĭ 'Romanians'

When forming the plural many nouns undergo various changes in their phonological structure. These are conditioned by the addition of the suffix. Thus M-nouns ending in *-t* change this *t* into *ţ* when the ending *-ĭ* is added:

student 'student', studenţĭ 'students'.

Nouns like *englez* optionally change the final *-z* into *-j* (=/zh/; see 4.3/3):

englez — englezĭ *or* englejĭ

M-nouns ending in a vowel substitute *-i* for their final vowel. This *-i* may be /i/, /i̯/ or /ĭ/. After two consonants, the second of which is *l* or *r*, *-i* is pronounced /i/:

metru 'metre', metri /me-tri/ 'metres'

After a vowel, it is pronounced /i̯/:

leu /leu̯/ 'lion', lei /lei̯/ 'lions'

Otherwise it is pronounced /ĭ/:

frate 'brother', fraţĭ 'brothers'
perete 'wall', pereţĭ 'walls'.

3.4/3 Pronouns

The demonstrative determiner pronoun denoting proximity ('this one') has the forms:

M/N acesta, *F* aceasta.

Some subject personal pronouns:

eu /i̯eu̯/ 'I'
M el /i̯el/ 'he'
F ea /i̯a/ 'she'
M ei /i̯ei̯/ 'they'
F ele /i̯ele/ 'they'.

As a rule, the subject personal pronouns are not used to refer to animals and things; either the noun is not replaced but simply repeated or the subject entirely omitted (unlike Eng. *it*, *they*).

There are several pronouns for the second and third persons in Romanian. *Dumneavoastră* (*dvs.*) is the polite form of address for the second person (Eng. *you*, both sg. and pl.). For the third person we may use:

M dumneal*u*i	he
F dumnea*e*i	she
M/F pl. dumneal*o*r	they

The interrogative pronoun *cine* 'who' generally refers to human beings, while *ce* 'what' refers to non-humans:

c*i*ne e în grăd*i*nă?	who is (that) in the garden?
ce e pe m*a*să?	what is (there) on the table?

Note:

ce e *d*l. So*a*re?	what is Mr Soare's occupation?

3.4/4 Verbs

Infinitives are frequently preceded by the marker *a*, like Eng. *to*, e.g. *a fi* 'to be'.

The verb *a fi* has various forms for the different persons. *Sînt* means both 'I am' and 'they are'. *Sînteţĭ* means 'you are' (one person or several). The third person singular has two alternative forms, *e* and *este* '(he, she, it) is'. *E* is more common in speech and may be reduced to /i̯/ if there is a preceding grammatical word that ends in a vowel. Thus we may say *ce este*, *ce e*, or *ce-i* /cei̯/ for 'what is' (similarly, *cine-i* for 'who is').

3.5 Exercises

1. Copy out the Text of the Lesson and then read it aloud several times.

2. Make sentences with the help of the following tables:

(*a*)

c*i*ne	*e* *e*ste s*î*nt	în	c*a*să? cl*a*să? c*u*rte? grăd*i*nă? str*a*dă?

(*b*)

de *u*nde *u*nde c*e* c*i*ne	*e* *e*ste	*e*l? e*a*? dumnea*e*i? dumneal*u*i? domnişo*a*ra? *d*l. So*a*re?
	s*î*nt	*e*i? *e*le? *d*l. şi *d*na. So*a*re? Mar*i*a şi T*o*ma? dumneal*o*r?

(*domnişoara* 'the young lady')

(*c*)

c*e*	*e* *e*ste	ac*e*sta? ac*e*sta	*e* *e*ste	un	c*î*ne p*o*m m*ă*r dicţion*a*r sif*o*n pah*a*r t*o*c
		ace*a*sta? ace*a*sta		o	c*a*să m*a*să c*a*rte pis*i*că l*a*mpă c*a*nă st*i*clă

***3.** Translate into Romanian:

Mr Smith is English. He comes from England. He is a teacher. Mrs Smith is a teacher too. You are teachers. Mary and Helen are doctors. Tom and Mary are students (*M plural*). You are students too. Mr Soare is Romanian. He (*polite form*) comes from Romania. He (*polite form*) is a teacher. Mrs Soare is Romanian. She (*polite form*) comes from Romania. She (*polite form*) is a teacher too.

4. Having checked your translation of the sentences in Exercise 3, practise reading the Romanian sentences aloud. Pay careful attention to the placing of the stress.

*5. Answer the following questions:

(1) C*e* e *d*l. So*a*re?
(2) *U*nde e dumneal*u*i?
(3) C*e* e *d*na. So*a*re?
(4) De *u*nde e dumnea*e*i?
(5) De *u*nde v*i*ne *d*l. Sm*i*th?
(6) De *u*nde e dumneal*u*i?
(7) C*e* sînteţĭ d*vs*.?
(8) De *u*nde sînteţĭ d*vs*.?
(9) C*i*ne sînt în cl*a*să?
(10) Cu c*i*ne e *d*l. So*a*re?

6. Do Exercise 5 in reverse, that is, reconstruct the questions on a basis of the specimen answers in the Key.

Lesson 4

4.1 Vocabulary

cafe*a* /kafe̯*a*/ — caf*e*le *F* coffee

ceai /čai̯/ — ce*a*iurĭ /č*a*i̯urĭ/ *N* tea

cev*a* *inv. pron.* something, anything

chiar /ki̯ar/ *adv.* even, indeed

ch*i*flă /k*i*flă/ — ch*i*fle *F* roll

cincĭ /činčĭ/ *num.* five

ciocol*a*tă — ciocol*a*te *F* chocolate

cît /kît/ *adv.* how much

cofetăr*i*e /kofetăr*i*i̯e/ — cofetăr*i*i /kotetăr*i*i̯/ *F* confectioner's, café

c*o*stă *vb.* (it) costs

da yes

de aj*u*ns *adv.* enough

decĭ *conj.* so, therefore

dumneat*a* (d-ta) *pron.* you

George /ğor-ğe/ George

ia /i̯a/ *vb.* (he, she, it) takes, has

iau /i̯au̯/ *vb.* (I, they) take, have

iei /i̯ei̯/ *vb.* (you) take, have

îngheţ*a*tă — îngheţ*a*te *F* ice-cream

într- *prep.* in, into

la *prep.* at, to

leu /leu̯/ — lei /lei̯/ *M* lion, leu (monetary unit)

a lu*a* /luu̯*a*/ *vb.* to take, to have

lu*a*ţĭ *vb.* (you) take, have

mai *adv.* more, else

mulţum*e*sc *vb.* (I, they) thank (you)

nim*i*c *inv. pron.* nothing

nu no, not

n*u*mai *adv.* only

prăjit*u*ră — prăjit*u*rĭ *F* cake

rog *vb.* (I) ask

stau /stau̯/ *vb.* (I, they) sit, stand, stop

stă *vb.* (he, she, it) sits, stands, stops

trei *num.* three

tu *pron.* you

*u*na *num. F* one
*u*nu *num. M/N* one
vă *acc. pron.* you
vocabul*a*r — vocabul*a*re *N* vocabulary
zece *num.* ten

Phrases

c*î*t c*o*stă?	how much does it cost, do they cost?
d*a*, o ch*i*flă i*a*u	yes, a roll I *will* have
dl. So*a*re c*e* ia?	what will you have, Mr Soare? (*lit.* what will Mr Soare have?)
i*a* p*a*tru	take four
m*a*i (...) cev*a*	something else, anything else
(nu) m*a*i (...) nim*i*c	nothing else
mulţum*e*sc	thank you
şi *e*u	I also, me too
vă r*o*g	please (*lit.* I ask you)

4.2 *Î*ntr-o cofetăr*i*e

D-na şi *d*l. Stăn*e*scu şi *d*-na, *d*l. şi d-şo*a*ra So*a*re st*a*u la o m*a*să *î*ntr-o cofetăr*i*e. D-şo*a*ra So*a*re st*ă* l*î*ngă *d*-na So*a*re.

D-na St. D*vs.* c*e* lu*a*ţi, do*a*mna So*a*re?
D-na S. Eu i*a*u o îngheţ*a*tă. D*vs.* c*e* lu*a*ţi?
D-na St. Eu i*a*u un ce*a*i cu o ch*i*flă. Dl. So*a*re c*e* ia?
*Dl. S. E*u i*a*u o cafe*a*.
D-na St. Dar d-şo*a*ra Mar*i*a c*e* i*a*?
D-na S. Mar*i*a n*u* ia nim*i*c.
D-na St. Lu*a*ţi, vă r*o*g, o prăjit*u*ră, *d*-na So*a*re.
D-na S. Mulţum*e*sc.
D-na St. Lu*a*ţi, vă r*o*g şi d*vs.* o prăjit*u*ră, d-şo*a*ra Mar*i*a.
Maria. N*u*, mulţum*e*sc. N*u* iau.
D-na St. M*a*i lu*a*ţi cev*a*, *d*l. So*a*re?
Dl. S. N*u*, mulţum*e*sc. N*u* mai i*a*u nim*i*c.
D-na S. C*î*t c*o*stă d*o*uă prăjit*u*ri?

D-na St. O prăjit*u*ră m*a*re de ciocol*a*tă c*o*stă c*i*ncĭ l*e*i.
D*e*cĭ d*o*uă prăjit*u*rĭ c*o*stă z*e*ce l*e*i.

D-na S. C*î*t c*o*stă d*o*uă ch*i*fle?

D-na St. D*o*uă ch*i*fle c*o*stă un l*e*u.
La cofetăr*i*e v*i*ne şi Ge*o*rge Stăn*e*scu.

D-na St. T*u*, Ge*o*rge, c*e* i*e*i?

G. Eu i*a*u o ciocol*a*tă cu l*a*pte.

D-na St. P*î*ine i*e*i?

G. N*u*, p*î*ine n*u* iau.

D-na St. Ch*i*fle i*e*i?

G. D*a*, o ch*i*flă i*a*u; dar n*u*mai *u*na.

D-na St. Iei *u*na sau d*o*uă prăjit*u*rĭ?

G. I*a*u chiar tr*e*i prăjit*u*rĭ.

D-na St. I*a* p*a*tru.

G. N*u*, mulţum*e*sc. Tr*e*i sînt de aj*u*ns!

4.3 Pronunciation

4.3/1 Vowel Glides

ai /ai̯/ (falling) resembles English *ai* in *Cairo*, *Shanghai*.
Practise:
mai, ceai /čai̯/

eu /eu̯/ (falling) is a glide from Rom. /e/ towards /u/, as in *leu* /leu̯/.

ua /u̯a/ (rising), as in *luaţĭ*, pronounced /lu-u̯atsĭ/ or /lu̯atsĭ/, resembles *wo-* in Eng. *won.* The two diphthongs, /o̯a/ (see 3.3/1) and /u̯a/, are similar, if not identical.

iau /i̯au̯/ (triphthong), as in *iau* 'I take', is similar to the *-iaow* in Eng. *miaow*.

4.3/2 Consonants

g /ǧ/: When followed by *e* or *i*, *g* is pronounced like the English *g*'s in *George*. The name 'George' also occurs in Romanian, but in Romanian it has two syllables: /ǧor-ǧe/.

j /zh/, as in *de ajuns*, is almost the same as the English consonant sound represented by the letter *s* in *pleasure*, *vision* (cf. French *j* in *jardin*).

The relation between the letters *c*, *g* and the various sounds associated with them may be summarized in five (simplified) rules:

1. *c*, *g* + *e*, *i* + vowel (in the same word) = /č, ğ/ (+ /e, i/) + vowel.

2. *c*, *g* + *e*, *i* + consonant (in the same word) =/če, ğe, či, ği/+ consonant.

3. *c*, *g* + final *e*, *i* =/če, ğe, čĭ, ğĭ/.

4. *ch*, *gh* + *e*, *i* =/k, g/+ *e*, *i*.

Otherwise:

5. *c*, *g* =/k, g/.

Note that (1) *j* is always pronounced /zh/, never /ğ/; (2) *c*, *g* + *î* =/kî, gî/ (in accordance with Rule 5); (3) *i* represents /i/, /i̯/, /ĭ/ or *zero*, and *e* represents /e/, /e̯/ or *zero*.

Examples:

ceas /čas/ 'clock' geam /ğam/ 'window-pane'	Rule 1
T*u*rcia /t*u*r-či-i̯a/ 'Turkey' B*e*lgia /b*e*l-ği-i̯a/ 'Belgium'	Rule 1
cer /čer/ 'sky' ger /ğer/ 'frost'	Rule 2
ad*u*ce /ad*u*če/ 'he brings' m*e*rge /m*e*rğe/ 'he goes'	Rule 3
ad*u*cĭ /ad*u*čĭ/ 'you bring' m*e*rgĭ /m*e*rğĭ/ 'you go'	Rule 3
chem /kem/ 'I call' ghem /gem/ 'ball'	Rule 4
unchi /unkĭ/ 'uncle' unghi /ungĭ/ 'angle'	Rule 4
caz /kaz/ 'case' gaz /gaz/ 'gas'	Rule 5

cît /kît/ 'how much' }Rule 5
gît /gît/ 'neck' }Rule 5
ar*u*nc /ar*u*nk/ 'I throw' }Rule 5
merg /merg/ 'I go' }Rule 5

4.4 Grammar

4.4/1 Nouns: Plural

(*a*) N-nouns ending in a consonant form their plural by adding the vowel *-e* to the form of the singular:

vocabul*a*r — vocabul*a*re
pah*a*r — pah*a*re
text — t*e*xte

Or by adding the ending *-urĭ*:

tren — tr*e*nurĭ
vin — v*i*nurĭ
also: ceai — ce*a*iurĭ

(*b*) F-nouns in *-ă* replace this *-ă* by *-e*:

ch*i*flă — ch*i*fle
îngheţ*a*tă — îngheţ*a*te
*a*pă — *a*pe
cl*a*să — cl*a*se
l*a*mă — l*a*me

Or by *-ĭ*:

pis*i*că — pis*i*cĭ
grăd*i*nă — grăd*i*nĭ

Those in *-e* take *-ĭ* and those in *-ură* take *-urĭ*:

b*e*re — berĭ
c*a*rte — cărţĭ
prăjit*u*ră — prăjit*u*rĭ
băut*u*ră /bă-u-t*u*-ră/ — băut*u*rĭ 'drink'

Those in *-ie* take *-ii*:

cofetăr*ie* — cofetăr*ii*

From the point of view of pronunciation, we can say that the final /-e/ is dropped, /-ii̯e/ becoming /-ii̯/.

Those in *-ea* /ęa/ take *-ele* /ele/:

cafę*a* — caf*e*le

Other, less common, endings are possible, for nouns of all genders, so note carefully the plural forms of new nouns as they appear in the Vocabularies.

4.4/2 Numerals

The first five cardinal numbers are:
*u*nu, doi, trei, p*a*tru, cincĭ

The first two vary according to gender:

*u*nu *M/N*, *u*na *F*
doi *M*, d*o*uă *N/F*
o ch*i*flă i*a*u, dar n*u*mai *u*na
cît c*o*stă d*o*uă ch*i*fle?

The forms *unu*, *una* are used only when the noun does not *immediately* follow. Otherwise, use *un*, *o*:

iei *u*na sau d*o*uă prăjit*u*rĭ?	will you have one cake or two?

But:

o prăjit*u*ră c*o*stă p*a*tru l*e*i	a/one cake costs four lei
d*o*uă ch*i*fle c*o*stă *u*n l*e*u	two rolls cost a/one leu

Un and *o* in the sense of 'one' may be stressed:

iau n*u*mai o prăjit*u*ră	I'll just have a cake
iau n*u*mai *o* prăjit*u*ră	I'll only have *one* cake

4.4/3 Translation of the Subject Pronoun 'You'

Romanian has a number of different second person pronouns, while modern English has only one — *you*. Which one we use depends on the number of people we are addressing and on our relationship to them. The uses of these pronouns are best exemplified in a table:

No. of addressees	Pronoun	Name used (if any)	Relationship between speaker and addressee(s)	Attitude of speaker	Verb form
one	tu	Christian name(s)	Close family relation(s) or friend(s)	(any)	2nd pers. sg.
more than one	voi				2nd pers. pl.
one	tu	(none in particular)	stranger	insulting	2nd pers. sg.
more than one	voi				2nd pers. pl.
one	d-ta	Christian name or surname	colleague, subordinate, servant	commanding, friendly, semi-polite	2nd pers. sg.
one or more than one	dvs.	title and surname	superior or (more remote) equal	respectful, polite	2nd pers. pl.

Note that a sg. 'you' takes a sg. verb form, a pl. 'you' a pl. verb form, except *dvs.*, which always takes the second person pl. verb form, whether the number of addressees is only one or more than one.

One may also use the third person form of the verb, together with a person's title and name:

dl. So*a*re c*e* ia? — what will *you* have, Mr Soare?

The attitude is not necessarily facetious, condescending or patronizing, as it may be when we say in English to John, 'And what will John have then?'. The 'safest' form of address to use is *dvs.* with the verb in the second person pl.

4.4/4 The Conjugation of Verbs

(*a*) Verbs take different endings for person, number, tense, etc. The irregular verb *a lua* 'to take' is conjugated as follows:

iau /i̯au̯/	I take
iei /i̯ei̯/	you take
ia /i̯a/	he, she, it takes
luăm /l(u)u̯ăm/	we take
luaţĭ /l(u)u̯*a*tsĭ/	you take
iau /i̯au̯/	they take

(*b*) *The Imperative*

The imperative is used for commands and requests. It has two forms, one for the second person sg. and one for the second person pl. The form used for the pl. is the same as that of the present tense. But the form for the sg. is often identical with that of the *third* person sg. of the present indicative:

sg. ia! } take!
pl. luaţi! }

(*c*) The notion of intention is conveyed in English by the use of certain auxiliaries, e.g. 'I shall/will/am going to . . .', etc., and there are various forms for this purpose in Romanian. On the other hand, imminent intentions and decisions can be expressed by the present tense:

d*vs. ce* lu*a*ţi?	what will *you* have?
t*u ce* iei?	what are *you* going to have?
eu i*a*u o îngheţ*a*tă	I'll have, am going to have an ice-cream

(*d*) *Tense and Aspect*

There is no progressive or continuous form for verbs in Romanian. This means that (*eu*) *iau*, besides meaning 'I take', 'I'll take', 'I'm going to take', may also mean 'I'm taking', 'I'll be taking'.

4.4/5 The Negative

To express the negative the particle *nu* is placed before the verb:

Affirmative	*Negative*
eu i*a*u	eu n*u* iau 'I'm not taking', 'I won't have', etc.

Similarly:

ea i*a*	ea n*u* ia
el *e*ste	el n*u* este
ei s*î*nt	ei n*u* sînt

'Nothing' is translated by *nimic*. When *nimic* is used

as the subject or object of a verb, however, the negative particle *nu* is also required:

Maria nu ia nimic	Mary won't have anything
nu mai iau nimic	I won't have anything else
nu e nimic pe masă	there is nothing on the table

Nu is also used as the opposite of *da*:

— iei o cafea?	will you have a coffee?
— nu, mulţumesc, nu iau	no, thank you (, I won't)

4.4/6 Prepositions

(*a*) The preposition *în* 'in' is replaced by *într-* when followed by an indefinite article:

într-o cofetărie	in(to) a café
într-un tren	in(to) a train

But:

în casă	in(to) the house

(*b*) The preposition *la* translates both 'at' and 'to':

ei stau la o masă	they are standing, sitting at a table
el vine la cofetărie	he is coming to the café

4.4/7 Clause Word-Order

In Romanian the direct object need not necessarily follow the verb:

o chiflă iau	I'll have a roll, a roll I *will* have

The order of elements may be the complete opposite of the order in English:

la cofetărie vine şi George Stănescu	G.S. also comes to the café

When the subject is accented it may follow the verb:

iau şi eu unu	I'll have one too (*lit.* take also I one)

But it may also precede all other elements:

d*vs*. c*e* lu*a*ţĭ, *d*na. So*a*re?	what will *you* have, Mrs Soare?

Note the position of *mai* in the following:

m*a*i lu*a*ţĭ cev*a*?	will you have anything, something else?

Note the distinction between a declarative clause (a statement) and an interrogative clause (a question) does not depend on the order of elements but on accentuation and context.

4.4/8 Noun-Phrase Word-Order

In the following examples the adjective modifies the head noun (here, the first noun), the phrase following:

o prăjit*u*ră m*a*re de ciocol*a*tă	a big chocolate cake
o m*a*să m*i*că, de l*e*mn	a small wooden table

Compare:

o c*a*nă m*a*re cu l*a*pte	a large jug of milk

4.5 Exercises.

1. Copy out the Text of the Lesson, translate it, and read it aloud several times.

2. Make sentences with the help of the following tables:

(*a*)

(eu, ei) i*a*u (el, ea) i*a*	un	ce*a*i m*ă*r pah*a*r cu *a*pă pah*a*r cu v*i*n
	o	cafe*a* înghe*ţa*tă ch*i*flă c*a*nă cu l*a*pte st*i*clă cu b*e*re

(*b*)

eu	n*u*	i*a*u		nim*i*c
			un	ce*a*i m*ă*r pah*a*r cu v*i*n
			o	cafe*a* îngheţ*a*tă prăjit*u*ră
d*vs.*		lu*a*ţĭ		nim*i*c
			un	ce*a*i m*ă*r pah*a*r cu v*i*n
			o	cafe*a* îngheţ*a*tă prăjit*u*ră

(*c*)

c*î*t c*o*stă	d*o*uă tr*e*i p*a*tru c*i*ncĭ z*e*ce	prăjit*u*rĭ? ch*i*fle? p*î*inĭ? îngheţ*a*te? pah*a*re? st*i*cle cu b*e*re?

(*d*)

m*a*i	lu*a*ţĭ (d*vs.*) i*e*i (t*u*)	cev*a*? — n*u* mai	i*a*u	nim*i*c
	i*a* (*e*l, e*a*)		i*a*	

3. Add to each of the following nouns the numeral *un* or *o*, as the case may be, and then write the noun in its plural form. Examples:

c*a*să — o c*a*să — d*o*uă c*a*se, pom — un pom — doi pomĭ, pah*a*r — un pah*a*r — d*o*uă pah*a*re.

Check your genders and pl. forms against those given in the Vocabularies.

cameră, casă, chiflă, cîine, clasă, cofetărie, dicționar, doctor, îngheţată, pahar, pisică, pîine, pom, prăjitură, profesor, român, sticlă, text.

*4. Translate into Romanian.

Who comes to the café? George Stănescu comes to the café. Where are Mr and Mrs Soare sitting? They are sitting at a table in a café. What are they going to have? They are going to have tea. What is Miss Soare having? She isn't having anything. What will you have? I'll have a coffee. What will George have? He'll have a chocolate with milk. How much do two cakes cost? Two cakes cost ten lei. And how much are five big rolls? Five big rolls are three lei. How much is a cup of coffee? A cup of coffee is four lei. Where are Mr and Mrs Stănescu sitting? They are sitting at a table in a café.

Lesson 5

5.1 Vocabulary

ac*o*lo *adv.* (over) there

ac*u*m(a) *adv.* now

ai /ai̯/ *vb.* (you) have

a*i*cĭ /a-*i*čĭ/ *adv.* here

a ave*a* /ave̯*a*/ *vb.* to have, to get

av*e*m *vb.* (we) have, (we)'ve got

av*e*ţĭ *vb.* (you) have

au /au̯/ *vb.* (they) have

azĭ *adv.* today

băi*a*t /bă-i̯*a*t/ — băi*e*ţĭ /bă-i̯etsĭ/ *M* boy, son

bir*o*u /bir*o*u̯/ — bir*o*urĭ /bi-r*o*-urĭ/ *N* study, office, desk

cai*e*t /kai̯*e*t/ — cai*e*te *N* exercise-book

c*a*rte — c*ă*rţĭ *F* book

cît *M*/*N*, c*î*tă *F det. pron. sg.* how much

cîţĭ *M*, c*î*te *N*/*F det. pron. pl*, how many, both, all, each

crei*o*n — creio*a*ne /kre-i̯o̯*a*-ne/ *N* pencil

convers*a*ţie /konvers*a*tsii̯e/ — convers*a*ţii /konvers*a*tsii̯/ *F* conversation

de *prep.* of, from

eştĭ /i̯eshtĭ/ *vb.* (you) are

f*a*tă — f*e*te *F* girl

fot*o*liu /fot*o*liu̯/ — fot*o*lii /fot*o*lii̯/ *N* armchair

gram — gr*a*me *N* gramme

gram*a*tică — gram*a*ticĭ *F* grammar

greu /greu̯/, grea /gre̯a/, grei /grei̯/, gr*e*le *adj.* heavy, difficult

l*e*cţie /l*e*ktsii̯e/ — l*e*cţii /l*e*ktsii̯/ *F* lesson

m*a*să — m*e*se *F* table

m*ă*r — m*e*re *N* apple

m*î*nă — mîinĭ /mîi̯nĭ/ *F* hand

noi *pron.* we

om — o*a*menĭ /o̯*a*-menĭ/ *M* man

sc*a*un — sc*a*une *N* chair

sînt*e*m *vb.* (we) are

stil*o*u /stil*o*u̯/ — stil*o*urĭ /sti-l*o*-urĭ/ *N* fountain-pen

s*u*tă — s*u*te *num. F* hundred

şi . . . şi *conj.* both . . . and
voi *pron.* you

Phrases

c*e* l*e*cţie av*e*ţĭ *a*zĭ?	what lesson do you have today?
*e*ste /i̯este/	there is
sînt	there are
sînt*e*m p*a*tru	there are four of us (*lit.* we are four)

5.2 Convers*a*ţie[1]

C*e* am a*i*cĭ?	Av*e*ţĭ un cai*e*t.
C*e* aveţĭ d*vs*. în m*î*nă?	*A*m un stil*o*u.
C*î*te m*î*inĭ are un *o*m?	Un *o*m are d*o*uă m*î*inĭ.
C*î*te m*î*inĭ au d*o*i o*a*menĭ?	D*o*i o*a*menĭ au p*a*tru m*î*inĭ.
C*î*te m*e*re are N*i*cu?	N*i*cu are tr*e*i m*e*re.
C*î*te c*ă*rţĭ aveţĭ pe m*a*să?	Am p*a*tru c*ă*rţĭ.
C*e* lecţie aveţĭ *a*zĭ?	*A*zĭ av*e*m o l*e*cţie gre*a*, av*e*m o l*e*cţie de gram*a*-tică.
Au *d*-na şi *d*l. So*a*re cop*i*i?	D*a*, au d*o*i cop*i*i: o f*a*tă şi un băi*a*t.
C*î*ţĭ cop*i*i are *d*l. Sm*i*th?	Dumneal*u*i are d*o*i băieţi şi d*o*uă f*e*te.
Av*e*ţĭ un dicţion*a*r?	D*a*, *a*m.
Av*e*ţĭ un cai*e*t?	N*u*, n*u* am (n-*a*m).
*A*re P*e*tre un stil*o*u?	D*a*, *a*re.
*A*re El*e*na un crei*o*n?	N*u*, n*u* are (n-*a*re); dar *a*re un stil*o*u.
Av*e*ţĭ un profes*o*r sau o profeso*a*ră de rom*â*nă?[2]	Av*e*m o profeso*a*ră.
C*e* este ac*o*lo?	Ac*o*lo este un bir*o*u.

[1] Note that the vowel of the stressed syllable of the more prominent words is italicized. The words selected in this connection are naturally not the only possibilities.

[2] 'Is your Romanian teacher (= person who teaches you Romanian) a man or a woman?'

C*e* e lîngă bir*o*u?	L*î*ngă bir*o*u e un fot*o*liu, un fot*o*liu gr*e*u.
Şi lîngă fot*o*liu?	L*î*ngă fot*o*liu e un sc*a*un.
C*î*te sc*a*une sînt a*i*cĭ?	A*i*cĭ sînt c*i*ncĭ sc*a*une.
Şi c*î*te fot*o*lii?	Şi d*o*uă fot*o*lii.
C*î*te cai*e*te şi c*î*te creio*a*ne sînt pe m*a*să?	Pe m*a*să sînt z*e*ce cai*e*te şi tr*e*i creio*a*ne.
*U*nde sîntem ac*u*m?	Sînt*e*m în cl*a*să.
C*î*ţĭ sîntem a*i*cĭ?	Sînt*e*m p*a*tru.
S*î*nt şi T*o*ma şi Mar*i*a a*i*cĭ?	N*u*, ei n*u* sînt a*i*cĭ, *e*i sînt în grăd*i*nă.
Sînt*e*m în c*u*rte ac*u*m?	N*u*, sînt*e*m în c*a*să.
C*e* sînteţĭ v*o*i?	Noi sînt*e*m stud*e*nţĭ.
Eştĭ ac*o*lo, T*o*ma?	D*a*, d*a*. Sînt a*i*cĭ.
E şi N*i*cu ac*o*lo?	N*u*, n*u* e.

5.3 Pronunciation

5.3/1 Vowel Glides

iu /iu̯/ (falling), as in *fotoliu*, is a glide from Rom. /i/ to Rom. /u/.

ou /ou̯/ (falling) is a glide from /o/ towards /u/. Avoid any tendency to centralize the first element towards /ă/ (as in Eng. *low*, *bureau*); the first element is a fully rounded back vowel. Practise:
stil*o*u, bir*o*u, ou 'egg', *o*uă 'eggs'.

ioa /i̯ǫa/, as in *creioane*, is a triphthong: diphthong /ǫa/ preceded by the semi-vowel /i̯/.

5.3/2 Intonation

As already suggested, in 4.4/4, questions requiring the answer *da* 'yes' or *nu* 'no' are said with a rising intonation, as often is the case in English. Practise:

aveţĭ un ↓dicţion*a*r	you have a dictionary
aveţĭ un ↑dicţion*a*r?	have you got a dictionary?
eştĭ ↑ ac*o*lo, ↑ T*o*ma?	are you there, Tom?

In the case of alternative questions, the first part of the question is spoken with a rising tone and the second with a fall, as in English:

av*e*ţĭ un ↑profes*o*r sau o ↓profeso*a*ră?

5.4 Grammar

5.4/1 Nouns: Plural

(*a*) On taking a final plural suffix many nouns simultaneously undergo changes in the form of their root. Examples:

Singular	*Plural*
băi*a*t	băi*e*ţĭ
c*a*nă	căni
c*a*rte	cărţĭ
crei*o*n	creio*a*ne
c*u*rte	curţĭ
f*a*tă	f*e*te
l*a*dă	lăzĭ
m*a*să	m*e*se
măr	m*e*re
m*î*nă	mîinĭ
om	o*a*menĭ
rom*â*ncă /-kă/	rom*â*nce /-če/
stud*e*nt	stud*e*nţĭ
l*a*mpă	lămpĭ
s*a*lă	sălĭ
sif*o*n	sifo*a*ne
str*a*dă	străzĭ

(*b*) Neuter nouns ending in *-ou* add *-rĭ* to form the plural:

stil*o*u — stil*o*urĭ
bir*o*u — bir*o*urĭ

Those in *-iu* /-iu̯/ take *-ii* /-ii̯/:

fot*o*liu — fot*o*lii

5.4/2 Determiner Pronouns: *cît*

The determiner pronoun *cît* agrees in gender and number with the noun it modifies or replaces. Its forms are as follows:

	M	N	F
sg.	cît		c*î*tă
pl.	cîţĭ	c*î*te	

Examples:

c*î*tă cafe*a*? how much coffee?
c*î*ţĭ sînt*e*m? how many of us are there?
c*î*te c*ă*rţĭ? how many books?

Cît remains invariable in a phrase like *cît costă?* 'how much is it?'.

5.4/3 Pronouns: *noi, voi*

The plural of *eu* is *noi* 'we'; the plural of *tu* is *voi* 'you' (for the use of *voi* see 4.4/3).

5.4/4 Verbs

(*a*) The Present Tense of the verb *a avea* 'to have' is:

(eu)	am	I have
(tu, d-ta)	ai	you have
(el, ea, dumnealui, dumneaei)	*a*re	he, she, it has
(noi)	av*e*m	we have
(voi, dvs.)	av*e*ţĭ	you have
(ei, ele, dumnealor)	au	they have

In the negative:

n*u* am I have not
n*u* ai you have not
n*u* *a*re he, she, it has not

n*u* av*e*m	we have not
n*u* av*e*ţĭ	you have not
n*u* au	they have not

It will be seen that the pl. of *dumnealui* (M) and *dumneaei* (F) is *dumnealor* (M/F) (see 3.4/3). Instead of using these pronouns one often repeats the person's name; thus we may say either:

dl. So*a*re e rom*â*n; dumneal*u*i e profes*o*r

or:

dl. So*a*re e rom*â*n; dl. So*a*re e profes*o*r

In conversational style the following contracted forms of the negative of *a avea* are used:

n-am, n-ai, n-*a*re, n-av*e*m, n-av*e*ţĭ, n-au

In writing a hyphen is preferred to an apostrophe to mark the omission.

5.4/5 Word-Order

Clauses in which the verb precedes the subject are often interrogative (i.e. they require an answer):

*a*re P*e*tre un stil*o*u?	has Peter a pen?
s*î*nt şi T*o*ma şi Mar*i*a a*i*ci?	are both Tom and Mary here?

Compare:

*a*re un ↓ stil*o*u — he has a pen

with:

*a*re un ↑ stil*o*u? — has he a pen?

5.5 Exercises

1. Copy out the Text of the Lesson, translate it orally, read it aloud several times, and learn by heart as many of the questions and answers as you can. When reading the Text out aloud, try to give those questions which elicit the response *da* or *nu* a rising tone.

2. Make sentences with the help of the following tables:

(*a*)

(eu) *a*m	o	c*a*să c*a*meră c*u*rte grăd*i*nă m*a*să profeso*a*ră l*e*cţie pis*i*că
(noi) av*e*m		

(*b*)

*e*l *e*a dumneal*u*i dumnea*e*i P*e*tre *A*na	are	un	profes*o*r dicţion*a*r c*î*ine bir*o*u
*e*i *e*le dumneal*o*r *A*na şi P*e*tre	au		

(*c*)

d-t*a* t*u*	ai	o	pis*i*că c*a*să grăd*i*nă profeso*a*ră
d*v*s. v*o*i	aveţi		

(*d*)

n-*a*m n-*a*re n-av*e*ţi n-*a*u	nim*i*c dicţion*a*re c*ă*rţi creio*a*ne

(*e*)

*e*l e*a* dumneal*ui* dumnea*ei* *A*na	*e*ste *e*	în	bir*o*u c*a*să cl*a*să c*u*rte c*a*meră grăd*i*nă str*a*dă cofetăr*i*e *A*nglia Român*i*a
*e*u *e*i *e*le dumneal*o*r Mar*i*a şi T*o*ma	s*î*nt		

(*f*)

n*o*i sînt*e*m		stud*e*nţĭ stud*e*nte profes*o*rĭ profeso*a*re d*o*ctorĭ d*o*ctoriţe engl*e*zĭ rom*â*nĭ
d*vs*. v*o*i	sînt*e*ţĭ	

*3. Translate:

Have you got an exercise-book? No, I haven't. Have you got a pen? No, I haven't, but I do have a pencil. Is their teacher a man or a woman? She's a woman. What have you got in (your) hand? I've got a dictionary. How many books has he got on (his) desk? He has five books. How many boys and girls are there in the garden? There are ten. What lesson do you have today? Today we have a grammar lesson. What's your occupation (*trans.* what are you), Mr Soare? I am a teacher. Where are you now? I am in the classroom. How many students are there in the classroom? There are five. Is Ann here? No, she isn't; she is over there. How much does this book cost? It costs ten lei.

4. *Supplementary Text.* Read and try to learn by heart the following text:

S*î*nt stud*e*nt. S*î*nt în cl*a*să. Cl*a*sa ('the class') n*u* e m*a*re. În cl*a*să sîntem n*u*mai z*e*ce stud*e*nţĭ. Av*e*m c*ă*rţĭ, cai*e*te, stil*o*urĭ şi creio*a*ne. Av*e*m un profes*o*r, n*u* o profeso*a*ră. Av*e*m un profes*o*r din Român*i*a, din Bucur*e*ştĭ.

St*ă*m ('we sit') la o m*a*să. St*ă*m pe sc*a*une. T*o*m stă l*î*ngă P*e*ter. T*o*m şi P*e*ter sînt engl*e*zĭ. Ei s*î*nt din L*o*ndra. Ei au d*o*uă dicţion*a*re m*a*rĭ.

Lesson 6

6.1 Vocabulary

Note: From this Lesson on, the sound /ĭ/ will generally only appear as ĭ in the Vocabularies. Elsewhere, *i* will be used, in accordance with the orthography.

alt, *a*ltă, alţĭ, *a*lte *det.* another, other

b*i*ne *adv.* well, good, fine, all right

ca *prep.*, *conj.* than, as

că *conj.* that

dec*î*t *prep.*, *conj.* than

englez*e*şte *adv.* (in) English

a f*a*ce *vb.* to do, to make

f*a*ce *vb.* (he, she, it) does, makes

f*a*cem *vb.* (we) do, make

fo*a*rte *adv.* very

franţuz*e*şte *adv.* (in) French

înv*a*ţă *vb.* (he, she, it) learns, (they) learn

înv*ă*ţ *vb.* (I) learn

a învăţ*a* *vb.* to learn

învăţ*a*ţĭ *vb.* (you) learn

învăţ*ă*m *vb.* (we) learn

l*i*mbă — limbĭ *F* language, tongue

mai *adv.* also, more, else

nemţ*e*şte *adv.* (in) German

n*i*şte *inv. det. pl.* some

pri*e*ten /pri-i̯*e*-ten/ — pri*e*tenĭ *M* friend

puţ*i*n *adv.* (a) little

puţ*i*n, puţ*i*nă, puţ*i*nĭ, puţ*i*ne *det.* little, few

român*e*şte *adv.* (in) Romanian

rus*e*şte *adv.* (in) Russian

timp — t*i*mpurĭ *N* time

uş*o*r, uş*oa*ră, uş*o*rĭ, uş*oa*re *adj.* easy, light

vorb*e*sc *vb.* (I, they) speak

vorb*e*şte *vb.* (he, she, it) speaks

a vorb*i* *vb.* to speak

vorb*i*m *vb.* (we) speak

vorb*i*ţĭ *vb.* (you) speak

Phrases

de m*u*lt	for a long time (now)
de puţ*i*n t*i*mp	for a short time, not very long
din *A*nglia	from England
din L*o*ndra	from London
l*i*mba rom*â*nă	Romanian, the Romanian language
m*a*i . . . şi nemţ*e*şte	also . . . German
învăţ*a*ţĭ de m*u*lt?	have you been learning for a long time?

6.2 Conversaţie

*U*nde sînt*e*ţi?	Sînt*e*m într-o cl*a*să.
Şi c*e* f*a*ceţi?	Învăţ*ă*m român*e*şte.
D*vs*. învăţ*a*ţi de m*u*lt româneşte?	N*u*, înv*ă*ţ român*e*şte n*u*mai de puţ*i*n t*i*mp.
E gre*a* l*i*mba rom*â*nă?	*E*ste şi n*u* *e*ste.
E m*a*i uşo*a*ră ca *a*lte l*i*mbi?	D*a* şi n*u*.
V*ă*d că sînt*e*ţi cu n*i*şte pri*e*teni?	D*a*, înv*a*ţă şi *e*i român*e*şte.[1]
*U*nde sînt *e*i ac*u*m?	S*î*nt în cl*a*să, cu no*i*.
D*vs*. vorb*i*ţi român*e*şte?	D*a*, vorb*e*sc puţ*i*n.
Dar *d*l. şi *d*-na Sm*i*th?	D*a*, şi *e*i vorb*e*sc.[2]
Cu c*i*ne vorb*i*ţi d*vs*. român*e*şte?	Cu *d*l. So*a*re.
*A*nn şi J*a*ne vorb*e*sc b*i*ne român*e*şte?	D*a*, *e*le vorb*e*sc b*i*ne român*e*şte.
C*e* *a*ltă l*i*mbă m*a*i înv*a*ţă *e*le?	*E*le m*a*i înv*a*ţă şi nemţ*e*şte.
C*e* l*i*mbă vorb*e*sc *e*le mai b*i*ne?	*E*le vorb*e*sc mai b*i*ne român*e*şte.
Dl. Sm*i*th vorb*e*şte franţuz*e*şte?	N*u*, dumneal*u*i n*u* vorb*e*şte franţuz*e*şte, dar vorb*e*şte nemţ*e*şte şi rus*e*şte.

[1] 'Yes, they're also learning Romanian.'
[2] 'Yes, they do too.'

D*vs*. sînte*ţ*i rom*â*n?	N*u*, sînt engl*e*z, dar vorb*e*sc b*i*ne românește.
De *u*nde sînte*ţ*i?	S*î*nt din *A*nglia, din L*o*ndra.
M*a*i s*î*nt şi *a*lţi engl*e*zi a*i*ci?	N*u*, n*u* sînt.
C*e* înv*a*ţă El*e*na?	Ea înv*a*ţă englez*e*şte.
E gre*a* l*i*mba engl*e*ză?	N*u*, n*u* e gre*a*. N*u* e mai gre*a* dec*î*t l*i*mba rom*â*nă.
C*e* f*a*ce El*e*na ac*u*m?	E*a* vorb*e*şte.
Şi c*e* f*a*cem n*o*i?	Şi n*o*i vorb*i*m.
C*e* l*i*mbă vorb*i*ţi d*vs*. ac*u*m?	Ac*u*m vorb*i*m român*e*şte.
Fo*a*rte b*i*ne, vorb*i*ţi n*u*mai român*e*şte, vă r*o*g.	

6.3 Grammar

6.3/1 The Definite Article

The definite article in Romanian is a suffix. Its form varies according to the gender and number of the noun with which it is used.

(*a*) The definite article for F-nouns in the singular is *-a*, which is either added to the end of the noun or is used in place of the last vowel:

l*i*mbă	language
l*i*mba	the language
l*i*mba rom*â*nă	the Romanian language

(Note that the *-ă* ending of the adjective does not change.)

(*b*) The definite article for M-nouns in the plural is *-i*; more accurately, the plural suffix *-i* /-ĭ, -i̯/ is replaced by *-ii* /-i/:

prieteni /pri-i̯e-tenĭ/ 'friends'
prietenii /pri-i̯e-te-ni/ 'the friends'
lei /lei̯/ 'lei', 'lions'
leii /le-i/ 'the lei', 'the lions'

Note that in this case *-ii* is pronounced /i/ (and not /ii̯/).

Note the following:

un copil 'a child', *copilul* 'the child'
copii /ko-pii̯/ 'children', *copiii* /ko-p*i*-(i̯)i/ 'the children'.

6.3/2 Adjective-Endings

We saw in 2.4/2 that most Romanian adjectives have four forms: M/N singular, F singular, M plural, N/F plural. In other words, used with N-nouns adjectives take the M-form in the singular and the F-form in the plural. This is also the case with many determiners.

Thus the determiner *alt* 'other' has the following forms:

<table>
<tr><th></th><th>M</th><th>N</th><th>F</th></tr>
<tr><td>sg.</td><td colspan="2">alt</td><td>altă</td></tr>
<tr><td>pl.</td><td>alţĭ</td><td colspan="2">alte</td></tr>
</table>

Singular	*Plural*
M un alt om 'another man'	alţi oameni 'other men'
F o altă limbă 'another language'	alte limbi 'other languages'
N un alt stilou 'another pen'	alte stilouri 'other pens'

Note how a final *-t* becomes *-ţ* with the addition of *-i*. With other modifiers, the changes may be more drastic, as with *greu*:

greu /greu̯/, grea /gre̯a/, grei, grele

Cf. also: uşor, uşoară, uşorĭ, uşoare

Some adjectives have only three different forms:

mic, m*i*că, micĭ, micĭ

Others again have only two:

m*a*re, m*a*re, marĭ, marĭ

6.3/3 Adjectives and Adverbs: Comparative Degree

Romanian uses the adverb *mai* in comparative constructions:

Adjectives

mai uşor	easier, more easy
mai greu	harder, more difficult
mai bun	better

Adverbs

mai uşor	more easily
mai greu	with greater difficulty
mai bine	better

Note that the M/N singular form of an adjective can generally be used as an adverb, in which function it remains invariable. *Bun* constitutes an exception: the corresponding adverb is *bine*.

6.3/4 Verbs: The Present Tense

The following present indicative forms of the verb *a învăţa* 'to learn' and of *a vorbi* 'to speak' occur in the Text:

(eu) înv*ăţ*	I learn
(el, ea, ei, ele) înv*a*ţă	he, she learns, they learn
(noi) învăţ*ăm*	we learn
(voi, dvs.) învăţ*a*ţi	you learn
(eu, ei, ele) vorb*e*sc	I, they speak
(el, ea) vorb*e*şte	he, she speaks
(noi) vorb*i*m	we speak
(voi, dvs.) vorb*i*ţi	you speak

With verbs ending in *-a* in the infinitive, the third person singular and plural have the same ending (e.g. *învaţă*). With verbs ending in *-i* in the infinitive, the first person singular and the third person plural have the same ending (e.g. *vorbesc*).

The present tense may be translated, for example, 'I learn', 'I am learning' or 'I'll learn'. It is also used in some cases where in English we use the perfect, e.g. 'I have learnt', 'I have been learning', especially in the presence of certain temporal adverbs such as *de mult* and *de puţin timp*:

învăţ*a*ţi de mult român*e*şte?	have you been learning Romanian (for a) long (time)?
înv*ă*ţ român*e*şte n*u*mai de puţ*i*n t*i*mp	I've only been learning Romanian for a short time

6.3/5 Adverbs

The forms *româneşte*, *englezeşte*, *franţuzeşte*, *nemţeşte*, *ruseşte* are adverbs of manner. They are invariable and cannot be used as adjectives or nouns (as can the English equivalents):

Patr*i*cia vorb*e*şte român*e*şte m*a*i b*i*ne dec*î*t W*i*lliam	Patricia speaks better Romanian than William (does)

6.4 Exercises

1. Copy out the Text of the Lesson, translate it, read it aloud several times and learn by heart as many of the questions and answers as you can.

2. Make sentences with the help of the following tables:

(*a*)

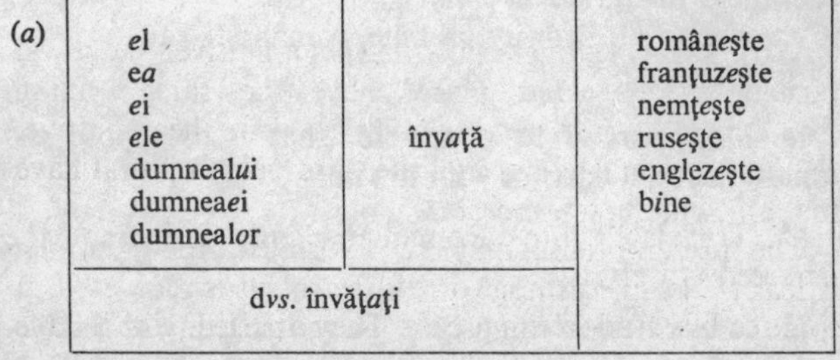

*e*l e*a* *e*i *e*le dumneal*u*i dumnea*e*i dumneal*o*r	înv*a*ţă	român*e*şte franţuz*e*şte nemţ*e*şte rus*e*şte englez*e*şte b*i*ne
d*v*s. învăţ*a*ţi		

(*b*)

*e*u		b*i*ne	român*e*şte
*e*i			englez*e*şte
*e*le	vorb*e*sc		franţuz*e*şte
*d*l. şi *d*-na R*o*berts		fo*a*rte b*i*ne	nemţ*e*şte
			rus*e*şte
d*vs*. vorb*i*ţi			

(*c*)

*e*u			român*e*şte	decît	e*a*
*e*i	vorb*e*sc	m*a*i b*i*ne	franţuz*e*şte		*e*l
*e*le			nemţ*e*şte	ca	*d*l.
*d*l. şi *d*-na			englez*e*şte		[Sm*i*th
[R*o*berts			rus*e*şte		*A*na
d*vs*. vorb*i*ţi					

3. Answer the following questions, first orally, then in writing. Try to do the exercise without consulting the Text.

*U*nde sînt*e*m?
C*e* f*a*cem?
E uşo*a*ră l*i*mba rom*â*nă?
C*e* l*i*mbă înv*a*ţă *d*l. şi *d*-na Sm*i*th?
C*e* l*i*mbă vorbesc *A*nn şi J*a*ne?
Cu c*i*ne sînt*e*ţi a*i*ci?
C*e* l*i*mbă vorbeşte m*a*i b*i*ne *d*l. Sm*i*th?
C*e* l*i*mbă înv*a*ţă ac*u*m J*a*ne?
C*e* vorbeşte *d*l. Br*o*wn mai b*i*ne, român*e*şte sau franţuz*e*şte?

4. Do Exercise 3 in reverse, that is, compose the questions on a basis of your answers.

*5. Translate into Romanian and underline the stressed vowels:

I see five students in a café. They are sitting at a table.

They are sitting on chairs. Three (of them) are boys and two are girls. There are (*trans.* they have) five coffees on the table. There is also a bottle of wine and five glasses on the table. They are speaking Romanian. They are English. They are learning Romanian and they are speaking a little Romanian. They also speak a little French and German. They speak four languages.

Lesson 7

7.1 Vocabulary

cit*e*sc *vb.* (I, they) read
să cit*e*sc *vb.* (to) read
a cit*i* *vb.* to read
cit*i*ţĭ *vb.* (you) read
exerc*i*ţiu — exerc*i*ţii *N* exercise
fac *vb.* (I, they) do
îmĭ *pron. dat.* (to) me, for me
-le *art. N/F pl.* the
mai mult *adv.* more, better
meu /meu̯/, mea /me̯a/, mei, m*e*le *poss. det.* my
mult *adv.* much, a lot
mult, m*u*ltă, mulţĭ, m*u*lte *det.* much, many, a lot
nuv*e*lă — nuv*e*le *F* short story, novella
îmĭ pl*a*ce *vb.* I like (it)
vă plac *vb.* you like (them)
vă pl*a*ce *vb,* you like (it)
a plăce*a* *vb.* to like
rom*a*n — rom*a*ne *N* novel
român*e*sc *N sg.*, române*a*scă *F sg.*, român*e*ştĭ *N/F pl. adj.*
Romanian
a scr*i*e /skr*i*i̯e/ *vb.* to write
scr*i*eţĭ *vb.* (you) write
să scr*i*eţĭ *vb.* (to) write
scriso*a*re — scris*o*rĭ *F* letter
scriu /skriu̯/ *vb.* (I, they) write
să scriu *vb.* (to) write
a şti *vb.* to know
ştiţĭ *vb.* (you) know
ştiu /shtiu̯/ *vb.* (I, they) know
tot *adv.* also, likewise
-ul *art. M/N sg.* the
vă *pron. acc./dat.* (to) you, for you
vol*u*m — vol*u*me *N* volume
să vorb*e*sc *vb.* (to) speak

Phrases

ce fel de . . .?	what kind of . . .?
cel mai bine	best (of all)
mai multe cărţĭ	several books (*lit.* more books)
îmĭ place mai mult	I prefer (*lit.* to me (it) pleases more)
lîngă ele	next to them
nu-mĭ place	I don't like (it)
studenţii mei	my students (*lit.* my the students)
ştiţĭ să scrieţĭ?	do you know how to write, can you write?
vă plac romanele?	do you like novels (*lit.* the novels)?
vorbiţĭ româneşte?	do you speak Romanian?

7.2 Conversaţie

Ce citiţi dvs.?	Citesc o carte.
Ce fel de carte?	O carte românească.
Ştiţi româneşte?	Da, ştiu puţin.
Văd că şi vorbiţi româneşte.	Da, dar tot puţin.
Văd că citiţi un roman.	Nu, nu e un roman. E o carte cu texte uşoare.
Ce scrieţi acolo, vă rog?	Scriu o scrisoare.
Ştiţi şi să scrieţi româneşte?	Da, dar foarte puţin.
Ce ştiţi mai bine: să vorbiţi, să citiţi, sau să scrieţi româneşte?	Cel mai bine ştiu să citesc româneşte.
Văd că aveţi mai multe cărţi pe masă. Ce fel de cărţi sînt?	Sînt cărţi româneşti şi englezeşti. Trei sînt romane, şi lîngă ele sînt două volume de nuvele.
Vă plac romanele?	Da, dar mai mult îmi plac nuvelele.
Dar romanul acesta vă place?	Da, îmi place.

De *u*nde av*e*ţi rom*a*nul ac*e*sta?	De la profes*o*rul m*e*u.
Şi c*a*rtea ace*a*sta?	Am c*a*rtea ace*a*sta de la profeso*a*ra me*a*.
*U*nde sînt c*ă*rţile m*e*le?	C*ă*rţile d*vs*. sînt ac*o*lo pe m*a*să.
*U*nde sînt stud*e*nţii m*e*i?	Stud*e*nţii d*vs*. sînt în cl*a*să.
C*e* f*a*c ei?	Ei scr*i*u şi cit*e*sc.
C*e* l*i*mbă şt*i*u stud*e*nţii d*vs*.?	Stud*e*nţii m*e*i şt*i*u român*e*şte.
Vă pl*a*ce să scr*i*eţi?	N*u*, n*u*-mi pl*a*ce să scr*i*u, îmi pl*a*ce mai m*u*lt să cit*e*sc şi să vorb*e*sc.

7.3 Grammar

7.3/1 The Definite Article

(*a*) The definite article for M/N-nouns in the singular whose root ends in a consonant is the suffix *-ul*, which is generally pronounced /u/.

M-nouns

un profes*o*r 'a teacher'	profes*o*rul 'the teacher'
un om 'a man'	*o*mul 'the man'
un băi*a*t 'a boy'	băi*a*tul 'the boy'
un pom 'a tree'	p*o*mul 'the tree'
un stud*e*nt 'a student'	stud*e*ntul 'the student'
un rom*â*n 'a Romanian'	rom*â*nul 'the Romanian'
un engl*e*z 'an Englishman'	engl*e*zul 'the Englishman'

N-nouns

un rom*a*n 'a novel'	rom*a*nul 'the novel'
un vol*u*m 'a volume'	vol*u*mul 'the novel'
un pah*a*r 'a glass'	pah*a*rul 'the glass'
un cai*e*t 'an exercise-book'	cai*e*tul 'the exercise-book'
un scaun 'a chair'	sc*a*unul 'the chair'
un tren 'a train'	tr*e*nul 'the train'
un măr 'an apple'	m*ă*rul 'the apple'

Also:

un ce*a*i 'a tea'	ce*a*iul 'the tea'

If the noun already ends in *-u*, then only *-l* is added; a final /u̯/ becomes /u/:

un l*e*u (*M*) ‘a leu’   l*e*ul /l*e*-u(l)/ ‘the leu’
un exerci*ţ*iu (*N*) ‘an exercise’   exerc*i*ţiul ‘the exercise’
un stil*o*u (*N*) ‘a pen’   stil*o*ul ‘the pen’
un fot*o*liu (*N*) ‘an armchair’   fot*o*liul ‘the armchair’

M/N-nouns ending in *-e* take *-le*:

un c*î*ine ‘a dog’   c*î*inele ‘the dog’

F-nouns ending in *-e* take *-a*; the resulting *-ea* is pronounced /e̯a/:

o c*a*rte ‘a book’   c*a*rtea ‘the book’
o c*u*rte ‘a courtyard’   c*u*rtea ‘the courtyard’
o p*î*ine ‘a loaf of bread’   p*î*inea ‘the (loaf of) bread’

Note: o cafe*a* /kafe̯a/ ‘a coffee’, cafe*a*ua /kafe̯au̯a/ ‘the coffee’.

F-nouns ending in *-ie* substitute *-a* for the final *-e*:

o cofetăr*i*e ‘a café’   cofetăr*i*a ‘the café’

(*b*) The definite article for N/F-nouns in the plural is *-le*. The pronunciation of a final plural *-i* changes from /ĭ/ or /i̯/ to a syllabic /i/:

F cărţi /kărtsĭ/ ‘books’   c*ă*rţile /k*ă*r-tsi-le/ ‘the books’
N rom*a*ne ‘novels’   rom*a*nele ‘the novels’
N tr*e*nuri /tr*e*-nurĭ/ ‘trains’   tr*e*nurile /tr*e*-nu-ri-le/ ‘the trains’
N fot*o*lii /fo-t*o*-lii̯/ ‘armchairs’   fot*o*liile /fo-t*o*-li-i-le/ ‘the armchairs’

(*c*) The article suffixes may be summarized thus:

	M	N	F
sg. noun	-(u)l, -le		-a
pl. noun	-i	-le	

Note that *-le* is used both for some M/N-singular nouns and for all the N/F-plural nouns. While *cîinele* (M) is 'the dog', *romanele* (N) is 'the novels'. The N-noun *nume* is invariable as to number, and means 'name' or 'names'; the form *numele* means 'the name' or 'the names'.

(*d*) The definite article may be used with plural nouns in a generic sense:
vă plac romanele? do you like the novels? (*specific items*)
or: do you like novels? (*the genre*)

7.3/2 Possessive Determiners

Possessive determiners, like adjectives, have four forms, e.g. *meu* M/N, *mea* F, *mei* M pl., *mele* N/F pl. 'my'. The gender and number agreement is with the noun they modify. The noun takes the definite article in addition. The order of elements is generally: Noun + Article Suffix — Possessive:

M profesorul meu	my teacher
N romanul meu	my novel
F profesoara mea	my teacher
M studenţii mei	my students
N romanele mele	my novels
F cărţile mele	my books

	M	N	F
sg. noun	meu		mea
pl. noun	mei	mele	

Dumneavoastră 'you' may be used as a possessive in the sense of 'your'. Its form is invariable:

profesorul } dumneavoastră 'your teacher, novel, books'
romanul }
cărţile }

7.3/3 Adjectives

Adjectives ending in *-esc*, like *românesc*, *englezesc*, *franțuzesc*, etc., have only three forms:

românesc *N sg.*, românească *F sg.*, româneşti *N/F pl.* 'Romanian'

Adjectives of this type are used only with N/F-nouns denoting inanimate objects:

o carte românească — a Romanian book
un roman românesc — a Romanian novel

	N	F
sg.	-esc	-ească
pl.	-eşti	

With M-nouns the forms *român*, *englez*, *francez* are used. Examples with human nouns:

un profesor român
un student român

A phrase may be preferred: *un băiat din România* 'a Romanian boy'.

7.3/4 Verb Forms

(*a*) In the Text of the Lesson we had the following verbs:

a scrie — to write
a face — to do
a citi — to read
a şti — to know

With these verbs and with all verbs ending in the infinitive in *-e* or *-i*, the first person singular and the third person plural take the same ending:

(eu, ei, ele) scriu — I, they write
(eu, ei, ele) fac — I, they do
(eu, ei, ele) citesc — I, they read
(eu, ei, ele) ştiu — I, they know

(*b*) *să*-clauses:

Clauses introduced by *să* are similar to those introduced by *că* 'that'. However, preceded by *să*, the verb (1) has a different form for the third person (the so-called Subjunctive), and (2) often corresponds to an English infinitive construction (rather than to a *that*-clause). Examples:

ştiţi să citiţi?	do you know how to read, can you read?
ştiţi să scrieţi?	can you write?
ştiţi să vorbiţi?	can you speak?

(*c*) *A plăcea.*

This verb is used in a special construction with the dative case of the personal pronoun:

îmi place	I like (it) (*lit.* to me (it) pleases)
vă place	you like (it)
îmi place cartea aceasta	I like this book
vă place cartea aceasta?	do you like this book?
vă plac romanele?	do you like novels?

Note that the form *place* is the third person singular and *plac* the third person plural of the verb. The subject may be a *să*-clause:

îmi place să citesc	I like to read, I like reading
vă place să vorbiţi	you like to speak

Preceded by *nu*, *îmĭ* is reduced to *-mĭ*, which forms a single syllable with *nu*:

nu-mĭ place să vorbesc	I don't like speaking

7.3/5 Comparison of Adverbs

The superlative degree of adverbs is formed by means of the adverbial phrase *cel mai* 'most':

bine — mai bine — cel mai bine	well — better — best

mult — mai mult — cel mai mult	(very) much, a lot, well — more, better — most, best
îmi place mai mult să citesc	I like reading better, more, I prefer reading

In the Text, however, *ce ştiţi mai bine?* is equivalent to 'what can you do best?'.

7.4 Exercises

1. Copy out the Text of the Lesson and read it aloud several times.

*2. Write out the four basic forms of the following ten nouns:

cafea, cîine, cofetărie, copil, ladă, masă, om, pahar, sifon, stradă

Example:

o carte ('a book'), cartea ('the book'), cărţi ('books), cărţile ('the books')

3. Make sentences with the help of the following tables:

(*a*)

văd că (d*v*s.)	vorb*i*ţi cit*i*ţi scr*i*eţi	b*i*ne	român*e*şte englez*e*şte franţuz*e*şte

(*b*)

*e*u *e*i *e*le N*i*cu şi *A*na *d*l. şi *d*na. Sm*i*th	cit*e*sc	c*ă*rţi rom*a*ne nuv*e*le	englez*e*şti român*e*şti franţuz*e*şti nemţ*e*şti rus*e*şti

(*c*)

îmi	pl*a*ce să	vorb*e*sc	român*e*şte englez*e*şte franţuz*e*şte
vă		vorb*i*ţi	

(*d*)

*u*nde e	c*a*sa c*a*rtea scriso*a*rea	me*a*?
	stil*o*ul pah*a*rul c*î*inele	m*e*u?

(*e*)

*u*nde sînt	stud*e*nţii pri*e*tenii	m*e*i?
	cai*e*tele c*ă*rţile	m*e*le?

4. Answer the following questions orally:

C*e* l*i*mbi vorb*i*ţi?
C*e* cit*i*ţi?
C*e* scr*i*eţi?
C*e* c*a*rte av*e*ţi în m*î*nă?
C*e* şt*i*ţi mai b*i*ne[1]: să cit*i*ţi sau să vorb*i*ţi român*e*şte?
*U*nde e cai*e*tul m*e*u?
*U*nde sînt pri*e*tenii d*vs*.?
*U*nde sînt stud*e*nţii d*vs*.?
C*e* f*a*c stud*e*nţii d*vs*.?
C*e* cit*e*sc pri*e*tenii d*vs*.?

5. Write down a set of answers to the questions in Exercise 4, then reconstruct the questions.

*6. Translate into Romanian:

I see a Romanian book on the table. It is a novel and I like reading novels. It is my book. It is next to an exercise-book. It is my exercise-book. I like to write and to read a lot. I like writing letters. Do you like writing letters? Do you like to read short stories? Do you like speaking French? Do you know Romanian? Can you write Romanian? Do you read much?

[1] 'What can you do better?' or 'What are you better at?'

Lesson 8

8.1 Vocabulary

ac*a*să *adv.* (at) home
apartam*e*nt — apartam*e*nte *N* flat
b*a*ie — băi *F* bathroom, bath
bloc — bl*o*curĭ *N* block of flats, apartment house
bucătăr*i*e — bucătăr*i*i *F* kitchen
căm*a*ră — căm*ă*rĭ *F* pantry, larder
convorb*i*re — convorb*i*rĭ *F* talk
de as*e*menĭ *adv.* also, too
des*i*gur *adv.* certainly
dormit*o*r — dormito*a*re *N* bedroom
ei /i̯ei̯/ *inv. poss. det.* her
fam*i*lie — fam*i*lii *F* family
geograf*i*e /ğeograf*i*i̯e/ — geograf*i*i *F* geography
hol — h*o*lurĭ *N* (entrance-)hall
iar /i̯ar/ *conj.* but, and
i*a*tă /i̯*a*tă/ *adv.* here is, here are, look!
înce*a*rcă /înč*a*rkă/ *vb.* (he, she, it) tries, (they) try
a încerc*a* (să) *vb.* to try (to)
*î*ntre *prep.* between
a locu*i* *vb.* to live, to dwell, to reside
locui*e*sc /lokui̯*e*sk/ *vb.* (I, they) live
locu*i*m *vb.* (we) live
lui /lui̯/ *inv. poss. det.* his
matem*a*tică — matem*a*ticĭ *F* mathematics
nev*o*ie /ne-v*o*-i̯e/ — nev*o*i *F* need
n*o*tă — note *F* mark
n*o*stru, no*a*stră, n*o*ştri /n*o*shtri/, no*a*stre *poss. det.* our
n*o*uă *num.* nine
opt *num.* eight
pentru *prep.* for
sal*o*n — salo*a*ne *N* sitting-room, drawing-room
soţ — soţĭ *M* husband
soţ*i*e — soţ*i*i *F* wife
sufrager*i*e — sufrager*i*i *F* dining-room
ş*a*se *num.* six
ş*a*pte *num.* seven

să vorb*e*ască *vb.* (to) speak
toal*e*tă /to-a-l*e*-tă/ — toal*e*te *F* toilet, lavatory
*u*nii /*u*ni/ *M*, *u*nele *N/F det. pron. pl.* some

Phrases

a ave*a* nev*o*ie de	to need, to have need of
*î*ntr-un bl*o*c	in a block (of flats)
m*a*i av*e*m	we also have
n*o*ta z*e*ce	ten out of ten (*lit.* the mark ten)
so*ţ*ii R*o*berts	the Robertses
şi mai m*u*lte	even more

8.2 Fam*i*lia R*o*berts

W*i*lliam şi Patr*i*cia R*o*berts locui*e*sc la L*o*ndra. Ei locui*e*sc *î*ntr-un apartam*e*nt într-un bl*o*c. W*i*lliam e profes*o*r de geograf*i*e iar so*ţ*ia lui e profeso*a*ră de matem*a*tică. Ei înv*a*ţă ac*u*m român*e*şte. Ei înce*a*rcă să vorbe*a*scă român*e*şte ac*a*să.

I*a*tă o convorb*i*re între Patr*i*cia şi s*o*ţul *e*i.

W: *U*nde locu*i*m noi, Patr*i*cia?
P: Noi locu*i*m într-un apartam*e*nt.
W: *U*nde e apartam*e*ntul n*o*stru?
P: Apartam*e*ntul n*o*stru e într-un bl*o*c.
W: Şi c*î*te c*a*mere av*e*m?
P: Av*e*m c*i*nci c*a*mere.
W: Au *a*lţi o*a*meni mai m*u*lte c*a*mere?
P: *Da.* *U*nii au ş*a*se, ş*a*pte, *o*pt sau n*o*uă c*a*mere, sau ş*i* mai m*u*lte.
W: Des*i*gur. O fam*i*lie mai m*a*re are nev*o*ie de mai m*u*lte c*a*mere. O fam*i*lie mai m*i*că are nev*o*ie de mai puţ*i*ne c*a*mere.
P: Ce c*a*mere av*e*m noi?
W: Av*e*m un h*o*l, un dormit*o*r, o sufrager*i*e, un sal*o*n şi un bir*o*u. M*a*i av*e*m şi o bucătăr*i*e, o căm*a*ră, o b*a*ie şi o toal*e*tă.

P: C*u*m sînt sufrager*i*a şi bucătăr*i*a no*a*stră?
W: Sufrager*i*a no*a*stră e m*a*re dar bucătăr*i*a no*a*stră e m*i*că.
P: Fo*a*rte b*i*ne. N*o*ta z*e*ce pentru l*e*cţia de *a*zi.

8.3 Grammar

8.3/1 Possessive Determiners

The possessives used for third-person singular reference are:

M/N-referent: *lui* 'his', 'its'
F-referent: *ei* 'her'

The forms do not change for gender or number:

apartam*e*ntul lui	his flat
soţ*i*a lui	his wife
pri*e*tenii lui	his friends
c*ă*rţile lui	his books
c*a*sa ei	her house
s*o*ţul ei	her husband
cop*i*ii ei	her children
l*e*cţiile ei	her lessons

8.3/2 Prepositions

The preposition *în* 'in' is used with place names when both speaker and listener are in the same locality as the one they refer to. When they are not, the preposition *la* is used.

ei locuiesc în Londra (you and I are in London, and so are they)
ei locuiesc la Londra (you and I are not in London, but they are)

There is thus a relation between *în* and *aici*, and between *la* and *acolo*.

The preposition *într-* is used with nouns preceded by the indefinite article *un* or *o*:

ei locuiesc într-un bloc

Do not confuse *într-* 'in' with *între* 'between':

o convorbire între Patricia şi William

8.4 Exercises

1. Copy out the Text of the Lesson and read it aloud several times.

2. Make sentences with the help of the following tables:

(*a*)

(eu) *a*m (noi) av*e*m (dvs.) av*e*ţi (ei, ele) *a*u	un	apartam*e*nt bir*o*u sal*o*n dormit*o*r h*o*l	m*a*re
	o	c*a*să c*a*meră sufrager*i*e bucătăr*i*e	

(*b*)

(eu) înc*e*rc să	cit*e*sc înv*ă*ţ vorb*e*sc scr*i*u	românește englez*e*şte

(*c*)

(eu, ei, ele) locu*ie*sc (noi) locu*i*m	în la	L*o*ndra Bucur*e*şti
	într-o	c*a*să c*a*meră
	într-un	apartam*e*nt bl*o*c

(*d*)

(eu) *a*m (dvs.) av*e*ţi (noi) av*e*m (el, ea) *a*re (ei, ele) *a*u	nev*o*ie de	un	profes*o*r dicţion*a*r stil*o*u cai*e*t apartam*e*nt
		o	c*a*rte c*a*să
		n*i*şte	c*ă*rţi dicţion*a*re l*e*cţii

(*e*)

c*a*re *u*nde	*e* *e*ste	dormit*o*rul sal*o*nul bir*o*ul apartam*e*ntul	n*o*stru?
		c*a*mera sufrager*i*a m*a*sa	n*o*astră?
	s*î*nt	profes*o*rii stud*e*nţii	n*o*ştri?
		c*a*merele c*ă*rţile	no*a*stre?

3. Pick out the seven F-nouns in this Lesson ending in *-ie* and write them out with the definite-article suffix (on the model of *o cofetărie* in 7.3/1). Underline the stressed vowel.

4. Practise using the first ten cardinal numbers (*un/o, doi/două, trei, patru, cinci, şase, şapte, opt, nouă, zece*) with different nouns from this Lesson (e.g. *două familii, opt soţi*).

5. Translate the following and then substitute five other nouns each for *pen* and *house*:

Do I need anything? Yes, you need a pen.
Does she need anything? Yes, she needs a house.

*6. Translate into Romanian:

We live in London. We have a small flat. It is in a block of flats. It comprises (*trans.* has) four rooms and a hall. The rooms are: a bedroom, a dining-room, a drawing-room and a study. There is (*trans.* it has) also a bathroom, a kitchen, a pantry and a toilet. My friend Tom has a big house. I like his house. He is at home now with his wife and they are trying to speak Romanian. They speak a little Romanian and they need an English-Romanian dictionary.

Lesson 9

9.1 Vocabulary

acest, ac*e*astă /ač*a*stă/, acești, ac*e*ste *det.* this, that, these, those
ac*e*sta, ac*e*asta, aceștia /ač*e*shtia/, ac*e*stea /ač*e*stea/ *det. pron.* this, that, these, those
al *cu*i, a *cu*i, ai *cu*i, *a*le *cu*i /kui/ *det. pron.* whose
ar*a*tă *vb.* (he, she, it) shows
a arăt*a* *vb.* to show
at*u*nci *adv.* then
bani *M pl.* money
a continu*a* *vb.* to continue
să continu*ă*m *vb.* let's continue
a cr*e*de *vb.* to believe, to think
cred *vb.* (I, they) think
cr*e*deți *vb.* (you) think
crezi *vb.* (you) think
de l*o*c *adv.* not at all
do*a*mnă — do*a*mne *F* lady
domn — domni *M* gentleman
fet*i*ță — fet*i*țe *F* little girl
fotograf*i*e — fotograf*i*i *F* photograph
fr*a*te — frați *M* brother
îi /îi/ *pron. dat.* (to, for) him, her
a întreb*a* *vb.* to ask
într*ea*bă *vb.* (he, she) asks, (they) ask
într*ea*bă (t*u*) *vb. imp.* (*you*) ask
nepo*a*tă — nepo*a*te *F* niece, granddaughter
nep*o*t — nep*o*ți *M* nephew, grandson
a răsp*u*nde *vb.* to answer
răsp*u*nde *vb.* (he, she) answers
s*o*ră — sur*o*ri *F* sister
a z*i*ce *vb.* (he, she) says

9.2 O lecție de gram*a*tică

W*i*lliam și Patr*i*cia f*a*c *a*zi o lecție de gram*a*tică.

W: C*e* este ac*e*sta?

P: Ac*e*sta este un c*î*ine.

W: Ce sînt aceştia?
P: Aceştia sînt nişte cîini.
W: Ce este aceasta?
P: Aceasta este o pisică.
W: Ce sînt acestea?
P: Acestea sînt nişte pisici.
W: Ce este acesta?
P: Acesta este un stilou.
W: Ce sînt acestea?
P: Acestea sînt nişte stilouri.
— Ce crezi? întreabă William. E greu?
— Cred că nu e greu, de loc, răspunde Patricia.
— Atunci să continuăm, zice el.
— Să continuăm, răspunde ea.

Patricia îi arată o fotografie.

P: Cine e domnul acesta?
W: Domnul acesta e fratele meu.
P: Şi cine e doamna aceasta?
W: Doamna aceasta e sora mea.
P: Cine e acest băiat?
W: Acest băiat e nepotul meu.
P: Cine sînt aceşti băieţi?
W: Aceşti băieţi sînt nepoţii mei.
P: Şi cine sînt aceste fetiţe?
W: Aceste fetiţe sînt nepoatele mele.
— Acum întreabă tu, zice Patricia.
W: Al cui e apartamentul acesta?
P: Acesta e apartamentul nostru.
W: Ai cui sînt aceşti cîini?
P: Aceştia sînt cîinii noştri.
W: A cui e această casă?
P: Aceasta e casa noastră.
W: Ale cui sînt aceste pisici?
P: Acestea sînt pisicile noastre.
W: Al cui frate e Nicu?
P: Nicu e fratele meu.
W: A cui soră e Ana?

P: *A*na e s*o*ra me*a*.
W: Ai c*u*i sînt ac*e*şti b*a*ni?
P: Ac*e*ştia sînt b*a*nii m*e*i.
W: Ale c*u*i sînt ac*e*ste c*ă*rţi?
P: Ac*e*stea sînt c*ă*rţile m*e*le.
W: Fo*a*rte b*i*ne. N*o*ta z*e*ce pentru l*e*cţia de *a*zi.

9.3 Grammar

9.3/1 Demonstrative Determiners

The demonstrative determiner has two forms in Romanian.

(1) When placed before the noun, the noun then carrying greater emphasis, the forms used are similar to those of adjectives:

M	N	F	
ac*e*st		ace*a*stă	+ sg. noun
ac*e*şti	ac*e*ste		+ pl. noun

M ac*e*st băi*a*t — this boy
N ac*e*st bir*o*u — this desk
F ace*a*stă fet*i*ţă — this little girl
M ac*e*şti băi*e*ţi — these boys
N ac*e*ste bir*o*uri — these desks
F ac*e*ste fet*i*ţe — these little girls

Note that, as in English, the noun is used in its base form, i.e. without the definite article suffix.

(2) When placed after the noun so that the determiner itself carries the emphasis, the four forms end in *-a*:

	M	N	F
sg. noun +	ac*e*sta		ace*a*sta
pl. noun +	ac*e*ştia	ac*e*stea	

M *o*mul ac*e*sta	this man
o*a*menii ac*e*ştia	these men
N apartam*e*ntul ac*e*sta	this flat
apartam*e*ntele ac*e*stea	these flats
F c*a*sa ace*a*sta	this house
c*a*sele ac*e*stea	these houses

Note that when the demonstrative follows the noun, the noun takes the definite article.

The second set of demonstratives are also used as pronouns. They agree in number and gender with their noun-referents:

acesta e prietenul meu	this is my friend
acesta e un vin bun	this is a good wine
aceasta e o casă nouă	this is a new house
aceştia sînt studenţii mei	these are my students
acestea sînt nepoatele mele	these are my nieces (grand-daughters)
acestea sînt scaune de lemn	these are wooden chairs

In colloquial speech the forms ă*sta*, a*sta*, ă*ştia*, a*stea* are often used in place of the above forms in *-a*:

de *u*nde aveţi *a*sta?	where did you get this (*lit.* from where do you have this)?
stud*e*nţii *ă*ştia n*u* şt*i*u nim*i*c	these students don't know anything
fet*i*ţele *a*stea vorb*e*sc b*i*ne român*e*şte	these little girls speak good Romanian

In cases where the gender is unknown, the F-forms *a*(*cea*)*sta*, *a*(*ce*)*stea* are used (note such examples in subsequent Lessons). All these forms may be translated 'this', 'these' or 'that', 'those'.

9.3/2 Nouns

(*a*) *Diminutives*

There is a large number of diminutives in Romanian, formed by means of various suffixes. For example, from the word *fată* (pl. *fete*) the diminutive *fetiţă* is formed using the suffix *-iţă*. But the same suffix may have other uses: *-iţă* is also used to change masculines into feminines:

un doctor — a (male) doctor
o doctoriţă — a (female) doctor

(*b*) *Bani*

The word *ban* means 'centime', a hundredth part of one *leu*. The plural *banĭ* is used in the sense of 'money'. Being in the plural, it imposes plural forms in determiners, adjectives and verbs:

aceştia sînt banii mei — this is my money

9.3/3 Pronouns

(*a*) *Al cui*

The genitive form of the interrogative *cine* 'who' is *cui* preceded by the possessive marker[1] *al*, *a*, *ai*, *ale*, which agrees in gender and number with the noun denoting the person or thing possessed (not with the possessor). The whole unit functions as a determiner pronoun.

<table>
<tr><th></th><th>M</th><th>N</th><th>F</th></tr>
<tr><td>sg.</td><td colspan="2">al cui</td><td>a cui</td></tr>
<tr><td>pl.</td><td>ai cui</td><td colspan="2">ale cui</td></tr>
</table>

Examples:

al c*u*i fr*a*te e N*i*cu? — whose brother is Nick?
al c*u*i e băi*a*tul? — whose boy, son is he (*lit.* whose is the boy)?
a c*u*i e fet*i*ţa? — whose daughter is the girl?
ai c*u*i sînt b*a*nii? — who does the money belong to?

[1] Usually called 'possessive article'.

ale *cu*i sînt *că*rţile?	who do the books belong to?

(*b*) *Îi*

This pronoun is the dative (indirect-object) form of *el, ea*:

W*i*lliam îi ar*a*tă o fotograf*ie*	William shows a photo to her, shows her a photo
Patr*i*cia îi ar*a*tă o fotograf*ie*	Patricia shows him a photograph
W*i*lliam îi răsp*u*nde	William answers, replies to, responds to him, her

9.3/4 *Să*-Clauses

Verb forms preceded by *să* used as independent clauses function as imperatives. They frequently correspond to English constructions with *let*:

să continu*ă*m	let's continue
să învăţ*ă*m	let's learn
să vorb*i*m român*e*şte	let's speak Romanian
să cit*ea*scă	let him, her, them read
să scr*ie*ţi	write!, why not write?

9.3/5 Word Order

(*a*) After a quotation, the verb of saying, replying, etc., comes before the subject:

— Atunci să continuăm, zice el	'Let's continue then,' he says
— Să continuăm, răspunde ea	'Let's continue,' she replies

(*b*) The conjunction *că* 'that' is not generally replaced by zero:

cred că nu e greu	I don't think (that) it's hard

Note the position of *nu* in this sentence: it (more logically) negates the phrase *e greu* rather than the verb *cred.*

9.4 Exercises

1. Copy out the Text of the Lesson and read it aloud several times.

2. Make sentences with the help of the following tables:

(*a*)

ac*e*sta	*e*ste *e*	un băi*a*t un stud*e*nt un profes*o*r
ace*a*sta		o fet*i*ţă o stud*e*ntă o profeso*a*ră

(*b*)

acest	băi*a*t stud*e*nt profes*o*r *o*m	*e*ste *e*	pri*e*tenul fr*a*tele nep*o*tul	m*e*u n*o*stru

(*c*)

c*i*ne	*e* *e*ste	băi*a*tul stud*e*ntul profes*o*rul *o*mul	ac*e*sta?
		fet*i*ţa stud*e*nta profeso*a*ra	ace*a*sta?

(*d*)

al c*u*i	*e* *e*ste	bir*o*ul stil*o*ul apartam*e*ntul dicţion*a*rul	ac*e*sta?
a c*u*i		c*a*sa c*a*rtea c*a*mera fet*i*ţa	ace*a*sta?

(*e*)			
ai c*u*i	s*î*nt	cop*i*ii c*î*inii	ac*e*ştia?
ale c*u*i		fotograf*i*ile c*a*sele	ac*e*stea?

3. Convert the following statements into questions, replacing the subject by the interrogative *cine* or *ce*:

Patr*i*cia vorb*e*şte român*e*şte.
Fr*a*tele meu st*ă* la bir*o*u şi scr*i*e.
N*i*cu şt*i*e englez*e*şte.
W*i*lliam înv*a*ţă român*e*şte.
*A*na scr*i*e o scriso*a*re.
Dl. So*a*re e în sal*o*n.
D-na So*a*re e în sufrager*i*e.
Ce*a*iul e pe m*a*să.
M*a*sa e sub un p*o*m în grăd*i*nă.
Stil*o*ul e pe bir*o*u.
Pah*a*rul e lîngă st*i*clă.

*4. Translate into Romanian (use *dvs.* for 'you'):

Patricia shows him a book. Let us read this text. I don't think it is difficult at all. What do you think? I think this text is easy. I like this text. Do you like it too (*vă place şi dvs.*)? Yes, I do. Do you like these books? Yes, I do. Whose are these books? They are my books. Do you have Romanian books too? Yes, I do. What other books do you read (*mai citiţi*)? I also read English and French books. What other languages do you know? I also know German and Russian.

5. Supplementary Reading Text:

S*î*nt cu soţ*i*a mea la o m*a*să într-o cofetăr*i*e. Cu n*o*i la m*a*să m*a*i sînt: fr*a*tele meu, s*o*ra ei şi pri*e*tenii n*o*ştri, W*i*lliam şi Patr*i*cia. Ei sînt ac*u*m în Bucur*e*şti, în Român*i*a.

Patr*i*cia şi soţ*i*a mea i*a*u c*î*te ('each', 'both') un ce*a*i şi ch*i*fle. W*i*lliam i*a* o cafe*a*. *E*u i*a*u t*o*t o cafe*a*. Fr*a*tele şi s*o*ra mea i*a*u prăjit*u*ri. Vorb*i*m între n*o*i ('among ourselves', 'together') român*e*şte. Pri*e*tenii noştri din *A*nglia şt*i*u puţ*i*n român*e*şte. Noi şt*i*m puţ*i*n englez*e*şte.

Lesson 10

10.1 Vocabulary

b*i*neînţel*e*s (că) *adv.* of course, certainly
bombo*a*nă — bombo*a*ne *F* sweet
a cost*a* *vb.* to cost
a cost*a*t *vb.* (it) (has) cost
a cumpăr*a* *vb.* to buy
ai cumpăr*a*t *vb.* (you) (have) bought
am cumpăr*a*t *vb.* (I, we) (have) bought
de *mark.* by
deoarec*e* /deo̯areč*e*/ *conj.* as, because
d*e*spre *prep.* about
dest*u*l *det. pron.* enough
dial*o*g /di-a-l*o*g/ — dial*o*gurĭ *N* dialogue
drum — dr*u*murĭ *N* way, road
d*u*pă *prep.* after
ex*a*ct *adv.* precisely, correct, that's right, that's it
au făc*u*t *vb.* (they) (have) made
f*ă*ră *prep.* without
fel — f*e*lurĭ *N* kind, sort, way
folosit*o*r, folosito*a*re, folosit*o*rĭ, folosito*a*re *adj.* useful
a ghic*i* /gič*i*/ *vb.* to guess
gh*i*cĭ *vb. imp.* guess!
ai ghic*i*t *vb.* (you) (have) guessed
ghid — gh*i*durĭ *N* guide
greşe*a*lă — greş*e*lĭ *F* mistake
ieftin /i̯eftin/, ieftină, ieftinĭ, ieftine *adj.* cheap
a invit*a* *vb.* to invite
a fi invit*a*t *vb.* to be invited
au fost invit*a*ţĭ *vb.* (they) have been invited, were invited
invit*a*ţie — invit*a*ţii *F* invitation
a înc*e*pe (să) *vb.* to begin, to start (to)
ai încep*u*t *vb.* (you) have begun, began
lor *poss. det.* their
or*a*ş — or*a*şe *N* town
plăc*e*re — plăc*e*rĭ *F* pleasure
ple*a*că *vb.* (he, she) leaves, (they) leave
a plec*a* (la, în) *vb.* to go (to), to leave (for)

a plecat *vb.* (he, she) has gone, went, (has) left
a primi *vb.* to receive, to get, to accept
au primit *vb.* (they) (have) received, accepted
privitor la *prep.* regarding, concerning
au scris *vb.* (they) have written, wrote
a spune *vb.* to say, to tell
n-am spus *vb.* (I, we) haven't said, didn't say
totuşĭ *adv.* however, nevertheless, yet
a veni *vb.* to come
vezĭ *vb.* (you) see
vin *vb.* (I, they) come

Phrases

ai ghicit	you've guessed it
ce-ai /čai̯/ . . .?	what have you . . .?
ce fel de carte?	what kind of book?
cu plăcere	with pleasure
după-masă[1]	(in the) afternoon, evening, after lunch, dinner
ei au fost invitaţĭ în România	they have been invited to Romania
eştĭ pe drumul cel bun	you're on the right track, you're getting warm

10.2 Patricia şi William pleacă în România

Patricia şi William au fost invitaţi de prietenii lor Sandu si Ana Tomescu în România. Ei au primit cu plăcere invitaţia şi au scris că vin la Bucureşti. După-masă William a plecat în oraş şi a cumpărat un ghid privitor la România. Deoarece învaţă româneşte ei au încercat să vorbească puţin în această limbă. Bineînţeles că au făcut şi greşeli dar au făcut totuşi un exerciţiu foarte folositor.
Iată dialogul lor. (Aici fără greşeli!)

[1] This is used to refer to that part of the day following the main meal, which may be taken quite late in the afternoon.

P: *U*nde ai f*o*st?
W: Am f*o*st în or*a*ş.
P: Şi ce-*a*i făc*u*t?
W: Am cumpăr*a*t cev*a*.
P: Ce-*a*i cumpăr*a*t?
W: Gh*i*ci!
P: Bombo*a*ne?
W: Nu.
P: O c*a*rte?
W: D*a*. Dar c*e* f*e*l de c*a*rte?
P: Un rom*a*n.
W: Nu.
P: Un dicţion*a*r.
W: Nu. Dar *e*şti pe dr*u*m b*u*n.
P: Cev*a* d*e*spre Român*i*a.
W: Da. Ai ghic*i*t.
P: Un gh*i*d privit*o*r la Român*i*a.
W: Ex*a*ct.
P: A cost*a*t m*u*lt?
W: Nu. Am cumpăr*a*t un gh*i*d *ie*ftin şi b*u*n.
P: Ai făc*u*t fo*a*rte b*i*ne. V*e*zi, n-*a*m sp*u*s '*dumneavoastră* aţi făc*u*t fo*a*rte b*i*ne', fi*i*ndcă eşti s*o*ţul meu.
W: V*ă*d că ai încep*u*t o l*e*cţie de gram*a*tică. Mulţum*e*sc, dar pentru *a*zi e dest*u*l.

10.3 Grammar

10.3/1 Adjectives

Adjectives ending in *-or* have only three forms. The F-plural is identical with the F-singular:

<table>
<tr><th></th><th>M</th><th>N</th><th>F</th></tr>
<tr><td>sg.</td><td colspan="2">folositor</td><td rowspan="2"></td></tr>
<tr><td>pl.</td><td>folositori</td><td colspan="2">folositoare</td></tr>
</table>

N	un exerci*ţ*iu folosit*o*r	a useful exercise
	exerci*ţ*ii folosito*a*re	useful exercises
F	o c*a*rte folosito*a*re	a useful book
	c*ă*rţi folosito*a*re	useful books

10.3/2 Verbs

(*a*) *The Present Perfect*

This tense is formed in a similar way to the English present perfect. In Romanian you use reduced forms of the verb *a avea* 'to have' together with the past participle of the selected verb. The verb *a spune* 'to say' goes like this:

(eu) am spus	I (have) said
(tu) ai spus	you (have) said
(el, ea) a spus	he, she (has) said
(noi) am spus	we (have) said
(voi, dvs.) aţi spus	you (have) said
(ei, ele) au spus	they (have) said

Note that the full forms *are, avem, aveţi,* are not used in this compound tense. Instead we use the reduced or contracted forms *a, am, aţi.* Do not confuse this *a* (as in *a spus* 'he (has) said') with the infinitive marker *a* (as in *a spune* 'to say'). The other parts of *a avea* are not reduced or contracted.

The use of the perfect tense in Romanian is not so restricted as in English. You may use it as a *past tense*, so that *am spus* often translates 'I said' as well as 'I have said', 'I have been saying'.

To form the past participle you add *-t* to infinitives ending in *-a*, *-i*, and *-î*, while you replace the infinitive ending *-ea* by *-ut*. Some infinitives in *-e* replace this *-e* by *-ut*, others replace the final consonant (if there is one) plus the *-e* by *-s*.

Examples:

a cumpăr*a*: am cumpăr*at*	I, we (have) bought
a încerc*a*: a încerc*at*	he, she (has) tried

a cit*i*: aţi cit*i*t	you (have) read
a ven*i*: au ven*i*t	they have come, came
a ave*a*: a av*u*t	he, she (has) had
a înc*e*pe: am încep*u*t	you have begun, began
a scr*i*e: aţi scr*i*s	you have written, wrote
a răsp*u*nde: ai răsp*u*ns	you (have) answered

Sometimes there are changes in the root:

a f*a*ce: am făc*u*t	I, we (have) made
a cr*e*de: a crez*u*t	he, she (has) believed, thought

And there are a few irregulars:

a fi: aţi f*o*st	you have been, were
a şti: au şti*u*t	they have known, knew

Check the past participles of other verbs you know in Appendix 2.

(*b*) *Contracted Forms*

We often use contracted forms in English as in 'where's he go, going, gone', where the '*s* stands for *does*, *is* or *has*, as the case may be. There are a number of comparable forms in Romanian. Instead of an apostrophe, a hyphen is used to denote the contraction in writing:

ce + *ai*, pronounced /čai/, is written *ce-ai.*

Similarly we write:

ce-aţi /čatsĭ/, *ce-a* /ča/, *ce-au* /čau/

The vowel of *nu* 'not' regularly drops with the perfect:

n-am spus 'I, we didn't say, haven't said', n-ai spus, n-a spus, n-aţi spus, n-au spus.

(*c*) *The Passive Voice*

Like English *to be*, *a fi* is used in passive constructions. These are formed by using *a fi* in an appropriate tense together with the past participle of the verb selected. In this use the past participle is treated as an adjective, with four forms:

invit*a*t, invit*a*tă, invit*a*ţi, invit*a*te	invited

Which form we use depends on the gender and number of the subject:

el a fost invit*a*t ea a fost invit*a*tă	he she } was, has been invited
ei au fost invit*a*ţi ele au fost invit*a*te }	they were, have been invited

The agent of passive constructions is introduced by the marker *de* 'by':

Patricia şi William au fost invitaţi de prietenii lor	P. and W. have been invited by their friends

(With a mixed subject, the male has dominance over the female.)

With *dvs.* the past participle of the main verb agrees in number and gender with the referent:

dvs. aţi fost invitat în România	you (one male) have been invited to R.
dvs. aţi fost invitată în R.	you (one female) . . .
dvs. aţi fost invitaţi în R.	you (more than one male or mixed group) . . .
dvs. aţi fost invitate în R.	you (more than one female) . . .

10.4 Exercises

1. Copy out the Text of the Lesson and read it aloud several times.

2. Make sentences with the help of the following tables:

(*a*)	(dvs.) aţi (el, ea) a (ei, ele) au	prim*i*t cumpăr*a*t	c*a*rtea? rom*a*nul? nuv*e*la?

(*b*)

*u*nde	aţi a am	f*o*st	invit*a*t? invit*a*tă?
	aţi am au		invit*a*ţi? invit*a*te?

(*c*)

aţi am a au	cumpăr*a*t	o	c*a*rte c*a*să l*a*mpă m*a*să	*i*eftină
		un	dicţion*a*r apartam*e*nt rom*a*n bir*o*u stil*o*u	*i*eftin

(*d*)

cît c*o*stă	c*a*rtea m*a*sa l*a*mpa c*a*sa fotograf*i*a	ace*a*sta?
	dicţion*a*rul rom*a*nul apartam*e*ntul stil*o*ul	ac*e*sta?

(*e*)

ce-*a*ţi ce-*a* ce-*a*u	sp*u*s? prim*i*t? cumpăr*a*t? făc*u*t?

(*f*)

aţi a au	sp*us* prim*it* cumpăr*at* făc*ut*	cev*a*?

(*g*)

n-*am* n-*au* n-*aţi* n-*a*	spus prim*it* cumpăr*at* făc*ut*	nim*ic*

*3. Insert the correct form of the perfect tense in the blanks, using the following verbs: *a fi*, *a face*, *a cumpăra*, *a costa*, *a fi invitat*.

Unde ___ soţul dvs.? ___ în oraş. Ce ___ el? ___ o carte. Ce fel de carte ___? ___ un ghid. Cît ___ ghidul? Ghidul ___ zece lei. Unde ___? ___ în România. De cine ___? ___ de prietenii noştri din România.

*4. Translate into Romanian:

Mr and Mrs Tomescu live in Bucharest. They live in a very big house. It is a block (of flats) and they live in a flat with five rooms. They have two children: a boy and a little girl. Their son is learning English and their little girl is learning French. The boy reads English well but he does not speak English so well. The little girl has many French books and she tries to write letters in French (*trans.* in the French language).

Lesson 11

Revision

11.1 Dialog

C*e* aveţi ac*o*lo pe m*a*să?	A*i*ci, pe m*a*să, am un dicţion*a*r.
Şi c*e* e l*î*ngă dicţion*a*r?	L*î*ngă dicţion*a*r e o c*a*rte.
C*e* aveţi în m*î*nă?	Am un crei*o*n.
C*î*t a cost*a*t crei*o*nul?	A cost*a*t d*o*i l*e*i.
*A*sta e m*u*lt?	N*u*, n*u* e m*u*lt de l*o*c.
V*ă*d că aveţi şi un stil*o*u.	
E stil*o*ul d*vs.*?	D*a*, e stil*o*ul m*e*u.
C*î*t a cost*a*t stil*o*ul?	A cost*a*t o s*u*tă de l*e*i (= *100 lei*).
E m*u*lt o s*u*tă de l*ei*?	*E*ste şi n*u* este.
C*e* e mai *ie*ftin, un stil*o*u sau un crei*o*n?	Un crei*o*n, des*i*gur.
V*ă*d că şt*i*ţi român*e*şte.	D*a*, şt*i*u puţ*i*n.
Cr*e*d că şt*i*ţi m*u*lt, deoarec*e* vorb*i*ţi fo*a*rte b*i*ne.	Mulţum*e*sc, dar n*u* vorb*e*sc aş*a* ('so') b*i*ne. Şt*i*u cev*a* român*e*şte dar n*u* fo*a*rte b*i*ne.
De *u*nde şt*i*ţi român*e*şte?	Am învăţ*a*t cu un profes*o*r rom*â*n şi am f*o*st şi în Român*i*a.
Cu c*i*ne aţi f*o*st în România?	Am f*o*st cu soţ*i*a mea.
La c*i*ne aţi f*o*st?	Am f*o*st la n*i*şte pri*e*teni.
*U*nde locui*e*sc pri*e*tenii d*vs.*?	Ei locui*e*sc în Bucur*e*şti.
Locui*e*sc ei de m*u*lt în Bucur*e*şti?	D*a*, de m*u*lt.
C*e* fel de c*a*să *a*u ei?	Ei *a*u un apartam*e*nt într-un bl*o*c.
Au m*u*lte c*a*mere?	D*a*, au c*i*nci c*a*mere.
Vă pl*a*ce l*i*mba rom*â*nă?	D*a*, îmi pl*a*ce fo*a*rte m*u*lt.
Învăţ*a*ţi de m*u*lt român*e*şte?	N*u*, n*u* de m*u*lt.
Şi cit*i*ţi ac*u*m c*ă*rţi român*e*şti?	D*a*, cit*e*sc.
C*e* fel de c*ă*rţi?	Rom*a*ne şi nuv*e*le.

C*e* este pe bir*o*ul meu?	Pe bir*o*ul d*vs*. e o fotograf*ie*.
Şt*i*ţi a c*ui* e fotograf*ia*?	D*a*. E fotograf*ia* d*vs*.
C*i*ne s*î*nt în fotograf*ie*?	În fotograf*ie* sînt: soţ*ia* d*vs*., d*vs*., sur*o*rile m*e*le, fr*a*tele m*eu* şi nep*o*ţii şi nepo*a*tele m*e*le.
*U*nde sînt*e*m în fotograf*ie*?	Sînteţi d*u*pă-m*a*să în sufrager*ie*.
Vă pl*a*ce fotograf*ia*?	D*a*, îmi pl*a*ce. E o fotograf*ie* b*u*nă.
C*î*ţi cop*i*i are s*o*ra d*vs*.?	Are tr*ei* cop*ii*: d*oi* băi*e*ţi şi o fet*i*ţă.
Şi fr*a*tele d*vs*.?	El *a*re d*oi*: o f*a*tă şi un băi*a*t.
C*e* l*i*mbă înv*a*ţă fet*i*ţa?	Ea înv*a*ţă franţuz*e*şte.
Şi băi*a*tul?	El înv*a*ţă nemţ*e*şte.
Vă pl*a*ce l*e*cţia *a*sta?	D*a*, îmi pl*a*ce.
N*u* e gre*a*?	Des*i*gur că e gre*a*, dar e b*i*ne că e gre*a*.
Are *d*l. Tom*e*scu un c*î*ine?	D*a*, *a*re. Are un c*î*ine m*a*re.
Dar *d*na. Stăn*e*scu?	N*u*, *d*na. Stăn*e*scu n*u* are un c*î*ine, dumnea*e*i *a*re o pis*i*că.
Vă pl*a*c c*î*inii şi pis*i*cile?	D*a*, îmi pl*a*c, dar mai m*u*lt îmi pl*a*c c*î*inii.

11.2 Notes on the Text

1. Note the use of *a şti* and *ceva*:

ştiu ceva româneşte	I know some Romanian

Ceva, like *puţin*, contrasts with *mult*. The verb may be modified by *bine*:

ştiu ceva româneşte dar nu foarte bine	I know a little Romanian but not much, but I don't know it very well
de unde ştiţi româneşte?	how and/or where did you learn Romanian?

2. Clauses modified by such words as *desigur*, *bine* and *bineînţeles* are introduced by the conjunction *că* 'that':

desigur că e grea	certainly it's difficult

3. The phrase *de mult* means 'for a long time (now)', and where it is used with the present tense we would have the perfect in English:

locuiesc ei de mult in Bucureşti?	have they been living, lived in Bucharest long?

11.3 Exercises

1. Read aloud the following lists of words, which present special pronunciation difficulties:

A. Words ending in *-ĭ*:

(*a*) *Plural of Nouns*

M: băi*e*ţi, cîini, d*o*ctori, engl*e*zi, nep*o*ţi, *o*ameni, pomi, pri*e*teni, profes*o*ri, rom*â*ni, soţi, stud*e*nţi
N: bl*o*curi, dial*o*guri, dr*u*muri, gh*i*duri, stil*o*uri, tr*e*nuri
F: cărţi, convorb*i*ri, curţi, greş*e*li, grăd*i*ni, lămpi, lăzi, limbi, mîini, pis*i*ci, prăjit*u*ri, săli, scris*o*ri, străzi, sur*o*ri

(*b*) *Verb Forms*

av*e*ţi	învăţ*a*ţi
cit*i*ţi	lu*a*ţi
cr*e*deţi	scr*i*eţi
crezi	sînt*e*ţi
eşti	ştiţi
ghici	vezi
invit*a*ţi	vorb*i*ţi

(*c*) *Other Words*

ac*e*şti	cinci
a*i*ci	englez*e*şti
alţi	*i*eftini
at*u*nci	franţuz*e*şti
azi	îmi

mici
mulţi
nu-mi
nemţ*e*şti
puţ*i*ni
român*e*şti
rus*e*şti
t*o*tuşi
uş*o*ri

B. Endings incorporating *-i-*:

(*a*) *Feminine Singular Nouns* with the ending *-ie* /-ii̯e/:

o bucătăr*i*e /bu-kă-tă-r*i*-i̯e/
o cofetăr*i*e
o convers*a*ţie /kon-ver-s*a*-tsi-i̯e/
o fotograf*i*e
o geograf*i*e
o invit*a*ţie
o l*e*cţie
o soţ*i*e
o sufrager*i*e

(*b*) *The above nouns with the suffixed article*: *-ia* pronounced /-ii̯a/.

bucătăr*i*a /bukătăr*i*i̯a/
cofetăr*i*a
convers*a*ţia /konvers*a*tsii̯a/
fotograf*i*a
geograf*i*a
invit*a*ţia
l*e*cţia
soţ*i*a
sufrager*i*a
Also: Român*i*a
*A*nglia

(*c*) *The same nouns in the plural*: *-ii* pronounced /-ii̯/.

bucătării /bukătăr*i*i̯/
cofetăr*i*i
convers*a*ţii /konvers*a*tsii̯/
fotograf*i*i
geograf*i*i

invit*a*ții
l*e*cții
soț*i*i
sufrager*i*i

(*d*) *M-nouns in the plural with the definite article*: *-ii* pronounced /-i/.

b*a*nii /b*a*ni/
băi*e*ții
cop*i*ii /kop*i*(i̯)i/
engl*e*zii
l*e*ii /l*e*-i/
o*a*menii
pri*e*tenii
rom*â*nii
s*o*ții
stud*e*nții

C. Certain words with an initial *e*-:

e /i̯e/, ei /i̯ei̯/, el /i̯el/, *e*le /i̯*e*le/, *e*ste /i̯*e*ste/, ești /i̯eshtĭ/, eu /i̯eu̯/

D. Other words:

crei*o*n /kre-i̯*o*n/
creio*a*ne /kre-i̯o̯*a*-ne/
deoarec*e* /de-o̯a-re-c*e*/
n*o*ștri /n*o*-shtri/

*2. Recite the singular forms, first with, then without, the definite article, of the nouns in 1. A. (*a*) above.

Example:

M băi*e*ți: băi*a*t, băi*a*tul

3. Recite the F-plural nouns in 1. B. (*c*) above with the definite article. This means adding *two* syllables.

Example:

bucătăr*i*i /bu-kă-tă-r*i*i̯/: bucătăr*i*ile /bu-kă-tă-r*i*-i-le/

4. Make sentences with the help of the following tables:

(*a*)

şt*i*u vorb*e*sc cit*e*sc scr*i*u	(fo*a*rte)	b*i*ne puţ*i*n	român*e*şte englez*e*şte franţuz*e*şte nemţ*e*şte rus*e*şte

(*b*)

îmi	pl*a*ce să	cit*e*sc vorb*e*sc scr*i*u	român*e*şte englez*e*şte franţuz*e*şte nemţ*e*şte rus*e*şte
vă		cit*i*ţi vorb*i*ţi scr*i*eţi	

5. Turn to the Verb List (Appendix 2) and pick out all the verbs we have introduced so far (over two dozen), and try to learn all the forms listed. Note the similarities and differences in the forms of the endings and any vowel and/or consonant changes in the roots. Use some of them in sentences.

Lesson 12

12.1 Vocabulary

aş*a*, *adv.* so, in this way, that's the way, like this
ca să *conj.* so that, so as to, in order that
am cit*i*t *vb.* (I, we) (have) read
cor*e*ct *adv.* correctly
să f*a*c *vb.* (to) do, (to) make
să f*a*ceţĭ *vb.* (to) do, (to) make
înc*e*peţĭ *vb.* (you) begin
să înc*e*pem *vb.* let's begin
întreb*a*re — întreb*ă*rĭ *F* question
să înv*ă*ţ *vb.* (to) learn
să învăţ*a*ţĭ *vb.* (to) learn
să înv*e*ţe *vb.* (to) learn
nicĭ *conj.* nor, neither, not . . . either
prea /prẹa/ *adv.* too, very, so
a p*u*ne *vb.* to put, to put on
răsp*u*ndeţĭ *vb.* you answer
a repar*a* *vb.* to repair, to mend
r*e*pede *adv.* quickly
a rug*a* *vb.* to ask
să rug*a*ţĭ *vb.* (to) ask
am scr*i*s *vb.* (I, we) wrote, have written
sp*u*neţĭ *vb.* (you) tell, say
stră*i*n /stră-*i*n/, stră*i*nă, stră*i*nĭ, stră*i*ne *adj.* foreign
a trebu*i* *vb.* to have (to), must
tr*e*buie *vb.* must (*all persons*)
să vorb*i*m *vb.* (to) speak
să vorb*i*ţĭ *vb.* (to) speak
am vorb*i*t *vb.* (I, we) spoke, have spoken
a vre*a* /vrẹa/ *vb.* to want, to like
vreau /vrẹau̯/ *vb.* (I) want
vreţĭ *vb.* (you) want

Phrases

c*î*t mai m*u*lte exerc*i*ţii	as many exercises as possible
a p*u*ne o întreb*a*re	to ask a question

ca să vorb*i*ţi	so as to speak, in order to speak
*a*sta şi f*a*c	that's just what I do do (*lit.* 'that I also do' *or* 'that I already do')
să ved*e*ţi d*vs.*	you see

12.2 Un dialog între un român şi un englez[1]

— Vreţi să vorbiţi româneşte?
— Da, vreau.
— Să începem atunci. Eu vă pun întrebări şi dvs. îmi răspundeţi.
— Foarte bine. Începeţi, vă rog.
— Vreţi să învăţaţi mai repede şi mai bine româneşte?
— Desigur că vreau. Ce trebuie să fac pentru asta?
— Trebuie să faceţi cît mai multe exerciţii ca să vorbiţi corect. Trebuie să vorbiţi mult româneşte, să citiţi şi chiar să scrieţi.
— Asta şi fac. Dar dvs. cum aţi învăţat englezeşte?
— Eu aşa am învăţat: am vorbit, am citit şi am scris foarte mult în această limbă.
— Ştiu că ştiţi să vorbiţi foarte bine limba engleză.
— Da. Dar să vedeţi dvs., am avut nevoie de mult timp ca să învăţ englezeşte.
— Vă cred. Nu e uşor pentru un român să înveţe englezeşte.
— Dar pentru dvs. a fost greu să învăţaţi româneşte?
— Nu, nu a fost prea greu; dar nici uşor.

12.3 Grammar

12.3/1 Pronouns: *îmi* and *vă*

These pronouns (see also Lesson 7) are used with verbs of saying, replying, giving, etc. They come immediately before all parts of the verb:

[1] From this point on, stress will not normally be shown in the Texts.

dvs. îmi răspundeţi	you reply to me, answer me
eu vă pun întrebări	I'll ask you some questions

12.3/2 Verbs

(*a*) *The Subjunctive*

After the conjunction *să* the form of the verb (the subjunctive form) for the third person is different from the verb form used in the absence of *să*. In addition, after *să* the form of the verb for the third person singular and third person plural are always identical:

Indicative		*Subjunctive*
Sg.	*Pl.*	*Sg./pl.*
ple*a*că	ple*a*că	să pl*e*ce
înv*a*ţă	înv*a*ţă	să înv*e*ţe
cit*e*şte	cit*e*sc	să cite*a*scă
vorb*e*şte	vorb*e*sc	să vorbe*a*scă
f*a*ce	fac	să f*a*că

When we want to say 'he is learning Romanian', we say:

înv*a*ţă român*e*şte

But for 'he wants to learn Romanian' we say:

vre*a* să înv*e*ţe român*e*şte

Learn the following:

înv*ă*ţ franţuz*e*şte	I'm learning French
tr*e*buie să înv*ă*ţ franţuz*e*şte	I must learn French
scr*i*eţi o scriso*a*re	you're writing a letter
vă pl*a*ce să scr*i*eţi scris*o*ri	you like writing letters
el cit*e*şte o c*a*rte	he is reading a book
el vre*a* să cite*a*scă o carte	he wants to read a book

The third person subjunctive form of the verbs used in this book is given in Appendix 2.

(*b*) *A vrea*

— C*î*nd ple*a*că?	— When is he leaving?
— Ple*a*că m*î*ine.	— He leaves tomorrow.

— C*î*nd ple*a*că?	— When is he leaving?
— Vre*a* să pl*e*ce ac*u*m.	— He wants to leave now.
— Vre*ţ*i să pleca*ţ*i ac*u*m?	— Do you want to leave now?
— D*a*, vre*a*u.	— Yes, I do.

Note, especially, the last example. The verb in the question is repeated in the answer, without the *să*. There is no equivalent in Romanian to this particular use of *do* in English.

(*c*) *A trebui*

This verb is invariable in the present indicative:

(eu, tu, el, noi, voi, ei) tr*e*buie /tr*e*-bu-ie/

Examples:

eu tr*e*buie să pl*e*c	I must leave
el tr*e*buie să pl*e*ce	he has got to leave
d*vs*. tr*e*buie să pleca*ţ*i	you have to leave
ei tr*e*buie să pl*e*ce	they must leave
a trebu*i*t să vorb*e*sc	I had to speak

This verb is also used impersonally, with a dative pronoun such as *îmi* or *vă*. In this use it indicates need, rather than obligation, and is generally only followed by a noun or pronoun (not a clause):

îmi tr*e*buie cev*a* (*Cf*. am nevoie de ceva.)	I need something
îmi tr*e*buie un stil*o*u să scr*i*u *a*sta	I need a pen for writing this

Note also:

*a*sta tr*e*buie repar*a*tă	this needs mending (*lit*. this needs (to be) mended)

See also 25.3/3.

12.4 Exercises

1. Copy out the Text of the Lesson and read it aloud.

2. Make sentences with the help of the following tables:

(*a*)

învăţ am învăţat vreau trebuie încerc ştiu încep îmi place	să	citesc vorbesc scriu	repede bine corect	româneşte englezeşte franţuzeşte nemţeşte ruseşte

(*b*)

ştiu ştim cred desigur	că	aţi a au ai	scris citit primit	o	carte nuvelă scrisoare
				un	roman

(*c*)

trebuie încercaţi vă rog	să	vorbiţi citiţi învăţaţi scrieţi	mai	mult bine repede corect	româneşte englezeşte franţuzeşte

(*d*)

trebuie vrea vor	să	cumpere primească ia citească scrie	o	carte nuvelă
			un	roman

*3. Complete the second clause of each sentence with the verb given in brackets. The subject of both clauses is the same.

Vreţi să . . . acum româneşte? (a vorbi)
Vreau să vă . . . ceva. (a ruga)
Vreau să vă . . . o scrisoare. (a scrie)

(Eu) am început să . . . româneşte. (a învăţa)
(Noi) am început să . . . un roman românesc. (a citi)
A vrut să . . . o nuvelă. (a scrie)
(Eu) am vrut să . . . acasă. (a sta)

*4. Translate into Romanian (English items in brackets may be omitted):

I went to the café and bought eight cakes. I like chocolate very much, so (*aşa că*) I bought six chocolate cakes. There I had a (cup of) coffee, as I also like coffee. I was with my friend Tom. He had a (cup of) milk chocolate. It did not cost (very) much. I think it cost nine lei.

In the afternoon I was invited to my friends(' home) with my brother. We spoke about Romanian books and dictionaries. My friend Peter has learnt several foreign languages, and he knows enough English, French and German to (*ca să*) read easy short stories in these languages. He likes to read books and write letters in foreign languages.

Do you like to read books in Romanian or other foreign languages? I think you like to buy and read foreign books. If you want to learn a foreign language, you must read a lot in that (*acea*/ač*a*/) language.

Lesson 13

13.1 Vocabulary

aeroport /a-e-ro-port/ — aeroporturĭ *N* airport
a anunța *vb.* to inform, to tell, to announce
anunțațĭ *vb.* (you) inform, tell
a aştepta *vb.* to wait, to wait for
avion — avioane /a-vi-oa-ne/ *N* aeroplane
bagaj — bagaje *N* luggage
bilet — bilete *N* ticket
a călători *vb.* to travel
călătorie — călătorii *F* journey, trip
cînd *adv.* when
dimineață — diminețĭ *F* morning
dintre *prep.* between
fiindcă /fi-ind-kă/ *conj.* because, for
înainte /î-na-in-te/ de *prep.* before
încă *adv.* still, yet
înseamnă *vb.* (he, she, it) means
a însemna *vb.* to mean, to signify
lui /lui/ *mark.* to
mîine *adv.* tomorrow
ne *pron. acc./dat.* us, to us, for us
oră — ore *F* hour, time
plecare — plecărĭ *F* departure, leaving
poimîine *adv.* the day after tomorrow
a putea *vb.* to be able, can, may
a sosi *vb.* to arrive
sosițĭ *vb.* (you) arrive
a sta *vb.* to stay
telegramă — telegrame *F* telegram, cable
a termina *vb.* to finish (doing)
a trimite *vb.* to send
a uita /uita/ (de) *vb.* to forget (about)
ai uitat *vb.* (you) forgot, have forgotten
va, vețĭ, voi, vor *vb.* will, shall
zi — zile *F* day

Phrases

b*i*ne că n*u* plec*ă*m	it's good we're not leaving
cu avi*o*nul	by air, by plane
cu tr*e*nul	by train
dimine*a*ţa	in the morning
a f*a*ce bag*a*jele	to pack, do the packing
a f*a*ce dr*u*mul	to get there, do the journey
ne veţi f*a*ce m*a*re plăc*e*re	we shall be very glad (*lit.* you will do us great pleasure)
în f*e*lul ac*e*sta	in this way, that way, by these means
în p*a*tru *o*re	in four hours
*î*ncă n-*a*m termin*a*t bag*a*jele	I, we haven't finished (the) packing yet
p*o*imîine dimine*a*ţă	on the morning of the day after tomorrow

13.2 Înainte de plecare

William a cumpărat biletele de avion iar Patricia a început să facă bagajele. Ei vor călători cu avionul şi nu cu trenul, fiindcă în felul acesta vor face drumul mai repede şi deci vor putea sta mai multe zile în România. Avionul va pleca dimineaţa din Londra şi în patru ore va fi la Bucureşti.

Iată dialogul dintre ei privitor la călătoria lor:

P: Cînd plecăm?
W: Poimîine dimineaţ*ă*.
P: Bine că nu plecăm mîine, fiindcă încă n-am terminat bagajele.
W: Mîine voi trimite o telegramă lui Sandu şi Ana.
P: Crezi că ne vor aştepta la aeroport?
W: Desigur. Ai uitat ce ne scrie Sandu? 'Ne veţi face mare plăcere dacă ne anunţaţi ora cînd sosiţi la Bucureşti.' Asta înseamnă că vor veni la aeroport.
P: Atunci e bine.

13.3 Grammar

13.3/1 Nouns

(*a*) There is a special class of F-nouns which are formed from infinitives by the addition of the suffix *-re*:

a plec*a* 'to leave'	plec*a*re 'departure', 'leaving'
a sos*i* 'to arrive'	sos*i*re 'arrival'
a scr*i*e 'to write'	scr*i*ere 'writing'
a vede*a* 'to see'	ved*e*re 'sight'
a plăcea 'to please'	plăc*e*re 'pleasure'

(*b*) The indirect-object marker *lui* 'to', 'for' is used before proper names:

Voi trimite o scrisoare lui Sandu	I will send a letter to Sandu
Sandu va trimite o scrisoare lui Petre	Sandu will send a letter to Peter

13.3/2 Pronouns: *ne*

The personal pronoun *ne* 'us', 'to us', 'for us', like *îmi* and *vă*, is always placed before the verb:

ne vor aştepta	they'll be waiting for us
dacă ne anunţaţi	if you tell us
ne veţi face mare plăcere	we'll be very pleased
ce ne scrie Sandu	what Sandu writes (to) us

13.3/3 Verbs

(*a*) *Future Tense*

As in English, there are various grammatical and lexical ways of indicating future time. Again as in English, one of these ways involves the use of an auxiliary verb with the infinitive without the marker *a*. The parts of the auxiliary verb are: *voi*, *vei*, *va*, *vom*, *veţi*, *vor*.

With *a fi* 'to be':

(eu) voi (tu) vei (el, ea) va (noi) vom (voi) veţi (ei, ele) vor	fi	I you he, she, it we you they	will be

ei vor călători cu avionul	they're going by air, they're going to fly
avionul va pleca dimineaţa	the plane will leave in the morning
mîine voi trimite o telegramă	tomorrow I'll send off a telegram

(*b*) *A putea*

This verb enters into two constructions, equivalent in meaning. It may be followed by (1) an infinitive without *a*:

vor putea sta	they'll be able to stay

or (2) a *să*-clause:

vor putea să stea /stȩa/	they'll be able to stay

13.4 Exercises

1. Copy out the Text of the Lesson.

2. Make sentences with the help of the following tables:

(*a*)

cînd	veniţi sosiţi plecaţi	la	Bucureşti? Londra? Paris?
		în	România? Anglia? Franţa?

(*b*)

cred	că	voi vei va vom veţi vor	putea	veni sosi pleca	mîine poimîine

(*c*)

va vor	încerca învăţa putea şti începe	să	citească scrie vorbească	româneşte englezeşte franţuzeşte nemţeşte ruseşte

(*d*)

vă rog să	ne îi	scrieţi trimiteţi	o scrisoare

(*e*)

cred ştiu	că vom	învăţa putea	să	citim vorbim scriem	repede bine	româneşte englezeşte franţuzeşte

*3. Rewrite the following sentences, using the future auxiliary *voi*, *vei*, *va*, *vom*, *veţi*, *vor* (only the verb in the *că*-clause in complex sentences needs to be put into the future):

Plecăm mîine.
Soseşte poimîine.
Cred că plec.
Credem că primiţi scrisoarea mîine dimineaţă.
Ştiu că veniţi poimîine.
Ştim că locuiţi la Bucureşti.

*4. Complete the following sentences, using the correct form of the verbs given in brackets:

Vă rugăm să . . . cu noi. (a veni — dvs.)
Vrea să . . . cu dvs. (a vorbi — el)

Vă rog să . . . lecţia. (a învăţa — dvs.)
Ştim să . . . lecţia. (a citi — noi)
Am început să . . . româneşte. (a vorbi — noi)
Patricia şi William ştiu să . . . româneşte. (a vorbi — ei)
Am uitat să . . . telegrama. (a trimite — eu)
Nu ştiu să . . . bagajele. (a face — eu)
Trebuie să . . . un dicţionar. (a cumpăra — dvs.)
Nu vreau să . . . scrisoarea. (a scrie — eu)

*5. Translate:

Patricia and William have been invited by their friends Ana and Sandu to Romania. They were very pleased to get the invitation (*trans.* they received with great pleasure the invitation). They want to fly (*trans.* travel by plane), so William bought two air tickets. Patricia began to pack quickly. They will leave on the morning of the day after tomorrow, and in three or four hours they will arrive in Bucharest. William bought a big dictionary for Sandu, and Patricia bought two or three English novels for Ana. William and Patricia know that Ana and Sandu will be at the airport.

Lesson 14

14.1 Vocabulary

an — anĭ *M* year
an*u*me *adv.* namely, then
să călătore*a*scă *vb.* (to) travel
cost*u*m — cost*u*me *N* suit, costume
cost*u*m de b*a*ie — cost*u*me de b*a*ie *N* swimming costume
cum *adv.* as
exc*u*rsie — exc*u*rsii *F* excursion, trip
frum*o*s, frumo*a*să, frum*o*şĭ, frumo*a*se *adj.* beautiful, nice
ieri /i̯erĭ/ *adv.* yesterday
îi *M pron. acc.* them
loc — l*o*curĭ *N* place, room
lor *pron. dat.* them, to them, for them
lor *poss. det.* their
l*u*nă — lunĭ *F* month, moon
m*a*re — mărĭ *F* sea
m*u*nte — munţĭ *M* mountain
să me*a*rgă *vb.* (to) go
a m*e*rge *vb.* to go, to travel
o*a*re *adv.* I wonder (if)
p*a*rcă *adv.* apparently, I think, it seems (that)
p*e*ste *prep.* over
a petr*e*ce *vb.* to spend (time), to enjoy oneself
plan — pl*a*nurĭ *N* plan
săptăm*î*nă — săptăm*î*nĭ *F* week
s*i*gur, s*i*gură, s*i*gurĭ, s*i*gure *adj.* certain, sure
so*a*re — sorĭ *M* sun
şi . . . şi *conj.* both . . . and
ştii /shtii̯/ *vb.* (you) know
timp *N* weather, time
timp de *prep.* for (a period of)
tot, to*a*tă, toţĭ, to*a*te *det.* all, everything
vai *int.* oh!
v*a*ră — verĭ *F* summer
a vede*a* *vb.* to see
a vizit*a* *vb.* to visit, to pay a visit

Phrases

am uit*a*t de cost*u*m	I forgot about the costume, I forgot to buy a costume
îi vom rug*a* pe *A*na şi S*a*ndu	we'll ask Ana and Sandu
în or*a*ş	in (the) town
la m*a*re	to, at the seaside
la m*u*nte	to, in the mountains
l*o*r le pl*a*ce	they like (it)
mai m*u*lt dec*î*t	more than
n-ave*a* gr*i*jă	not to worry, don't worry
ne-au /neau/ invit*a*t să stăm	they have invited us to stay
p*e*ste t*o*t	everywhere
a petr*e*ce b*i*ne	to have a good time
t*o*t t*i*mpul	all the time, the whole time
vom uit*a* engl*e*za	we shall forget English (*lit.* the English)
vre*a*u să vizit*ă*m	I want us to visit
vor vre*a* o*a*re şi *A*na şi S*a*ndu să me*a*rgă?	I wonder if both Ana and Sandu will want to go

14.2 Planuri pentru România

Patricia şi William vorbesc despre plecarea lor în România.

P: Ştii, William, sînt sigură că vom petrece foarte bine în România. Vom vedea locuri frumoase, şi cum e vară vom avea soare şi timp frumos. Vom merge la munte şi la mare şi peste tot.

W: Iar eu voi vorbi tot timpul numai româneşte. În felul acesta învăţăm într-o săptămînă mai mult decît într-un an aici în Anglia.

P: Îi vom ruga pe Ana şi Sandu să nu vorbească de loc englezeşte cu noi.

W: Foarte bine. Vom uita engleza timp de două săptămîni.

P: Parcă am spus că stăm trei săptămîni.

W: Ana şi Sandu ne-au invitat să stăm o lună, dar e prea mult.

P: N-avea grijă. Nu vom sta tot timpul la Bucureşti. Vreau să vizităm mai multe locuri. Vor vrea oare şi Ana şi Sandu să meargă cu noi?

W: Sînt sigur că vor merge, fiindcă şi lor le place să călătorească şi să facă excursii. Îi luăm deci cu noi.

P: Vai! Am uitat ceva.

W: Ce anume?

P: N-am costum de baie. Am fost ieri în oraş, dar am uitat de costum.

W: Nici eu n-am costum. Să mergem deci repede în oraş şi să cumpărăm costumele, fiindcă mîine dimineaţă plecăm.

14.3 Grammar

14.3/1 Articles

We have already seen (1.4/2) that Romanian economizes with the definite article in some cases, for example, with unmodified nouns after prepositions:

am uitat de costum	I forgot about the costume

Romanian sometimes economizes with the indefinite article too:

n-am costum de baie	I haven't got a bathing costume

Cf. *Sînt student*, etc. (3.4/1).

14.3/2 Negatives: *nici*

Remember that negative words such as *nici* require *nu* before the verb of the clause in which they occur:

nici *e*u n-*a*m cost*u*m	I haven't got a costume, either

14.3/3 Pronouns

(*a*) *Accusative Pronouns*

Direct-object pronouns such as *îi* 'them' (accusative of *ei* 'they') come immediately before the verb, as we have seen:

(noi) îi vom ruga	we shall ask them
(noi) îi luăm deci cu noi	so we'll take them with us

When the direct object is a noun denoting a human being, the corresponding pre-verbal pronoun is generally also present. This means that if we wish to say 'we shall ask Ana and Sandu', we say in Romanian 'we them shall ask Ana and Sandu'. There is a further complication: direct-object nouns denoting human beings are generally preceded by the marker *pe* (to be distinguished from the preposition *pe* 'on'). This is why in our Text we had:

îi vom ruga pe Ana şi Sandu	we'll ask Ana and Sandu

The accusative form of *voi* is *vă*, and of *dvs.* it is *vă* (+ *pe dvs.*):

vă vom ruga pe dvs.	we'll ask *you*

(*b*) *Dative Pronouns*

The indirect-object form of both *ei* and *ele* is *le* 'them', 'to them', 'for them':

ce le place să facă?	what do they like doing?

The pronoun *le* is unstressed. The corresponding stressed form is *lor*, which is usually an addition to the clause (not a *substitute* for *le*):

ce le place lor să facă?	what do *they* like doing?

Stressed dative pronouns are placed after the verb, as in this example, or may precede the unstressed, as in the next:

şi l*o*r le pl*a*ce să cite*a*scă m*u*lt	*they* like reading a lot *too*

Note that *lor* is not preceded by a marker, nor does it normally stand without *le*, although *le* can stand without *lor*. See further 20.3/6 (*a*).

14.3/4 *Să*-Clauses

(*a*) The negative particle *nu* follows *să* and subject

pronouns but precedes direct and indirect object pronouns:

îi vom ruga să nu vorbească englezeşte	we'll ask them not to speak English
îi vom ruga să nu ne vorbească	we'll ask them not to speak to us

(*b*) The word *oare* may precede or follow an independent *să*-clause. Such clauses are generally construed as questions, *oare* being roughly equivalent to 'what do you think?'. The presence of *oare* lessens the degree of positive personal involvement:

oare să citim acest roman?	shall we read this novel?
să mai aşteptăm oare?	should we wait any longer, I wonder?

Cf. să citim acest roman let's read this novel!
(= shall we read this novel? I think we should)

14.3/5 Agreement: Adjectives and Past Participles

In 10.3/2 (*c*) we saw that past participles in passive constructions agree in number and in gender with the subject. Similarly, adjectives and past participles used as complements (e.g. following the verb *a fi*) agree with the subject:

sînt s*i*gură (*F sg.*)	I'm sure (I = Mary)
sîntem s*i*guri (*M pl.*)	we're sure (we = Tom and Dick or Mary and Tom)
sînt s*i*gure (*F pl.*)	they're sure (they = Mary and Ann)

14.3/6 *A vrea*

This verb translates both *to want* and *will*:

vreţi să veniţi mîine?	do you want to come tomorrow? will you come tomorrow?

14.3/7 Sequence of Tenses

The original tense of an utterance is generally retained when the utterance is reported:

stăm trei săptămîni	we'll stay three weeks
am spus că stăm trei săptămîni	we said we'd stay, we'll stay three weeks

14.4 Exercises

1. Make sentences with the help of the following tables:

(*a*)

îi	voi vom va vor veţi vei	ruga invita	să	vină stea	aici	mîine poimîine

(*b*)

îmi vă ne le	place	aici acasă acolo	
		în	Anglia România

(*c*)

aici acolo	învăţ învăţăm învăţati citesc citim	mai mult [într-o	zi săptămînă lună	decît acasă [într-un an

(*d*)

Ana sora mea Nicu fetiţa băiatul	vorbeşte citeşte scrie învaţă	mai bine decît	fratele meu fraţii mei Toma Elena copiii noştri

2. Add an adjective to each of the noun phrases. The following adjectives are suitable: *folositor* (10.1), *frumos* (14.1), *ieftin* (10.1), *mare* (6.3/2), *mic* (6.3/2), *uşor* (6.1). Make sure the form is correct. Check the gender of the noun if necessary.

O zi . . .
Un dicţionar . . .
Nişte exerciţii . . .
O casă . . .
Nişte grădini . . .
O limbă străină . . .
Nişte costume . . .
Doi băieţi . . .
Trei copii . . .
Două apartamente . . .
Nişte excursii . . .
Două oraşe . . .
O limbă . . .
Nişte lecţii . . .
O mare . . .

*3. Complete the following sentences with the correct form of the verb given in brackets (use a *să*-construction where necessary):

Unde vreţi . . . mîine? (a merge-noi)
Fratele dvs. . . . ieri? (a veni)
Cînd vreţi . . . la munte? (a pleca-dvs.)
Ce . . . acum acolo? (a face-dvs.)
Ce . . . acolo ieri? (a face-dvs.)
Unde . . . costumul acesta? (a cumpăra-dvs.)
Cît . . . cartea aceasta? (a costa — *present tense*)
Cînd aţi început . . . româneşte? (a învăţa)
Ce le place lor . . . mai mult? (a citi)
Ce trebuie . . . acum? (a face-eu)

*4. Translate into Romanian:

Patricia and William are speaking about their journey to Bucharest. They will leave by plane in the morning, and in four hours they will be at the airport near (*de lîngă*) Bucharest. They are sure they will have a very good time in Romania. They want to go to the mountains and to the seaside, and visit many beautiful places.

They will send a telegram and will inform (*a anunța*) Ana and Sandu of (*de*) their arrival (*sosire*) at Bucharest. They know (*add* very well) that their friends will be waiting for them at the airport.

William wants to speak only Romanian in Romania and to forget the English language for two or three weeks. In this way he thinks he will learn more in three weeks in Romania than in two years at home in London.

Note: The verb *a anunța* enters into either one of two constructions, rather like Eng. *to tell*:

(1) 'to tell something to someone', cf. *a anunța* as used in 13.2;

(2) 'to tell someone of, about something', cf. *a anunța* as used in this translation text.

Don't forget the accusative pronoun and the marker!

Lesson 15

15.1 Vocabulary

a ajut*a* *vb.* to help
at*î*t(a), at*î*ta, at*î*ţia, at*î*tea *det. pron.* so much, so many, as much, as many (as that)
braţ — br*a*ţe *N* arm
but*o*n — but*o*nĭ *M* button, stud
buzun*a*r — buzun*a*re *N* pocket
chiar /ki̯ar/ *adv.* even, indeed
d*a*că *conj.* if, whether
dest*u*l, dest*u*lă, dest*u*i, dest*u*le *det. pron.* enough, sufficient
devr*e*me *adv.* early
drag, dr*a*gă, dragĭ, dragĭ *adj.* dear
ea /i̯a/ *F pron. acc.* her, it
g*a*ta *inv. adj.* ready, finished, done
geamant*a*n /ğamant*a*n/ — geamant*a*ne *N* suitcase
a se grăb*i* *vb.* to hurry
îl, l- *M/N pron. acc.* him, it
îi, -i /i̯/ *M pron. acc.* them
a se îmbrăc*a* *vb.* to dress, to get dressed
s-au îmbrăc*a*t *vb.* (they) (have) got dressed
înc*e*t *adv.* slowly
înch*i*d *vb.* (I, they) close
a înch*i*de *vb.* to close, to shut
*î*nsă *adv.* however, though
a se întreb*a* *vb.* to wonder, to ask oneself
le /le/, le- /le̯/ *N/F pron. acc.* them
maş*i*nă — maş*i*nĭ *F* car, machine
mă *pron. acc.* me, myself
măn*u*şă — măn*u*şĭ *F* glove
(-)o *F pron. acc.* her, it
pardes*i*u /par-de-siu̯/ — pardes*i*urĭ /par-de-s*i*-urĭ/ *N* overcoat
să pl*e*ce *vb.* (to) leave
se pregăt*e*sc *vb.* (I, they) get ready
a se pregăt*i* *vb.* to get ready, to prepare (oneself)
pui *vb.* (you) put
pus *past part.* put

a se scul*a* *vb.* to get up
s-au scul*at* *vb.* (they) (have) got up
se *pron. acc.* himself, herself, itself, themselves
te *pron. acc.* you
tîrz*i*u *adv.* late
uit /ui̯t/ *vb.* (I) forget
umbr*e*lă — umbr*e*le *F* umbrella

Phrases

aj*u*tă-mă	help me
aş*a* că	so that
chi*a*r mă într*e*b	I even wonder, I do wonder
dest*u*le	enough things
dr*a*ga mea	my dear
îi pui t*u* în buzun*a*r şi g*a*ta	you('ll) put them in your pocket and that'll be that, that'll take care of them
în m*î*nă	in my (your, his, *etc.*) hand
l*a*să ac*u*m *a*sta	don't worry about that now (*lit.* leave that now)
m*a*i b*i*ne	rather
n*u* uit*a* măn*u*şile	don't forget the gloves
pe br*a*ţ	on your arm
pre*a* m*e*rgĭ înc*e*t	you're too slow, so slow
să ne grăb*i*m	let's hurry
soţii /s*o*-tsi/ Roberts	the Robertses
te într*e*bĭ t*u* . . .?	have you asked yourself, do you realize . . .?
t*o*t ce ne tr*e*buie	all (that) we need
*u*nde-i /*u*n-dei̯/ p*u*i?	where will you put them?

15.2 Plecarea din Londra

E dimineaţă. Soţii Roberts s-au sculat devreme, s-au îmbrăcat repede şi acum se pregătesc să plece la aeroport.

W: Să ne grăbim, Patricia. E tîrziu.
P: Sînt gata. Nu uita mănuşile. Unde le-ai pus?

W: Le-am pus aici, pe masă, aşa că nu le uit. Dar tu umbrela mea ai luat-o?

P: N-am luat-o. N-am loc pentru ea, în geamantane.

W: Atunci o iau în mînă. Dar pardesiul meu unde l-ai pus?

P: Îl iei pe braţ. E încă în hol.

W: Bine. Şi aceşti butoni unde-i pui?

P: Îi pui tu în buzunar şi gata.

W: Foarte bine. Dar mă întreb atunci, ce-ai pus în geamantane?

P: Am pus destule. Chiar mă întreb dacă am luat cu noi tot ce ne trebuie?

W: Sînt sigur că ai luat tot, draga mea, dacă plecăm cu atîtea geamantane. Te întrebi tu, însă, cît ne costă avionul cu atîtea bagaje?

P: Lasă acum asta. Mai bine ajută-mă să închid geamantanele. Prea mergi încet!

W: Cu plăcere! Şi să mergem repede la maşină.

15.3 Grammar

15.3/1 *soţ* and *soţie*

un soţ /sots/	a husband
soţul /s*o*-tsu(l)/	the husband
soţi /sotsĭ/	husbands
soţii /s*o*-tsi/	the husbands, the married couple, Mr and Mrs . . ., the family
o soţie /so-ts*i*-i̯e/	a wife
soţia /so-ts*i*-i̯a/	the wife
soţii /so-ts*i*i̯/	wives
soţiile /so-ts*i*-i-le/	the wives

Learn to say correctly the phrases *soţul meu* and *soţia mea.*

15.3/2 Accusative Pronouns: Unaccented Forms

(*a*) The unstressed forms of the personal pronouns in

the accusative case, that is, those that function as direct object, are as follows:

Subject	*Direct Object*	
eu	mă	'me'
tu, d-ta	te	'you'
el	îl	'him', 'it' (*M*, *N*)
ea	o	'her', 'it' (*F*)
noi	ne	'us'
voi, dvs.	vă	'you'
ei	îi	'them' (*M*)
ele	le	'them' (*N*, *F*)

Examples:

atunci o iau eu	then I'll take it (*direct object of F-gender or of unknown gender*)
îi pui în buzunar	you put them (*M*) in your pocket
îl iei pe braţ	you carry it (*M/N*) on your arm
ne vor aştepta	they'll wait for us
nu le uit	I shan't forget them (*N/F*)

As the examples show, these pronouns are placed immediately before all parts of the verb. One exception: with past participles, *o* follows instead of preceding:

am pus-o aici	I put it here
umbrela mea ai luat-o?	have you packed my umbrella? (*lit.* my umbrella have you taken it?)

The other pronouns when used in a perfect-tense construction keep their place in front of the verb but undergo certain formal changes:

Full form	*Before Perfect Auxiliary*
mă, vă	m-, v-
te, ne, le	te- /tę̯/, ne- /nę̯/, le- /lę̯/
îl, îi	l-, i- /i̯/

Examples:

l-am pus aici	I put it (*M/N*) here
le-am pus aici	I put them (*N/F*) here
unde l-ai pus?	where did you put it (*M/N*)?
unde i-ai pus?	where did you put them (*M*)?

The reduced forms of *îl* and *îi* are used in certain other cases, too:

unde-i vedeţi?	where do you see them?

In such cases the letter *i* or *l* is attached to the preceding word by a hyphen in writing; in speech, /i̯/ forms a diphthong with the preceding vowel, e.g. *unde-i* /*u*ndei̯/. The pronoun *o* may also become part of a diphthong:

unde-o /*u*ndę̯o/ vedeţi?	where do you see her, it?

Such a reduction only occurs when there is no perfect auxiliary present, and when a grammatical word such as *unde* precedes. In cases where the gender is unknown and a direct object is required, *o* is used as a 'neutral' form (cf. the use of *asta*, 9.3/1).

(*b*) Members of a small class of adverbs, which includes *mai*, *prea*, *şi*, *tot*, may intervene between an accusative pronoun and the verb:

unde vrei să-l mai pun?	where do you want me to put it?

(The *mai* here implies that the speaker cannot find any space *left* for the object.)

(*c*) There is no formal distinction between *-i* = *îi* 'them' and *-i* = *e*(*ste*) 'is':

unde-i vedeţi?	where do you see them?
unde-i cartea?	where is the book?

(*d*) Just as *l-* 'him', 'it', must be distinguished from *le-* 'them', *n-* 'not' must be distinguished from *ne-* 'us':

n-au văzut cartea	they didn't see the book
ne-au /nę̯au̯/ văzut	they saw us

15.3/3 Reflexive Pronouns

The accusative pronouns may occur with a reflexive meaning. In English we say 'I cut myself', 'look at yourself in the mirror', in which *myself*, *yourself*, etc., are distinct reflexive forms. In Romanian we use the same forms as those in 15.3/2 for the first and second persons: *mă* (*m-*), *te* (*te-*), *ne* (*ne-*), *vă* (*v-*). For the third person, however, there is a special reflexive form, *se* (*s-*), covering all genders, thus meaning 'himself', 'herself', 'itself', 'oneself', 'themselves'. Many reflexive-verb constructions in Romanian are equivalent to non-reflexive constructions in English. Examples:

ne-am sculat devreme	we got up early
s-au îmbrăcat repede	they got dressed, dressed (themselves) quickly
mă întreb ce-ai pus în geamantane	I wonder, ask myself what you've put in the cases
mă voi grăbi	I'll hurry

In the present tense, in colloquial style, reflexive verbs may drop an initial vowel:

mă + îmbrac → mă-mbrac	I get dressed
se + îmbracă → se-mbracă	they get dressed
vă + întrebaţi → vă-ntrebaţi	you wonder

Distinguish carefully between the following:

v-aţi întrebat ce fac aici?	did you wonder what I was doing here?
m-aţi întrebat ce fac aici?	did you ask me what I was doing here?
v-am întrebat ce faceţi aici	I asked you what you were doing here

15.3/4 Verbs: The Imperative

(*a*) The second person plural form of the imperative is identical with that of the indicative:

luaţi cartea	you take the book (*statement*) take the book! (*order*)

nu luaţi cartea — you don't take the book / don't take the book!

In imperative positive constructions, an unaccented accusative pronoun follows the verb; in imperative negative constructions it precedes the verb. When it follows the verb, the final /-ĭ/ of the second person plural becomes /-i-/ before all pronouns except *-o*, before which it becomes /-i̯-/:

luaţi-l /lu̯*a*tsil/ — take him, it!
luaţi-i /lu̯*a*tsii̯/ — take them!
luaţi-o /lu̯*a*tsi̯o/ — take her, it!

Negative imperative:

nu-l luaţi — don't take him, it!
nu-i luaţi /n*u*i̯ lu̯*a*tsĭ/ — don't take them!
nu o luaţi — don't take it!

The negative imperative is thus identical in form with the negative indicative.

(*b*) The second person singular form of the imperative positive may be identical with that of the present indicative, especially if the verb has only intransitive uses:

dormi! — sleep!
rîzi! — laugh!
mergi! — go!

But a number of verbs which have both transitive and intransitive uses also employ this second person form:

vezi! — see!

Most verbs which have transitive uses, however, employ the *third* person singular form of the present indicative:

ajută-mă! — help me!
pune-l pe masă! — put in on the table!

This is generally also the case when such verbs are used intransitively, but some verbs that may be used in both ways may have a form for each (e.g. *a crede: crezi!*

but *crede-mă!*). You will find the most usual form of the second person singular imperative positive in Appendix 2. Go through this List and note which verbs use the second person form (about 12 per cent) and which have an irregular form (e.g. *a fi*, *a da*, *a face*, *a veni*).

Before the pronoun *o* a final *-ă* of a verb in the imperative is dropped unless the form is monosyllabic:

las-o pe Ana s-o facă	let Ann do it (*să* + *o* → *s-o*)

But:

fă-o	do it

The form of the second person singular imperative negative is in most cases identical in form and stress with that of the plain infinitive:

n*u*-l cit*i* ac*u*m	don't read it now
n*u* o lu*a*	don't take it
n*u* te d*u*(ce)	don't go
n*u* uit*a* mănu*ş*ile	don't forget the gloves

(*c*) Examples of the various forms:

Positive

sg. cit*e*şte-l pl. cit*i*ţi-l /-tsil/	'read it'
sg. f*ă*-o pl. f*a*ceţi-o /-tsi̯o/	'do it'
sg. i*a*-le pl. lu*a*ţi-le /-tsile/	'take them'

Negative

sg. n*u*-l cit*i* pl. n*u*-l cit*i*ţi	'don't read it'
sg. n*u* o f*a*ce pl. n*u* o f*a*ceţi	'don't do it'
sg. n*u* le lu*a* pl. n*u* le lu*a*ţi	'don't take them'

15.3/5 Word-Order

The 'neutral' order of elements in an indicative clause is: Subject—Verb—Direct Object—Adverb. We have seen that when the direct object is an unstressed pronoun, however, it regularly precedes the verb in such clauses. We have also had examples of 'marked' word-order, whereby the sequence of elements is changed. In the Text of the Lesson there were further examples of such changes in word-order—involving words that can be moved into a 'marked' or stressed position, so that they can acquire an accent.

(*a*) Nouns used as direct objects may occur before the verb. When this happens, the corresponding accusative pronoun usually accompanies the verb:

dar t*u* umbr*e*la mea ai lu*a*t-o?	but have you taken my umbrella?
dar pardes*i*ul meu *u*nde l-ai p*u*s?	but where did you put my overcoat?

(*b*) A stressed subject may follow the verb:

îi pui t*u* în buzun*a*r	you'll put them in your pocket

(*c*) An adverb of degree such as *prea* 'too' may be separated from the word it modifies:

pre*a* mergi înc*e*t	you're so slow (*lit.* too you go slowly)

For *mai*, see 24.3/4.

15.3/6 Tenses

In English the tense of the verb in certain types of subordinate clause may be conditioned by the tense of the verb in the main clause (e.g. 'he *says* he *will* come' as against 'he *said* he *would* come'). This is not generally the case in Romanian: the tense of the verb in a subordinate clause (one beginning with *să* or *că*, for instance) has greater independence, being conditioned almost solely by the situation.

Examples:

m-aţi întrebat ce fac aici	you asked me what I am, was doing here
le-am pus pe masă, aşa că nu le uit	I (have) put them on the table so that I shan't, shouldn't forget them, so as not to forget them

In the clause:

dacă am luat cu noi tot ce ne trebuie

we might use the present tense in English if we chose the verb *to take* for *a lua* ('if we are taking with us everything we will need'), but the perfect tense if we chose *to pack* ('if we have packed everything . . .'). The choice of tense may therefore be closely bound up with the choice of verb—in both languages.

15.3/7 Intonation

Remember that certain types of clauses may be statements or questions according to the intonation they are spoken with (cf. 5.3/2). When reading the Texts, give all the 'yes-no' questions a rising tone. Practise the following, putting the main accent (falling tone or rising tone) on the word *aici*:

m-aţi întreb*a*t ce f*a*c ↓a*i*ci	you asked me what I was doing here
m-aţi întreb*a*t ce f*a*c ↑a*i*ci?	did you ask me what I was doing here?

And the following:

dar t*u* ↓umbr*e*la mea ai ↑lu*a*t-o?	but have you packed my umbrella?

In the context of the dialogue, the English utterance would probably have a falling tone (implying a demand for a satisfactory answer), or possibly a sharp fall-rise tone, on *umbrella*. 'Marked' word-order serves a similar purpose in Romanian. Alternatively, we might say, '(But) what about my umbrella?'.

15.4 Exercises

1. Copy out the Text of the Lesson and read it aloud.
2. Make sentences with the help of the following tables:

(*a*)

el ea ei ele Toma copiii fetiţele băieţii	se	îmbracă scoală	repede încet

(se sco*a*lă '(he) gets up', '(they) get up')

(*b*)

cînd	îl îi o le ne mă	vedeţi? vezi? vede? trimiteţi? trimiţi? trimite?

(*c*)

unde	-l -i -o mă ne le	vedeţi? vezi? vede? trimiteţi? trimiţi? trimite?

(*d*)

m-am v-aţi te-ai s-a ne-am s-au	sculat îmbrăcat pregătit	repede încet

(*e*)

cînd unde cum	i-aţi le-aţi m-aţi l-aţi ne-aţi	văzut?

(*f*)

am a au	pus toate	lucrurile cărţile scrisorile romanele fotografiile	pe masă în geamantan

(*lucru N* 'thing')

(*g*)

toţi	studenţii băieţii	citesc învaţă vorbesc scriu	acum aici
toate	fetiţele studentele		

*3. The verbs in the following sentences are in the present tense. Put the verbs in italics, i.e. those in the main clauses, into the perfect tense. Change the form of the pronoun if necessary.

William şi Patricia se *scoală* tîrziu. Ei se *îmbracă* repede. William *pune* mănuşile pe masă. Patricia îl *întreabă* unde le pune. El îi *răspunde* că le pune în buzunar. Ea îi *spune* să le pună în geamantan. El o *ajută* să facă bagajele.

Mă *scol* devreme. Mă *pregătesc* să plec la aeroport. Îl *aştept* pe William. El *vine* azi.

De ce vă *grăbiţi* să plecaţi la aeroport? De ce nu *veniţi* cu prietenii dvs.?

*4. Put the verbs in the main clauses in the above

sentences in the future tense (*se vor scula*, etc.). Omit the last two sentences.

*5. Insert *nu* in the following clauses:

Am fost în oraş. M-am întîlnit cu ('I met') un prieten. El a cumpărat un dicţionar. Mi-a plăcut dicţionarul. Vom merge acasă. Va veni tîrziu. Veţi veni devreme. Vor veni în România. Să învăţaţi două limbi străine. Să veniţi mîine. Să ne sculăm mîine tîrziu. Să se îmbrace.

*6. Translate into Romanian:

'When are Patricia and William arriving?' Ana asks Sandu. 'I don't know exactly,' he replies. 'William hasn't told us yet. But I know they are coming tomorrow. I am waiting for a telegram. It will come today, I'm sure. It *must* come! All (*tot ce*) we know is that they are coming by plane.'

'Then,' says Ana, 'we'll go to the airport tomorrow morning and will wait for them there. The plane takes four hours to get here (*trans.* in four hours the plane is here), and it must leave from England early in the morning. We won't have to wait too long, I'm sure.'

Lesson 16

16.1 Vocabulary

a ad*u*ce *vb.* to bring

afectu*o*s *adv.* affectionately

a aj*u*nge (la) *vb.* to arrive (at), to reach

alb, *a*lbă, albĭ, *a*lbe *adj.* white

a se apropi*a* /apropii̯*a*/ (de) *vb.* to approach, draw near (to)

*a*stea *det. pron. pl.* these (things), such things

ca să *conj.* so that

c*a*re *det. pron.* that, which, who

c*a*uză /k*a*-u-ză/ — c*a*uze *F* reason, cause

chibr*i*t — chibr*i*turĭ *N* match

a circul*a* *vb.* to circulate, move (about, along)

cîţiv*a* *M*, cîtev*a* *N/F det. pl.* some, a few

clăd*i*re — clăd*i*rĭ *F* building

a cobor*î* *vb.* to go down, to get out

cobor*î*re — cobor*î*rĭ *F* descent, coming down, getting out

a constat*a* *vb.* to find (out), to notice, to observe, to ascertain

cut*i*e — cut*i*i *F* (small) box

a da *vb.* to give

dep*a*rte *adv.* far away, in the distance

dimensi*u*ne /di-men-si̯*u*-ne/ — dimensi*u*nĭ *F* dimension

a d*u*ce *vb.* to take, to carry

f*a*ţă — f*e*ţe *F* face, front

furn*i*că — furn*i*cĭ *F* ant

g*a*ră — g*ă*rĭ *F* railway station

g*ă*rii /g*ă*ri/ *C-form* of the station

i*u*te /i̯*u*te/ *adv.* quick(ly), fast

a se îmbrăţiş*a* *vb.* to embrace, to hug (each other)

în*a*lt, în*a*ltă, în*a*lţĭ, în*a*lte *adj.* high, tall

înd*a*tă *adv.* soon, immediately

a îndrăzn*i* (să) *vb.* to dare (to)

a se întîln*i* *vb.* to meet (one another)

a se întîmpla *vb.* to happen, to occur

jos *adv.* down, below

a lăs*a* *vb.* to leave, to let

l*u*me — lumĭ *F* world
l*u*me *F sg.* people
măr*i*me — măr*i*mĭ *F* size
-mĭ, mi- /mi̯/ *pron. dat.* (to, for) me
min*u*t — min*u*te *N* minute
mom*e*nt — mom*e*nte *N* moment
niciod*a*tă /ničod*a*tă/ *adv.* never
n*u*măr — n*u*mere *N* number, quantity
od*a*tă *adv.* once, one day
opr*e*sc *vb.* (I, they) stop
a (se) opr*i* *vb.* to stop
pe c*a*re *det. pron. acc.* that, which, who(m)
per*o*n — per*oa*ne *N* platform
plo*a*ie /plǫai̯e/ — ploi *F* rain
pri*e*tenă — pri*e*tene *F* (female) friend
red*u*s, red*u*să, red*u*şĭ, red*u*se (la) *adj.* reduced (to)
a sărut*a* *vb.* to kiss
a se sărut*a* *vb.* to kiss (each other)
său, sa, săi, s*a*le *poss. det.* his, her, its
semn — s*e*mne *N* sign, token, mark
sos*i*re — sos*i*rĭ *F* arrival
şi *adv.* already
-şĭ, şi- /shi̯/ *pron. dat.* (to, for) himself, herself, itself, oneself, themselves
t*i*ne *pron. acc.* you
trec*u*t, trec*u*tă, trec*u*ţĭ, trec*u*te *adj.* past, last
a ţ*i*ne *vb.* to keep, to hold
a uit*a* *vb.* to forget, to leave (behind)
*u*ite /ui̯te/ (că) *int.* look, see
*u*nor *det. C-form pl.* of (some)
v*a*mă — vămĭ *F* customs
a se vede*a* *vb.* to be seen, to appear
v*o*rbă — vorbe *F* word

Phrases

ac*a*să la *e*i	(at) home with them, to their home, at their home
*a*nul trec*u*t	last year

*ca*re l-a ţin*u*t de v*o*rbă	who kept him talking
ce mi s-a întîmpl*a*t	what (had) happened to me
dar să lăs*ă*m ac*u*m *a*stea	but let's not worry about such things now (*lit.* but let's leave now these things)
din c*a*uza n*u*mărului	because of the number
din c*a*uza Patr*i*ciei /patr*i*čiįeį/[1]	because of Patricia
d*ă*-mĭ te r*o*g m*î*na, să cob*o*r	please help me down (*lit.* give me please the hand to get down)
a f*a*ce s*e*mn cu m*î*na	to wave, to beckon
în cîtev*a* min*u*te am aj*u*ns	in a few minutes we'll be there, we'll have arrived
în f*a*ţa c*a*sei	in front of the house
în mom*e*ntul cobor*î*rii /-ri/	on getting out, while getting out, as we got, were coming out, off, down (*lit.* in the moment of the descending)
la *e*i	at, to their place, home
pardes*i*u de plo*a*ie	raincoat
pe c*a*re le-ai lu*a*t	which you took
pe str*ă*zĭ	in the streets
să-i /săį/ sp*u*n *A*nei	to tell Ann
şi-a /shįa/ uit*a*t mănu*ş*ile în avi*o*n	he (has) left his gloves in the plane (*lit.* he has forgotten + to himself the gloves + in the plane)
*u*ite că am aj*u*ns	look, we're there, we've arrived
*u*ite-i /*u*įteį/ pe *A*na şi S*a*ndu	there are Ann and Sandu (, look)

[1] This assumes that the name has been fully Romanianized by the speaker, and the B-form pronounced /pa-tr*i*-či-įa/. Otherwise, say /pa-tr*i*-sheį/ for the C-form.

vezĭ să n*u* uit*ă*m c*e*v*a* în avi*o*n	see that we don't leave anything behind in the plane

16.2 Sosirea la Bucureşti

Avionul care îi aduce pe Patricia şi William la Bucureşti se apr*o*pie de aeroport. Oraşul se vede jos, departe, cu clădirile sale albe şi înalte reduse la mărimea unor cutii de chibrituri iar maşinile care c*i*rculă pe străzi reduse la dimensiunile unor furnici.

W: Am început să coborîm. Sîntem îndată jos. În cîteva minute am ajuns.

P: Vezi să nu uităm ceva în avion.

W: Eu nu uit niciodată nimic. Vezi să nu uiţi t*u* ceva.

P: Fiindcă nu uiţi niciodată nimic, poţi să-mi spui cine a uitat odată un geamantan pe peronul gării la Par*i*s?

W: Asta a fost din cauza numărului mare de geamantane pe care le-ai luat cu tine. Dar să lăsăm acum astea. Uite că am ajuns. Lumea a şi început să coboare.

P: Dă-mi te rog mîna, să cobor. Uite-i pe Ana şi Sandu! Ne fac semn cu mîna. Să mergem repede la vamă ca să termin*ă*m mai iute. . . .

Prietenii se întîlnesc, se îmbrăţişează; prietenele se sărută afectuos. Ana şi Sandu au venit la aeroport cu maşina lor şi îi duc pe Patricia şi William acasă la ei.

Cînd opresc în faţa casei, William constată că şi-a uitat mănuşile în avion. Din cauza Patriciei, spune el, care l-a ţinut de vorbă în momentul coborîrii.

— Asta nu-i nimic, îi spune Sandu. — Anul trecut, cînd am fost la Londra, eu mi-am uitat în avion pardesiul de ploaie. Nici n-am îndrăznit să-i spun Anei ce mi s-a întîmplat.

16.3 Grammar

16.3/1 Dative Pronouns: Unaccented Primary Forms

The unstressed indirect-object (dative) forms of the

personal pronouns are as follows (with the subject and direct-object pronouns for comparison):

Subject	*Direct Object*	*Indirect Object*
eu	mă	îmĭ '(to, for) me, myself'
tu, d-ta	te	îţĭ '(to, for) you, yourself'
el	îl	îi '(to, for) him, it'
ea	o	îi '(to, for) her, it'
noi	ne	ne '(to, for) us, ourselves'
voi, dvs.	vă	vă '(to, for) you, yourself, yourselves'
ei	îi	le '(to, for) them'
ele	le	le '(to, for) them.
el, ea, ei, ele	se	îşĭ '(to, for) himself, herself, oneself, itself, themselves'

Note the three uses of the forms *îi* and *le*:

îi: accusative of *ei*, dative of *el* and *ea*.
le: accusative of *ele*, dative of *ei* and *ele*.

As in the case of the accusative pronouns, the *î-* in *îmi*, *îţi*, *îi* and *îşi* drops when these are adjacent to imperatives and certain grammatical words, and the final /-ĭ/ is replaced by /i̯/ when linked to a vowel:

dă-mĭ cartea, te rog	give me the book, please
dă-i /dăi̯/ cartea, te rog	give him, her the book, please
să-mĭ spui	tell me
mi-am /mi̯am/ uitat mănuşile	I forgot my gloves

Note the last example. Romanian prefers not to use possessive determiners (Eng. *my*, *your*, etc.) with certain classes of nouns used as direct objects (denoting things the subject 'possesses'). The dative pronouns may be considered reflexive (or 'pseudo-reflexive') in this use, since for the third person *îşi* is used in place of *îi* and *le*:

îşi uită mănuşile	he forgets his (= his own) gloves, she forgets her gloves, they forget their gloves
(el, ea) şi-a /shi̯a/ uitat mănuşile	he, she forgot his, her gloves
(ei, ele) şi-au /shi̯au̯/ uitat mănuşile	they forgot their gloves
But: el a uitat mănuşile (pe care i le-am dat)	he forgot the gloves (I gave him)

16.3/2 Declensions

(*a*) Certain words in Romanian are said to 'decline', that is, they change the form of their ending according to their function in the phrase or clause in which they are used. The changes affect pronouns (as we have seen), nouns, and words that modify nouns, viz. determiners and adjectives.[1]

Besides the special sets of suffixes to designate gender and number, there is, then, another set of endings used to designate CASE. Altogether, Romanian has five cases, traditionally called Nominative, Accusative, Genitive, Dative and Vocative. However, for nouns and noun-modifiers, it is not necessary to invoke all these five cases, as their forms remain unchanged for most of the roles they play in the phrase or clause. We will stick to the traditional case-names when discussing the pronouns, but when discussing nouns and noun-modifiers we will use the term *B-form* for the 'base form' (nominative and

[1] Strictly speaking, it is only grammatical elements (pronouns, determiners and article suffixes) that decline in Romanian, and not the base forms of adjectives and nouns. It is a rule that every use of a noun involves the occurrence in its phrase of a grammatical element (suffix or determiner: definite, indefinite or zero article, demonstrative determiner, etc.). 'C-form noun' is shorthand for 'noun phrase that may be used in a C-form function, comprising minimally one word, viz. a noun with a C-form article suffix'. The zero article does not have a special C-form (cf. 24.3/1 (*a*) and (*b*)).

accusative) and *C-form* for the 'case form' (genitive and dative), as strictly speaking the system in question has only two terms.

(*b*) *The Indefinite Article*

The indefinite article is declined as follows:

	Singular		Plural
	M/N	F	M/N/F
B-form	un	o	*zero*
C-form	*u*nui	*u*nei	*u*nor

The non-pronominal determiner *nişte* 'some' is sometimes regarded as a 'minimum' determiner with plural nouns and is thus called 'indefinite article'; it may replace *zero*.

The C-forms mean 'of a . . .', 'to a . . .', 'for a . . .', 'of . . . s', 'to . . . s', 'for . . . s':

un prieten	a (male) friend
unui prieten	of, to, for a friend
prieteni nişte prieteni	(some) friends
unor prieteni	of, to, for (some) friends
o prietenă	a (female) friend
unei prietene	of, to, for a friend
prietene nişte prietene	(some) friends
unor prietene	of, to, for (some) friends

Note that, while (as one would expect) *unui* precedes a noun (M, N) in the singular, *unei* precedes a noun (F) whose form is identical with that of the plural, although the meaning is singular.

(*c*) *Noun and Article Declensions Combined*

The arrows show from which B-form the C-form is

derived. The form-changes are expressed in graphemes as far as possible.

M-nouns

	B-forms		*C-forms*	(*Noun form-change*)
a friend:	un prieten	→	unui prieten	(none)
the friend:	prietenul	→	prietenului	(add *-ui*)
friends:	prietenĭ	→	unor prietenĭ	(none)
the friends:	prietenii /-ni/	→	prietenilor	(add /-lor/; drop *-i*, add *-lor*)
a dog:	un cîine	→	unui cîine	(none)
the dog:	cîinele	→	cîinelui	(drop *-e*, add *-ui*)
dogs:	cîinĭ	→	unor cîinĭ	(none)
the dogs:	cîinii /-ni/	→	cîinilor	(add /-lor/; drop *-i*, add *-lor*)

Note that the *-le* of *cîinele* is reduced to *-l* before *-ui*.
Note that the *-ii* of *prietenii* and *cîinii* is reduced to *-i* before *-lor*. This is only an orthographic change, since both *-ii* and *-i-* are pronounced /i/.

N-nouns

	B-forms		*C-forms*	(*Noun form-change*)
a pen:	un toc	→	unui toc	(none)
the pen:	tocul	→	tocului	(add *-ui*)
pens:	tocurĭ	→	unor tocurĭ	(none)
the pens:	tocurile	→	tocurilor	(drop *-e*, add *-or*)

F-nouns

	B-forms		*C-forms*	(*Noun form-change*)
a café:	o cofetărie /-r*i*-i̯e/	→	unei cofetării /-rii̯/	(pl. form, no change)
the café:	cofetăria /-r*i*-i̯a/	→	cofetăriei /-r*i*-i̯ei̯/	(add /-ei/; drop *-i*, add *-ei*)
cafés:	cofetării /-rii̯/	→	unor cofetării /-rii̯/	(no change)
the cafés:	cofetăriile /-r*i*-i-le/	→	cofetăriilor /-r*i*-i-lor/	(drop *-e*, add *-or*)
a station:	o gară	→	unei gărĭ	(pl. form, no change)
the station:	gara	→	gării /-ri/	(add *-i*; /-ĭ/ + *-i* → /-i/)
stations:	gărĭ	→	unor gărĭ	(no change)
the stations:	gările	→	gărilor	(drop *-e*, add *-or*)

Note how the changes from the B-forms to the C-forms are effected, and that the pronunciation change and orthographic change are not always comparable. Note that you use the *plural* B-form of F-nouns in both singular and plural C-forms. In the case of F-nouns whose plural suffix is *-e*, the added *-i* = /i̯/, e.g. *mesei* /m*e*sei̯/ 'of the table'. We can summarize the C-form endings of F-nouns as follows:

B-form	C-forms		
Without article	Without article	With article	
pl.	sg., pl.	sg.	pl.
/-ĭ/	/-ĭ/	/-i/	/-ilor/
/-ii̯/	/-ii̯/	/-ii̯ei̯/	/-iilor/
/-e/	/-e/	/-ei̯/	/-elor/

Examples:

găr*i* — găr*i* — g*ă*rii — g*ă*rilor
cofetăr*i*i — cofetăr*i*i — cofetăr*i*ei — cofetăr*i*ilor
c*a*se — c*a*se — c*a*sei — c*a*selor
caf*e*le — caf*e*le — caf*e*lei — caf*e*lelor

Note that the article suffix for *all* C-form plurals is *-lor*. Stress remains constant throughout the declensions. Check that you understand how the C-forms in the Text (e.g. *casei*, *coborîrii*, *numărului*) are arrived at.

(*d*) *Proper Names*

Proper names in C-form functions are preceded by the marker *lui*:

lui Sandu	of, to, for Sandu
lui Carmen (şi Sandu)	of, to, for Carmen (and Sandu)

F-names ending in *-a* may, instead of taking the marker, change this *-a* into *-ei*. Thus, instead of *lui Ana*, we may say *Anei*; similarly, *lui Maria* or *Mariei*. *Lui* is also used as a C-form marker with the names of the months (Lesson 21) and the years (Lesson 18):

la încep*u*tul lui *a*ugust	at the beginning of August
la sfîrş*i*tul lui 1960	at the end of 1960

(*e*) *Uses of the C-forms*

1. Romanian uses C-forms where English uses a possessive phrase with *-'s* or *-s'* before the head-noun or an *of*-phrase following the head-noun:

dimensiunile unor furnici	the dimensions (size) of ants
în momentul coborîrii	on getting out, coming down
peronul gării	the station platform, the platform of the station
mănuşile Patriciei	Patricia's gloves

Note that the C-form noun *follows* its B-form head. C-form nouns in this function may be replaced by possessive determiners:

dimensiunile lor	their dimensions
mănuşile ei	her gloves

2. Most prepositions are followed by B-form nouns:

cartea e pe masă	the book is on the table
am venit cu avionul	I came by plane
avionul se apropie de aeroport	the plane is approaching the airport

But C-forms are used after some prepositions and preposition-like phrases:

din cauza Patriciei	because of Patricia
în faţa casei	in front of the house

Further examples are given in 32.3/1.

3. The C-forms of animate nouns are used as indirect

objects. When a noun—especially a proper noun—is used as an indirect object, a dative pronoun corresponding in gender and number to the C-form noun may accompany the verb:

am dat cărţile profesorului	I gave the books to the teacher
nici n-am îndrăznit să-i spun Anei	nor did I dare tell Ann (*lit.* to her to Ann)
dă-i lui Sandu mănuşile	give the gloves to Sandu
dă-i Anei mănuşile	give Ann the gloves

We may also say: dă-i mănuşile Anei, which may mean 'give Ann the gloves' too, since with two noun objects either one may precede the other. However, this example could also mean 'give him Ann's gloves' or 'give her Ann's gloves', *Anei* being construed as genitive instead of dative. Some constructions involving C-forms may therefore be ambiguous out of context; in real situations, however, ambiguity is rare. There is naturally no such ambiguity in:

dă-mi mănuşile Anei	give me Ann's gloves

We may sometimes omit the dative pronoun, but not if the indirect-object noun precedes the verb (cf. the use of the accusative pronoun, 15.3/5 (*a*)):

lui *Sandu* i-am dat cartea	I gave the book to *Sandu*
Anei îi place să citească	Ann likes reading

See further 19.3/5 (*a*).

16.3/3 Negatives

A series of negative words—*nu* 'not'; *nimic* 'nothing'; *nimenĭ* 'nobody'; *niciodată* 'never'; *nicăierĭ* 'nowhere'; *nici un* 'no', 'not a', 'not one'; etc.—do not cancel each other out in Romanian. They are therefore often equivalent to English forms in *any-*. This is the case with clauses, in which *nu* is obligatory if any of the others are present:

eu nu uit niciodată nimic	I never forget anything
el n-a uitat niciodată nicăieri nimic	he's never left anything anywhere
Cf. nici eu n-am costum	I haven't got a costume either

16.3/4 Relatives and Interrogatives: *care*

The word *care* is used as a relative in the sense of 'which', 'who', 'that', and as an interrogative in the sense of 'which?', 'which one(s)?', 'who?'. Used as subject:

avionul care îi aduce la Bucureşti	the plane bringing them (that, which brings them, is bringing them) to Bucharest
maşinile care circulă pe străzi	the cars moving along the streets
care sînt fotografiile d*vs.*?	which are *your* photos?

The direct-object form of *care* is *pe care* plus accusative pronoun:

avionul pe care l-aţi văzut	the plane you saw (*avion* N sg., thus *l-*)
maşinile pe care le-aţi văzut	the cars you saw (*maşini* F pl., thus *le-*)
geamantanele pe care le-ai luat cu tine	the cases which you took with you

Naturally, *pe care* may also mean 'on which':

pe care masă aţi pus tocul meu?	on which table did you put my pen?

Note that in Romanian a preposition can never be separated from its head as in English ('which table did you put my pen on?'). A further example:

îmi trebuie un stilou cu care să scriu	I need a pen to write with (*lit.* with which to write)

16.4 Exercises

1. Copy out the Text of the Lesson and read it aloud.
2. Go through the Text carefully and note the order of words in the sentences.
3. Make sentences with the help of the following tables:

(*a*)

<table>
<tr><td rowspan="2">am dat</td><td rowspan="2">cărţile
caietele
creioanele
scirisorile
dicţionarele</td><td>unui</td><td>student
băiat
copil
prieten
profesor</td></tr>
<tr><td>unor</td><td>studenţi
băieţi
copii
prieteni
profesori</td></tr>
</table>

(*b*)

<table>
<tr><td rowspan="2">am dat</td><td rowspan="2">cărţile
caietele
creioanele
scrisorile
dicţionarele</td><td>unei</td><td>studente
fetiţe</td></tr>
<tr><td>unor</td><td>profesoare
prietene</td></tr>
</table>

(*c*)

<table>
<tr><td rowspan="2">am dat</td><td rowspan="2">cărţile
caietele
stilourile
scrisorile
dicţionarele</td><td>studentului
copilului
băiatului
profesorului</td></tr>
<tr><td>studenţilor
copiilor
băieţilor
profesorilor</td></tr>
</table>

(*d*)

am dat	cărţile caietele stilourile scrisorile dicţionarele	studentei fetiţei profesoarei ――― studentelor fetiţelor profesoarelor

(*e*)

eu ei ele Ana şi [Sandu	nu	scriu citesc vorbesc spun văd aduc cred fac	niciodată nimic

(*f*)

sa	coborîm mergem citim cumpărăm	
	nu	coborîm mergem citim cumpărăm

(*g*)

să	-mi -i ne le	dai daţi	cartea dicţionarul stiloul
		spui spuneţi	ceva

(***să-mi dai cartea*** 'give me the book, will you?', 'let me have the book')

(*h*)

dă daţi	-mi	cartea, mănuşile, pardesiul, stiloul,	te vă	rog

(*dă-mi cartea, te rog* 'give me the book, please')

*4. Insert the verb given:

(1) Ieri după-masă —— la aeroport. (noi + a fi)
(2) Mîine —— un dicţionar român-englez. (eu + a cumpăra, *future*)
(3) —— foarte mult săptămîna aceasta. (ei + a învăţa, *perfect*)
(4) Îl —— azi pe fratele dvs. (el + a aştepta, *present*)
(5) Îmi —— să învăţ limba română. (eu + a plăcea, *present*)
(6) Unde —— dvs. acum? (a locui, *present*)
(7) Ce —— ea azi acolo? (a face, *present*)
(8) Ce ——? (dvs. + a spune, *perfect*)
(9) Profesorii noştri —— mîine la munte. (a pleca, *future*)
(10) Ele —— ieri la gară. (a se întîlni)

*5. Translate the following sentences:

(1) Give me the book, please. (*dvs.*)
(2) Put this jug on the table. (*tu*)
(3) Now I'll put the pen in my pocket. (*present tense*)
(4) Take this book and give it (*dă-i-o* /dă-i̯o/) to Mary. (*tu*)
(5) You have forgotten your gloves. (*dvs.*)
(6) All right, I'll give them (*M*) an answer tomorrow. (*future tense*)
(7) Last year we went to Romania.
(8) I stayed at home because of the rain.
(9) We met in front of the station.
(10) Don't leave anything (behind) in the house. (*dvs.*)
(11) They kissed and set off for home.

(12) He forgot the gloves I gave him. (*pe care i le-am dat*)
(13) There are (*trans.* is) a lot of people on the platform.
(14) Quick, wave to him! (*tu*)
(15) My girl friend is coming to visit me tomorrow.
(16) Let's get off here.
(17) Who was (*present tense*) that man (*domn*) you spoke to (*cu*) yesterday?
(18) Sandu never tells me anything.
(19) Take (*du* or *adu*/*a*du/) this box to Peter. (*tu*)
(20) Give her some more (*trans.* more give her some) sweets. (*dvs.*)

*6. Translate:

The car stopped in front of Ann's and Sandu's house. On getting out of (*din*) the car, William noticed that he didn't have his gloves (with him) any more. 'That's nothing,' Sandu tells him. 'Last summer when I went (*am fost*) to England I left my overcoat in the plane.'

Lesson 17

17.1 Vocabulary

a se adres*a* (+ *dat.*) *vb.* to speak to, to address
alim*e*nt — alim*e*nte *N* food
aliment*a*ră — aliment*a*re *F* food-shop, grocer's
*a*pă miner*a*lă — *a*pe miner*a*le *F* mineral water
ap*o*i *adv.* then
autoserv*i*re — autoserv*i*rĭ *F* self-service
borc*a*n — borc*a*ne *N* jar
c*a*să — c*a*se *F* cash-desk
cel, cea /ča/, cei, c*e*le *det. pron.* the (one)
ci *conj.* but
clar *adv.* clearly
coş — c*o*şurĭ *N* basket
cumpărăt*u*ră — cumpărăt*u*rĭ *F* purchase, (*pl.*) things one buys, shopping
distr*a*t, distr*a*tă, distr*a*ţĭ, distr*a*te *adj.* absent-minded
a dor*i* *vb.* to want, to wish
a se d*u*ce *vb.* to go
el /i̯el/ *pron. acc.* him, it
fă*i*nă — fă*i*nĭ *F* flour
griş *N* semolina
grăb*i*t, grăb*i*tă, grăb*i*ţĭ, grăb*i*te *adj.* in a hurry
înap*o*i *adv.* back
*î*nsă *conj.*, *adv.* but, however
a înţel*e*ge *vb.* to understand
a se înţel*e*ge (cu) *vb.* to understand one another, to make oneself understood, to get on (with)
kilogr*a*m — kilogr*a*me *N* kilo(gram), litre
marmel*a*dă — marmel*a*de *F* marmalade, jam
m*i*ne *pron. acc.* me
orez *N* rice
oţ*e*t *N* vinegar
a plăt*i* *vb.* to pay
pr*a*ctic, pr*a*ctică, pr*a*cticĭ, pr*a*ctice *adj.* practical
prăvăl*i*e — prăvăl*i*i *F* shop
prin *prep.* in, through, about
rar *adv.* slowly, rarely

a reved*e*a *vb.* to meet again, to see again
reved*e*re — reved*e*rĭ *F* seeing again
tău /tău̯/, ta, tăi, t*a*le *poss. det.* your
a se uit*a* (la) *vb.* to look (at)
*u*nii /*u*ni/ *M pl.*, *u*nele *N/F pl. det. pron.* some
untdel*e*mn *N* (olive) oil
*u*nul *M/N*, *u*na *F pron.* one
uş*o*r *adv.* easily
vînzăto*a*re — vînzăto*a*re *F* sales-assistant, shopkeeper, vendor
vînzăt*o*r — vînzăt*o*rĭ *M* sales-assistant, shopkeeper, vendor
z*a*hăr *N* sugar
z*a*hăr t*o*s *N* castor sugar
z*a*hăr p*u*dră *N* powder sugar

Phrases

am plec*a*t	I'm on my way (*lit.* I've left)
b*u*nă z*i*ua /z*i*u̯a/	good morning, good afternoon
c*e*l mai b*u*n	the best
din c*e*l mai b*u*n	of the best
cu plăc*e*re	not at all, that's all right, don't mention it
a se d*u*ce d*u*pă (*or* la) cumpărăt*u*rĭ	to go shopping, to do the shopping
în l*o*c de z*a*hăr	instead of sugar
în l*o*cul tău	in place of you, instead of you
*î*ntr-o dimine*a*ţă	one morning
la n*o*i	here, at our shop
la reved*e*re	goodbye, cheerio
l*a*să-mă pe m*i*ne să mă d*u*c	let *me* go
m*a*i greu va f*i* să-i înţel*e*gĭ *î*nsă t*u* pe *e*i	but what will be harder will be for *you* to understand *them*

mă p*o*t înţel*e*ge cu vînzăt*o*rii	the shop-assistants and I can understand each other
şt*i*i cev*a*	do you know what?, I say!
şi-i /shii̯/ sp*u*ne	and says to her
vă lu*a*ţĭ ce dor*i*ţĭ	take (for yourself) what you want

17.2 După cumpărături

Într-o dimineaţă Patricia îi spune Anei: — Ştii ceva, Ana? Lasă-mă pe mine să mă duc azi după cumpărături în locul tău. Vreau să văd dacă mă pot înţelege cu vînzătorii prin prăvălii.

A: Foarte bine. Asta e cea mai bună lecţie practică de limba română. E mai bună decît o conversaţie cu mine. Sînt sigură că te vei înţelege foarte bine cu vînzătorii şi vînzătoarele. Ei te vor înţelege foarte uşor fiindcă tu vorbeşti rar şi clar româneşte. Mai greu va fi să-i înţelegi însă tu pe ei.

P: Am plecat. La revedere.

A: La revedere.

Patricia se duce la o alimentară să cumpere alimente. Ea se adresează unei vînzătoare.

P: Bună ziua.

V: Bună ziua. Ce doriţi?

P: Vreau să cumpăr nişte zahăr, orez, şi nişte untdelemn din cel mai bun.

V: La noi e cu autoservire. Vă luaţi ce doriţi şi plătiţi la casă.

P: Mulţumesc.

V: Cu plăcere, doamnă.

Patricia ia un coş şi pune în el un kilogram de zahăr tos, unul de zahăr pudră, unul de orez, o sticlă de untdelemn, două borcane de marmeladă, o sticlă de vin şi una de apă minerală. Se duce apoi la casă, plăteşte şi pleacă. Cînd ajunge acasă pune cumpărăturile pe masă. Ana se uită la cumpărături şi-i spune:

— Ce-ai făcut, Patricia? În loc de zahăr tos ai adus griş; în loc de zahăr pudră ai adus făină; în loc de vin ai adus oţet. Aşa ştii tu să citeşti româneşte?!

P: Citesc foarte bine româneşte, ştii tu asta prea bine! Dar văd că am fost grăbită şi distrată. Acum trebuie să mă duc înapoi la prăvălie.

17.3 Grammar

17.3/1 Accusative Pronouns: Accented Forms

The accusative and dative pronouns listed in 15.3/2 and 16.3/1 accompany the verb and are generally unstressed. There are additional sets of *accented* pronouns (cf. dative *lor* in 14.3/3). Most of the accented accusative pronouns are identical with the nominative (subject) pronouns, but they are preceded by the accusative marker *pe* (cf. *pe care* in 16.3/4):

Nominative	*Accusative Unaccented*	*Accusative Accented*
eu	mă (m-, -mă)	pe m*i*ne 'me'
tu	te (te-, -te)	pe t*i*ne 'you'
d-ta	te (te-, -te)	pe d-t*a* 'you'
el	îl (l-, -l)	pe *e*l 'him'
ea	o (-o)	pe e*a* 'her'
noi	ne (ne-, -ne)	pe n*o*i 'us'
voi	vă (v-, -vă)	pe v*o*i 'you'
dvs.	vă (v-, -vă)	pe d*vs*. 'you'
ei	îi (i-, -i)	pe *e*i 'them'
ele	le (le-, -le)	pe *e*le 'them'

The accented forms are always *additions*; they never *replace* the unaccented forms in the function of direct object:

l*a*să-mă pe m*i*ne să mă d*u*c	let *me* go
lăs*a*ţi-i /lăs*a*tsii̯/ pe *e*i să se d*u*că	let *them* go
l-am văz*u*t pe *e*l ier*i*	I saw *him* yesterday
pe d*vs*. v-a văz*u*t	it was you he saw

Read off the seven sentences from this table (meaning '*you* read now, please', 'I'll ask *him* to read now', etc.):

te	rog pe	tine	să	citeşti	acum
vă		dvs. voi		citiţi	
îl		el		citească	
o		ea			
îi		ei			
le		ele			

The accented forms (without *pe*) are also used after prepositions and after *decît* 'than' and *ca* 'than', 'as'. In such cases, the third person pronouns may have an inanimate referent, *el*, *ea* being equivalent to 'it':

la n*o*i e cu *a*utoserv*i*re	we have self-service here
e m*a*i b*u*nă dec*î*t o convers*a*ţie cu m*i*ne	it's better than a conversation with me
n*u* a cumpăr*a*t-o pentru m*i*ne ci pentru e*a*	he didn't buy it for me but for her

Note: *ci* is used, instead of *dar*, in contradictions of this kind following a negative (clause).

Patricia pune în ea un kilogram de zahăr	Patricia puts a kilo of sugar in it
el este mai mare ca mine	he's bigger than me
el vorbeşte mai bine ca mine	he speaks better than I do
ea e mai frumoasă decît tine	she's more beautiful than you

The accented form of *se* (*s*-, -*se*)—the third person singular and plural accusative reflexive pronoun—is *pe sine* 'himself', 'herself', 'itself', 'oneself', 'themselves', but generally (less formally) the non-reflexive forms (*pe el*, *pe ea*, *pe ei*, *pe ele*) are used instead:

n*u* m-a spăl*a*t pe m*i*ne ci s-a spăl*a*t pe e*a*	it wasn't me she washed but herself (*a spăla* 'to wash')

17.3/2 Dative Pronouns: Unaccented Primary Forms

The unaccented dative pronouns were listed in 16.3/1. The reduced or contracted forms are used after imperatives, before accusative pronouns and after certain other grammatical words such as *cine*, *care*, *ce*, *să*, *că*, *şi*, *unde*, *nu:*

şi-mĭ /shimĭ/ spune	and he tells me
şi-ţĭ /shitsĭ/ spune	and he tells you
şi-i /shii̯/ spune	and he tells him, her

Note that *şi ne*, *şi vă*, *şi le* are not hyphenated, as no syllable reductions are involved. Other examples:

lăsaţi-mĭ /lăs*a*tsimĭ/ dicţionarul	leave me the dictionary
lăsaţi-i /lăs*a*tsii̯/ dicţionarul	leave him, her the dictionary
ce-ţĭ /četsĭ/ cumperĭ?	what are you buying (for) yourself?
ce ţi-ai /tsi̯ai̯/ cumpărat?	what did you buy yourself?

Note how the /-ĭ/ becomes /-i̯/ when the pronoun is joined to a following word (auxiliary) that begins with a vowel. Regarding the order of preference in this linking process, the tense auxiliary takes priority over any other grammatical item.

17.3/3 Adjectives: The Superlative Degree

For the superlative degree of adjectives (Eng. *the most* + adj., adj. + -(*e*)st), the following forms are used (with the adjective *bun* as an example):

<table>
<tr><td></td><td>M</td><td>N</td><td>F</td></tr>
<tr><td>sg.</td><td colspan="2">cel mai bun</td><td>cea mai bună</td></tr>
<tr><td>pl.</td><td>cei mai buni</td><td colspan="2">cele mai bune</td></tr>
</table>

Examples:

cea mai bună lecţie practică	the best practical lesson
nişte untdelemn din cel mai bun	some of the best oil, some oil of the best kind
cei mai înalţi băieţi	the tallest boys
cele mai mari clădiri	the biggest buildings

The noun may precede the adjective, in which case the definite-article suffix is added:

băieţii cei mai înalţi
clădirile cele mai mari

17.4 Exercises

1. Make sentences with the help of the following tables:

(*a*)

<table>
<tr><td>profesorul
studentul
elevul</td><td>m-
te-
v-
l-
ne-
i-
le-</td><td>a ajutat foarte mult</td></tr>
</table>

(*b*)

<table>
<tr><td rowspan="2">m-am
te-ai
s-a
ne-am
v-aţi
s-au</td><td rowspan="2">dus</td><td colspan="2">acasă
în oraş</td></tr>
<tr><td>la</td><td>prăvălie
aeroport
prietenii mei</td></tr>
</table>

(*c*)

daţi trimiteţi lăsaţi	-mi -i -ne -le	vă rog	cartea dicţionarul	dvs. profesorului lui Sandu Anei

Remember the pronunciations: *daţi-mi* /datsimĭ/, *daţi-i* /datsii̯/, *daţi-le* /datsile/.

*2. Insert the correct unaccented form of the pronoun given in the brackets:

(1) Daţi- —— cartea, vă rog. (dat. of *el*)
(2) Dă- —— dicţionarul, te rog. (dat. of *eu*)
(3) Trimiteţi- —— o telegramă, vă rog. (dat. of *ele*)
(4) Duceţi- —— repede la aeroport. (acc. of *dvs.*)
(5) Lasă- —— dicţionarul pe masă, te rog. (dat. of *noi*)
(6) Cumpără- —— şi lui Ana un caiet dacă te duci în oraş. (dat. of *ea*)
(7) Spuneţi- —— unde aţi fost. (dat. of *ele*)
(8) Pune- —— pardesiul mai repede, te rog. (dat. of *tu*)
(9) Apropii- ——, te rog. (acc. of *tu*)
(10) Ajutaţi- ——, vă rog. (acc. of *noi*)

*3. Translate:

Yesterday we went with some friends to a café. My friend Sandu had a coffee. His wife doesn't like coffee, so she had a (cup of) tea. I had a coffee. We all (*toţi*) had some cakes, too. It didn't cost us much.

Ann went shopping this morning. She went to a grocery-shop and bought several (*mai multe*) things: bread, sugar, rice, oil, wine, vinegar, beer, mineral water, sweets, jam, coffee, chocolate, tea. She asked where she should (*trebuie*) pay and paid at the cash-desk.

Lesson 18

18.1 Vocabulary

a *int.* oh!
ad*e*sea *adv.* often
ad*i*că *adv.* that is (to say), namely
at*e*nt, at*e*ntă, at*e*nţĭ, at*e*nte *adj.* attentive, careful
de ac*e*ea /de ač*e*e̯a/ *adv.* that's why, therefore
de la *prep.* from
a se hotăr*î* (să) *vb.* to decide (to)
i*a*răşĭ *adv.* again
a încurc*a* *vb.* to mix up, to confuse
a se încurc*a* cu *vb.* to get . . . (all) mixed up, to muddle (up)
înt*î*i *adv.* first (of all)
a se înto*a*rce *vb.* to return
învăţ*a*re — învăţ*ă*rĭ *F* learning
m*i*e /m*i*i̯e/ — mii /mii̯/ *F* thousand
m*i*jloc — m*i*jloace *N* means, method, middle
mili*o*n /mili*o*n/ — milio*a*ne /milio̯*a*ne/ *N* million
mod*e*rn, mod*e*rnă, mod*e*rnĭ, mod*e*rne *adj.* modern
necăj*i*t, necăj*i*tă, necăj*i*ţĭ, necăj*i*te *adj.* upset, worried, annoyed
a număr*a* *vb.* to count
numer*a*l — numer*a*le *N* numeral, number
pi*a*ţă — pi*e*ţe *F* market(-place), square
p*î*nă la *prep.* up to
r*ă*u /r*ă*u̯/, r*e*a /re̯a/, r*ă*i /r*ă*i̯/, r*e*le *adj.* bad
s*i*mplu, s*i*mplă, s*i*mpli /s*i*mpli/, s*i*mple *adj.* simple
s*i*ngur, s*i*ngură, s*i*ngurĭ, s*i*ngure *adj.* alone, single, on one's own, by oneself
s*u*tă — s*u*te *F* hundred
t*a*re *adv.* very, hard
t*o*tul *pron.* everything
vorb*i*t, vorb*i*tă, vorb*i*ţĭ, vorb*i*te *adj.* spoken

Phrases

aş*a* cev*a* — such a thing, such things, things like that, things of that kind

ce *e*?	what's the matter?
dar n*i*cĭ uș*o*r	but it's not easy, either
de ex*e*mplu (de ex.)	for example
din c*î*nd în c*î*nd	from time to time, now and then
etc. /et-č*e*-te-ra/	etc.
în l*i*mba vorb*i*tă	colloquially
în or*a*ș	in(to) (the) town
în sch*i*mb	on the other hand, by contrast, instead
într-o z*i*	one day
mai dep*a*rte	further on, after that
mai r*ă*u	worse
numer*a*lul	the numbers, the numeral(s)
pe dinaf*a*ră	by heart
pe român*e*ște	in Romanian
pe *u*rmă	then, next, afterwards
să te aj*u*t	all right, I'll help you
se n*u*mără	one counts, you count
se sp*u*ne	it is said, one says, you say
st*a*i puț*i*n, să le scr*i*u	hold on, wait, stop a moment, let me write, so I can write, while I write them down
și așa mai dep*a*rte (ș.a.m.d.)	and so on, etc.
t*o*t mai e nev*o*ie și de aș*a* cev*a*	there is still a need for such things (*i.e.* you've still got to do rote learning, learn things by heart)
to*a*te *a*stea	all this, all these things

18.2 Numeralul

Într-o zi Patricia, care s-a dus singură în oraș, după cumpărături, se întoarce acasă tare necăjită.

— Ce e, Patricia? o întreabă Ana.

P: Sînt foarte necăjită, Ana. Am fost la cumpărături și m-am încurcat cu numeralul. Am văzut că nu știu să număr pe românește și m-am hotărît să învăț să număr. Ajută-mă tu!

A: Să te ajut. Te rog, însă, să numeri tu întîi de la unu pînă la zece, fiindcă asta știi.

P: A, da! Asta știu. Unu sau una, doi sau două, trei, patru, cinci, șase, șapte, opt, nouă, zece.

A: Foarte bine. Mai departe spui: *u*nsprezece (11), d*o*isprezece (*M*) sau d*o*uăsprezece (*N/F*) (12), tr*e*isprezece (13), p*a*isprezece (14), c*i*n(cĭ)sprezece /č*i*nsprezece/ (15), ș*a*isprezece (16), ș*a*ptesprezece (17), *o*ptsprezece (18), n*o*uăsprezece (19), douăz*e*cĭ (20).

P: Stai puțin, să le scriu... Mulțumesc... Nu e greu dar nici ușor.

A: Trebuie să fii însă atentă fiindcă vînzătorii din prăvălii și din piață spun *-șpe* în loc de *-sprezece*, adică *u*nșpe (11), d*o*ișpe (12), tr*e*ișpe (13)—continuă tu!

P: Să încerc. P*a*ișpe (14), c*i*nșpe (15), ș*a*ișpe (16)....

A: Ș*a*pșpe (17), *o*pșpe (18), n*o*uășpe (19). Pe urmă însă e ușor. De exemplu: douăz*e*cĭ (20), treiz*e*cĭ (30), patruz*e*cĭ (40), cinz*e*cĭ (50), șaiz*e*cĭ (60), șaptez*e*cĭ (70), optz*e*cĭ (80), nouăz*e*cĭ (90), o s*u*tă (100).

P: Și cum se numără de la douăzeci la treizeci, de ex.?

A: Foarte simplu: douăzecĭ și *u*nu (*M*) sau douăzecĭ și *u*na (*N/F*) (21), douăzecĭ și d*o*i (*M*) sau douăzecĭ și d*o*uă (*N/F*) (22), douăzecĭ și tr*e*i (23), etc. Trebuie să fii însă iarăși atentă fiindcă în limba vorbită se spune adesea: douăzăș*u*nu (21), douăzăjd*o*i (22), douăzăștr*e*i (23), etc. De aceea cred că nu te-ai înțeles cu vînzătorii. În schimb, mai departe, totul e iarăși foarte simplu. De ex. spunem: o s*u*tă (100), două s*u*te (200), trei s*u*te (300), patru s*u*te (400), cin(cĭ) s*u*te (500), ș*a*se sute (600), șapte s*u*te (700), opt s*u*te (800), nouă s*u*te (900), o m*i*e (1,000), două m*i*i (2,000), șapte m*i*i (7,000) — și așa mai departe.

P: Mulțumesc, dar ce e mai rău e că trebuie să învăț acum toate astea pe dinafară.

A: Draga mea, cu toate mijloacele moderne pentru învăţarea limbilor străine tot mai e nevoie şi de aşa ceva, din cînd în cînd.

18.3 Grammar

18.3/1 Numerals: Cardinal

(*a*) The numerals 1 to 20 and the tens are listed in the Text. Note especially the colloquial forms *unşpe* (11), *doişpe* (12), and so on, up to *nouăşpe* (19), which are the ones used in fast colloquial speech. *Cinci* and *opt* are usually reduced to /čin/ and /op/ when non-final in compound numbers (e.g. in 15, 18, 50, 500, 800). Before a voiced consonant such as *z*, the *p*(*t*) in *opt-* is pronounced /b(d)/: *optzeci* /obzeč/ (80). Note that *patru* and *şase* are reduced to *pai* and *şai* in *paisprezece* (*paişpe*) (14), *şaisprezece* (*şaişpe*) (16), and *şaizeci* (60), while *patru* is retained in *patruzeci* (40). In 21 to 99 the element *-zeci şi* is colloquially reduced to *-zăş*, *-zeş* or *-ş* (*-j* before a voiced consonant): *două*(*ză*)*şunu* (21), *două*(*ză*)*jdoi* (22), *patruştrei* (43), *şaijdoi* (62), etc.

Further examples:

33 treizeci şi trei
45 patruzeci şi cinci
56 cinzeci şi şase
67 şaizeci şi şapte
78 şaptezeci şi opt
89 optzeci şi nouă
101 o sută unu, o sută una
115 o sută cinsprezece
357 trei sute cinzeci şi şapte
698 şase sute nouăzeci şi opt
1.969 *or* 1969 o mie nouă sute şaizeci şi nouă
13.265 treisprezece mii două sute şaizeci şi cinci
45.987 patruzeci şi cinci de mii nouă sute optzeci şi şapte

(*b*) Thousands are separated in English by means of a comma. In Romanian, a full-stop is used for this purpose, while a comma is equivalent to a decimal point. Thus:

Rom. 1,255 kg. = Eng. 1·255 kg.
Rom. 1.255 kg. = Eng. 1,255 kg.

(*c*) Immediately before a noun head, but only then, the indefinite article *un*, *o* is used in place of *unu* (M/N), *una* (F). *Doi* is used with, or refers to, M-nouns, *două* N/F-nouns. The plural form of *zece*, viz. *zeci*, is used in the tens; 'twenty' is *douăzeci*. An article is used with *sută* and *mie: o sută, două sute, o mie, două mii. Milion* is an N-noun: *un milion, două milioane.*

(*d*) From 20 onwards, the numbers are linked to their noun by the particle *de*:

treizeci de lei	30 lei
o sută cinzeci de cartofi	150 potatoes
douăzeci şi unu (de kilograme) de mere	21 (kilos of) apples
două mii de oameni	2,000 people
cinzeci de mii de oameni	50,000 people
dicţionarul costă douăzeci şi doi de lei	the dictionary costs 22 lei

Note that 'nineteen hundred' is always expressed as 'one thousand nine hundred': *o mie nouă sute.*

The numerals *o mie* and *un milion* are regarded as noun heads and therefore linked by *de* to a preceding number, if this number is 20 or greater:

patruzeci de milioane nouă sute de mii de oameni	40,900,000 people

18.3/2 Reflexive Constructions

In expressions such as 'they say', 'you have to do it this way', 'one never knows', the subject may not refer to any *specific* individual or group of individuals, even though you may include yourself or your listener. In such cases Romanian frequently uses a reflexive verb in the third person singular without a subject pronoun:

se spune adesea	one often says, you often say, it is often said
şi cum se numără?	and how do you count?

Reflexive verbs are also frequently used where in English the passive voice is employed:

ce limbi se vorbesc aici?	what languages are spoken here?

In such cases the form of the verb is either singular or plural, depending on the subject. A further example:

se sp*u*ne că materi*a*lul ac*e*sta se sp*a*lă foarte uş*o*r	this material is said to wash very easily

18.4 Exercises

*1. Write down in words the numbers from 1,110 to 1,121.

2. Count orally in Romanian from 350 to 371.

3. Make sentences with the help of the following tables:

(*a*)

cartea nuvela romanul	costă a costat	opt unsprezece şaisprezece	lei

(*b*)

cartea dicţionarul	costă a costat	treizeci şi doi patruzeci şi cinci o sută douăzeci şi patru	de lei

(*c*)

alimentele	costă	o sută patru o sută optsprezece	lei
mănuşile	au costat	cincizeci şi patru patruzeci şi şapte	de lei

(*d*)

cum se spune pe	româneşte franţuzeşte nemţeşte	'how are you?'? 'how do you do?'? 'that's all right'?

(*e*)

ce limbi se	vorbesc învaţă ştiu	aici?

*4. Translate:

A: Where have you been?
P: Shopping.
A: And what did you buy?
P: I bought some food (*pl.*).
A: Can you tell me what food you bought and how much you paid for (*pentru*) it?
P: I think so (*cred că da*). Let me try. I bought a kilo of sugar and paid nine lei for it (*trans.* for it nine lei). Then I took two bottles of oil and paid twenty-three lei for them. I also bought four small bottles of beer (*trans.* four bottles of beer small), because Sandu and William like Romanian beer. I paid fourteen (*full form*) lei for them. The shop-assistant said they cost fourteen (*colloquial form*) lei.
A: Was that the lot (*tot*)?
P: At the grocer's, yes. But I went to another shop to (*să*) buy William (*lui William*) some gloves.
A: And? (*trans.* And what did you do?).
P: I bought some very nice gloves, for which I paid eighty-six lei.

Lesson 19

19.1 Vocabulary

adevăr*a*t, adevăr*a*tă, adevăr*a*ţĭ, adevăr*a*te *adj.* true, real
apro*a*pe *adv.* near, nearby, nearly
apropi*e*re — apropi*e*rĭ *F* proximity, neighbourhood, vicinity
a căut*a* /kă-u-t*a*/ *vb.* to look for
cel, cea /ča/, cei, c*e*le *pron.* the one(s), those
c*e*ntru — c*e*ntre *N* centre
cerne*a*lă — cern*e*lurĭ *F* ink
a cheltu*i* *vb.* to spend
colţ — colţurĭ *N* corner
cui *pron. dat.* to whom, who(m) . . . to
d*e*bit de zi*a*re — d*e*bite de zi*a*re *N* news-stand, kiosk
a dep*i*nde (de) *vb.* to depend (on)
d*i*nte — dinţĭ *M* tooth
drogher*i*e — drogher*i*i *F* chemist's
ei /i̯ei̯/ *pron. dat.* (to, for) her, it
englez*e*sc, engleze*a*scă, englez*e*ştĭ, englez*e*ştĭ *adj.* English
a fum*a* *vb.* to smoke
fumăt*o*r — fumăt*o*rĭ *M* smoker
a găs*i* *vb.* to find
a se găs*i* *vb.* to exist, to be, can be found
hîrt*i*e — hîrt*i*i *F* paper
iar *adv.* again
l*u*cru — l*u*crurĭ *N* thing, object
m*i*e /mii̯e/ *pron. dat.* (to, for) me
mulţ*i*me — mulţ*i*mĭ *F* crowd, great number, lot(s)
nefolosit*o*r, nefolosito*a*re, nefolosit*o*rĭ, nefolosito*a*re *adj.* useless
ochel*a*rĭ *M pl.* spectacles, glasses
papetăr*i*e — papetăr*i*i *F* stationer's
p*a*rcă *adv.* it seems (as if), apparently
p*a*stă — p*a*ste *F* paste
p*e*rie — p*e*rii *F* brush
pi*e*ptene — pi*e*ptenĭ *M* comb
plic — pl*i*curĭ *N* envelope
po*a*te *adv.* perhaps, maybe

poşt*a*l, poşt*a*lă, poşt*a*lĭ, poşt*a*le *adj.* postal
prost, pro*a*stă, proştĭ, pro*a*ste *adj.* stupid, poor, bad (in quality)
rev*i*stă — rev*i*ste *F* magazine, periodical, journal
săp*u*n — săp*u*nurĭ *N* soap
t*a*re, t*a*re, t*a*rĭ, t*a*rĭ *adj.* strong
t*i*mbru poşt*a*l — t*i*mbre poşt*a*le *N* postage stamp
tot *adv.* also, likewise
totod*a*tă *adv.* at the same time, also
tutunger*i*e — tutunger*i*i *F* tobacconist's
ţ*i*e /tsi*i̯*e/ *pron. dat.* (to, for) you
ţig*a*ră — ţig*ă*rĭ *F* cigarette
zi*a*r /zi-*a*r/ — zi*a*re *N* newspaper

Phrases

*ă*ştia se găs*e*sc . . ., nu-i aş*a*?	you can get some, them, these . . ., can't you?
am mai m*u*lte l*u*cruri de cumpăr*a*t	I have several things to buy
c*e* să m*a*i c*u*mpăr	other things to buy (*lit.* what more to buy)
c*e*le pe c*a*re le *a*m n*u*-mĭ mai pl*a*c	those I have I don't like any longer, I'm tired of the ones I have now
dar p*a*rcă v*ă*d că cheltui*e*ştĭ	but I can see you intend to spend, but I suppose you're going to spend
de c*e*?	why?
d*u*pă c*o*lţ	round the corner
hîrt*i*e de scris*o*rĭ	writing paper (*lit.* paper of letters)
în st*î*nga no*a*stră	on our left, to the left of us
mai înt*î*i	first (of all)
(m*i*e) îmĭ pl*a*ce ţig*a*ra	I like the cigarette
(m*i*e) îmĭ pl*a*c ţig*ă*rile	I like (the) cigarettes
pe dre*a*pta	on the right
pe st*î*nga	on the left

prin apropi*e*re	near here, in the neighbourhood, in the vicinity
sp*u*ne-mĭ, S*a*ndule	tell me, Sandu
şi . . . ca şi . . .	both . . . and . . .
ţ*i*e ţi-am lu*a*t român*e*şti	for you I took (bought, chose) Romanian ones
ţig*ă*rĭ ţi-am cumpăr*a*t *e*u	*I*'ve bought cigarettes *for* you

19.2 Lucruri folositoare şi nefolositoare

William: Spune-mi, te rog, Sandule, ce prăvălii sînt prin apropiere. Am mai multe lucruri de cumpărat şi nu ştiu dacă le pot găsi prin apropiere sau trebuie să mă duc în centru.

Sandu: Depinde de ce vrei să cumperi.

W: Mai întîi vreau să mă duc la o tutungerie să-mi cumpăr nişte ţigări.

S: De ce? Ţigări ţi-am cumpărat eu! Ţie ţi-am luat româneşti fiindcă ştiu că-ţi plac, şi lui Patricia i-am luat englezeşti. Şi ei ca şi Anei îi plac ţigările englezeşti.

W: Mie îmi plac toate felurile de ţigări, poate fiindcă nu sînt un adevărat fumător şi fumez foarte puţin. Trebuie însă să-mi cumpăr nişte hîrtie de scrisori, plicuri, timbre poştale şi nişte cerneală.

S: Astea le găseşti la papetărie, nu departe după colţ, pe dreapta.

W: Vreau să cumpăr şi cîteva ziare şi reviste româneşti.

S: Astea se găsesc la debitul de ziare, tot după colţ, dar pe stînga.

W: A, da. Ştiu unde. Vreau, apoi, să caut nişte ochelari de soare, fiindcă soarele e prea tare la Bucureşti. Ăştia se găsesc la drogherie, nu-i aşa? Vreau totodată să cumpăr nişte săpun, săpun de ras, pastă de dinţi, o perie de dinţi şi un pieptene — fiindcă cele pe care le am nu-mi mai plac. Şi găsesc eu ce să mai cumpăr.

S: Drogheria e foarte aproape. În stînga noastră. Dar parcă văd că iar cheltuieşti o mulţime de bani şi iar îţi spune Patricia că ai cumpărat lucruri nefolositoare.

19.3 Grammar

19.3/1 Vocative Case

Nouns that are used in addressing people are said to be in the Vocative Case when used as such. In this use they do not form an element in a clause but are separate from it. We generally use exclamation marks and commas to show this in writing:

John!
Mary!
tell me, Sandu . . .

In Romanian, you usually employ the B-forms of nouns for this purpose:

Ion /i*o*n/!	John!
Maria!	Mary!
doamnă!	madam!
domnişoară!	miss!
prieteni!	friends!
copii!	children!

But certain suffixes may also be used. With M-nouns, -(*u*)*le* or -*e* may be added in the singular:

spune-mi, te rog, Sandule . . .	tell me, Sandu, please . . .
prostule!	fool, (you) stupid man!
domnule!	sir!
omule!	man!
Ioane /io̧*a*ne/!	John!

With F-nouns in the singular, -*o* may replace -*a*:

Mario!	Mary!
Ano!	Ann!

The C-form suffix -*lor* may be used with plural nouns

of either gender, especially in such common collocations as:

doamnelor şi domnilor!	ladies and gentlemen!

One also says:

fetelor!	girls!

19.3/2 The Particle *de*

(*a*) In English, nouns may be put together to form a compound unit, as in *station* + *platform*, *watch* + *maker*, *tooth* + *brush*, etc. In Romanian, the order of elements is generally the reverse, and the second is either in its C-form or is attached to the first by the word *de*:

peronul gării	the station platform
o perie de dinţi	a toothbrush

In English we can also say 'the platform of the station', 'a brush for the teeth', and this is similar to how we express the phrases in Romanian. Note that *de* functions like a preposition and the following noun will not normally take the definite article. Some further examples of such *de*-phrases:

un debit de ziare	a news-stand
săpun de ras	shaving soap
ochelari de soare	sunglasses

(*b*) *De* may also be used with past participles. Such phrases are frequently used in cases where English has an infinitive:

am mai multe lucruri de cumpărat	I have several things to buy

The verb in the clause may be *a avea*, as in this example, or *a fi*:

aici sînt multe de văzut	there are lots of things to see, there's lots to see here

In this use the past participle remains invariable.

19.3/3 Pronouns: *cel, cea, cei, cele*

We saw in 17.3/3 that *the* in superlative constructions was rendered by *cel, cea, cei, cele*. These forms are also used as pronouns in the sense of 'the one', 'the ones', 'those':

cele pe care le am	the ones I have, those that I've got
cel ce vorbeşte cel care vorbeşte	the one who speaks, whoever speaks, he who speaks
cea ce stă pe scaun cea care stă pe scaun	the one (the woman, the girl) standing on the chair
cei ce vorbesc cei care vorbesc	those (men, boys) speaking

19.3/4 Accented Dative Pronouns

In Lesson 14 we had the phrase *lor le place* 'they like', in which there are two dative pronouns, *lor* and *le*. As we saw in 16.3/1, *le* is an unaccented dative pronoun, and just as there is a set of accented accusative pronouns, so too is there a set of accented dative pronouns; *lor* is the accented counterpart of *le*. The accented dative pronouns are used without a marker and may come before or after the verb; in most cases they are optional additions (see 20.3/6 (*a*)), while the unaccented forms are obligatory. The complete list is as follows (with the third person reflexive added at the end):

Subject	*Indirect Object Unaccented*		*Indirect Object Accented*
eu	îmĭ	mi-, -mĭ	m*i*e /mii̯e/
tu	îţĭ	ţi-, -ţĭ	ţ*i*e /tsii̯e/
d-ta	îţĭ	ţi-, -ţĭ	dumit*a*le (d-tale)
el	îi	i-, -i	lui
ea	îi	i-, -i	ei /i̯ei̯/
noi	ne	ne-, -ne	n*o*uă
voi	vă	v-, -vă	v*o*uă

Subject	Indirect Object Unaccented		Indirect Object Accented
dvs.	vă	v-, -vă	dvs.
ei	le	le-, -le	lor
ele	le	le-, -le	lor
el, ea, ei, ele	îşĭ	şi-, -şĭ	lui, ei, lor, lor

Note that *ne-* and *le-* are pronounced /nȩ/, /lȩ/; *-i* and the *i-* in *mi-*, *ţi-*, *şi-*, *i-* before a vowel are pronounced /i̯/.

Note the homonyms:

mie: (1) accented dat. of *eu*; (2) numeral: 'thousand'
lui: (1) M/N poss. det.: 'his', 'its'; (2) accented dat. of *el*; (3) C-form marker before proper names: 'to', 'for', 'of'
ei: (1) M subject pron.: 'they'; (2) F poss. det.: 'her', 'its'; (3) accented dat. of *ea*
nouă: (1) accented dat. of *noi*; (2) numeral: 'nine'; (3) F sg. of adj. *nou* 'new' (*nou*, *nouă*, *noi*, *noi*)
dvs.: (1) subject pronoun: 'you' (polite); (2) poss. det.: 'your'; (3) accented dat. of *dvs.* (1); (4) *pe* + *dvs.*: accented acc.
lor: (1) M/F/N poss. det. 'their'; (2) accented dat. of *ei, ele*

(For *îi* and *le* see 16.3/1; for *-i* see also 3.4/4.) Remember that *îmi*, *îţi*, *ne* and *vă* may also be reflexive in meaning (see 16.3/1).

The enclitic forms *-ne*, *-vă*, *-le* occur, for example, after imperatives.

The presence of the hyphen indicates that they form a single word with the verb form, so that the final *-i* of imperative forms is pronounced /i/:

daţi-le /d*a*tsile/ cartea   give them the book

See also 15.3/4 (*a*).

19.3/5 Dative Pronouns: Uses

(*a*) The dative pronouns are used with verbs such as *a plăcea* and *a trebui*, which may be used impersonally:

mie îmi place să citesc mult	*I* like to read a lot
mie adesea îmi place să citesc în pat	*I* often like to read in bed
cartea asta îmi place mie	*I* like this book
îmi trebuie un dicţionar	I need a dictionary

Remember to use the C-forms of nouns with such verbs (see 16.3/2 (*e*) 3.), together with the corresponding dative pronoun (inserted especially when the indirect-object noun is a proper name and precedes the verb):

Anei îi plac ţigările englezeşti	Ann likes English cigarettes
lui Patricia îi place să citească	Patricia likes reading

As *replacements*, *lui* replaces M/N-nouns, while *ei* replaces F-nouns:

lui îi place asta	*he* likes this
ei îi place asta	*she* likes this

Thus:

băiatului → îi (+ lui)
lui Sandu → îi (+ lui)
fetei → îi (+ ei)
lui Carmen → îi (+ ei)
Anei → îi (+ ei)

Do not confuse, then, the use of the C-form marker *lui* with the use of the accented dative pronoun *lui.*

(*b*) The dative form of *cine* is *cui* + *îi*:

— Cui îi place asta? — Mie.	'Who likes this?' 'I do.'
— Cui i-aţi dat cartea? — Lui Carmen.	'Who did you give the book to?' '(To) Carmen.'

Note that Eng. *who . . . to*, *to whom* is not always translated by *cui* + *îi*. Certain verbs require a preposition:

la cine te duci?	who are you going to (see, visit)?

Compare:

la cine te uiţi?	who are you looking at?
la c*i*ne te gînd*e*ştĭ?	who are you thinking of?

(*c*) The dative pronouns are used with verbs such as *a cumpăra*, *a lua*, *a spune*, *a da:*

i-am cumpărat o carte	I bought him, her a book
ţigări ţi-am cumpărat eu	*I*'ve bought cigarettes *for* you
ţie ţi-am luat româneşti	I chose *Romanian* ones for *you*

With such verbs the reflexive pronoun may be used. Compare:

(el) mi-a cumpărat o carte	he bought me a book

with:

mi-am cumpărat o carte	I bought myself a book
(ea) şi-a cumpărat o carte	she bought herself a book
şi-au cumpărat nişte cărţi	they bought themselves some books
nu-şi cumpără niciodată romane	they never buy themselves novels

In such constructions either the accented form or a prepositional phrase may be added for emphasis:

mi-am cumpărat mie o carte mi-am cumpărat o carte pentru mine	I bought *myself* a book

(*d*) The following are a few of the many verbs with which may be used the pseudo-reflexive dative pronoun (cf. 16.3/1):

a-şi aduce	to bring (along)	(one's books, homework, etc.)
a-şi arăta	to show	
a-şi citi	to read	
a-şi găsi	to find	
a-şi lăsa	to leave (behind)	
a-şi scrie	to write	
a-şi uita	to forget	

The direct object noun usually has the definite article:

mi-am uitat mănuşile — I forgot my gloves

(Don't confuse this construction with *m-am uitat la mănuşi* 'I looked at the gloves'.)

îşi va aduce prietenii — he will bring along his friends

(*e*) The dative pronouns are also used with constructions such as *a fi greu* 'to be difficult':

mi-e /mie/ greu să învăţ atîta gramatică — it's difficult for me, I find it hard to learn so much grammar

mi-e fo*a*me — I'm hungry (*Lesson 30*)

Note that when a phrase such as *for you* occurs as the complement of a verb such as *to be*, as in 'this is for you', Romanian does not use the dative pronoun but, as in English, a prepositional phrase:

asta e pentru tine — this is for you

Note the difference in pronunciation: *mie* /mi-ie/ but *mi-e* /mie/, *ţie* /tsi-ie/ but *ţi-e* /tsie/, while *i-e* is pronounced in the same way as *e* 'is', viz. /ie/.

19.3/6 Prepositions

Note the differences between *pe*, *la* and *în* used with *dreapta* 'the right' and *stînga* 'the left':

circulaţi pe stînga — keep to the left, walk, drive on the left

cînd ven*i*ţi din c*e*ntru, Universit*a*tea e pe st*î*nga — when you come from the centre, the University is on the left

întoarceţi la stînga — turn to the left

în stînga sălii — on the left-hand side of the hall

în dreapta noastră — on our right

Roughly speaking, *pe* indicates a fixed position in relation to a moving person or thing, *la* movement towards a position, while *în* (indicating a fixed position) is largely grammatically controlled, being used especially when *dreapta* and *stînga* are modified (cf. 32.3/1 (*a*)).

19.3/7 Word-Order

There are some more examples in the Text of the verb coming before the subject:

şi găsesc eu ce să mai cumpăr	and I'll certainly find some other things to buy
şi iar îţi spune Patricia	and again Patricia will tell you

These are examples of 'marked' word-order. When a particular element is selected for emphasis, the word-order may be changed, the elements being transposed, to conform to the regular, relatively more rigid patterns of accentuation. The subject and the object may change places for similar reasons:

ţigări ţi-am cumpărat eu	*I*'ve bought cigarettes *for* you

Note that in English we rely almost exclusively on stress and intonation to 'mark' or 'point' items; in Romanian such marking is achieved less by changes in stress and intonation patterns than by variations in the order of clause elements, which is freer than in English.

In the following clause *astea* is the subject:

astea se găsesc la debitul de ziare	you can get those at the kiosk (*lit.* those are found, got, *etc.*)

In the following, however, it is the object. Note the occurrence of the accusative pronoun:

astea le găseşti la papetărie	these you can get at the stationer's

19.3/8 *nu-i aşa*

The fixed clause *nu-i aşa?* 'is it not so?' is used in similar ways to English question-tags of the kind 'isn't it?', 'did you?', 'were they?'. It is invariable:

ăştia se găsesc la drogherie, nu-i aşa?	you can get these at the chemist's, can't you?
ai fost la Bucureşti, nu-i aşa?	you've been to Bucharest, haven't you?
nu ştiţi nemţeşte, nu-i aşa?	you don't know German, do you?
puteţi citi textul acesta, nu-i aşa?	you can read this text, can't you?

It is generally spoken with a rising intonation.

Instead of *nu-i aşa?*, the form *nu?* may be used:

ăştia se găsesc la drogherie, nu?

19.4 Exercises

*1. Insert the unaccented dative or accusative form of the pronoun given:

(1) Unde —— a dus Sandu? (*el*: acc. reflex.)
(2) Ce —— a adus Sandu? (*dvs.*: dat.)
(3) Ce —— au spus Ana şi Patricia lui Sandu şi William? (*ei*: dat.)
(4) Ce —— a cumpărat William? (*el*: dat. reflex.)
(5) Unde —— am pus caietul? (*eu*: dat. reflex.)
(6) Cine —— a spus asta Anei? (*ea*: dat.)
(7) De ce nu —— aţi aşteptat? (*ei*: acc.)
(8) De ce nu —— aţi spus şi nouă? (*noi*: dat.)
(9) —— aţi găsit acasă? (*ele*: acc.)
(10) —— aţi trimis telegrama? (*ei*: dat.)

2. Compose suitable answers to the questions in Exercise 1.

3. Make sentences with the help of the following tables:

(*a*)

i- ţi- v- le-	am a au	trimis o	scrisoare telegramă carte

(*b*)

i-				oraş
te-	am	văzut	în	centru
v-	a	găsit		
l-	au	trimis	la	aeroport
le-				gară

(*c*)

	mi-am		cărţi
ieri	ţi-ai		lame de ras
	v-aţi	cumpărat nişte	mănuşi
azi	şi-a		săpun
	şi-au		reviste
	ne-am		ziare

(*d*)

îmi	dă		carte
îţi	trebuie	o	revistă
vă	cumpără		
îi	trimite	un	dicţionar
ne	arată		ziar
le	aduce		
		nişte	cărţi
		cîteva	reviste
			ziare
			dicţionare

(*e*)

vorbiţi româneşte,	
locuiţi la Londra,	
nu sînteţi român,	
sînteţi profesor,	nu-i aşa?
v-aţi cumpărat dicţionarul,	
n-ai fost acasă,	

*4. Translate:

I have some friends in Romania. They live in Bucharest. They have invited me (*add* to them) several times (*de mai multe ori*) and I have been very pleased to go (*trans.* I went with much pleasure). From London to Bucharest you can travel (*reflexive*) very well and quickly by plane. It doesn't cost much, either. In a few hours you are (*eşti*) in Bucharest. By train it takes (*trans.* you need) almost three days, and I think it costs you even more than by plane, as you spend (*add* at the same time) a lot of money on the way. I love flying. But then who doesn't? (*trans.* but who (*cui*) doesn't like this?). Today, people do a great deal of travelling by air (*trans.* today one travels (cf. 18.3/2) very much by plane).

Lesson 20

20.1 Vocabulary

ac*e*stor *det. C-form pl.* to these, for these, of these
aprop*o* *adv.* by the way, incidentally, that reminds me, in that connection
ap*u*s — ap*u*surĭ (de so*a*re) *N* sunset
b*a*ie — băi *F* bath
bar — b*a*rurĭ *N* bar, nightclub
c*e*lălalt, c*ea*laltă, c*e*ilalțĭ, c*e*lelalte *det. pron.* the other
cet*a*te — cet*ă*țĭ *F* city, citadel, fortress
al cîtelea *M/N*, a cîta *F det. pron.* which
conc*e*rt — conc*e*rte *N* concert
dor*i*nță — dor*i*nțe *F* wish
d*u*pă ce *conj.* after
et*a*j — et*a*je *N* floor, storey
fiec*a*re *inv. det. pron.* each, every(body)
ghi*o*l — ghi*o*lurĭ *N* lake (by the sea)
hot*e*l — hot*e*lurĭ *N* hotel
a înot*a* *vb.* to swim
lac — l*a*curĭ *N* lake
li *pron. dat.* them
lift — l*i*fturĭ *N* lift
litor*a*l — litor*a*lurĭ *N* seaside, coast
l*u*nă — lunĭ *F* month, moon
m*a*re — mărĭ *F* sea
mi /mi/ *pron. dat.* me
năm*o*l — năm*o*lurĭ *N* mud
nis*i*p — nis*i*purĭ *N* sand
n*e*gru, n*ea*gră, n*e*gri /n*e*grĭ/, n*e*gre *adj.* black
nord *N* north
p*a*rte — părțĭ *F* part, side
pat — p*a*turĭ *N* bed
a se păr*e*a *vb.* to seem
p*e*ste *prep.* across, over, after
pl*a*jă — plăjĭ *F* beach
port — porturĭ *N* port
a priv*i* (la) *vb.* to look (at), to watch, to concern
a răsăr*i* *vb.* to rise

răsăr*i*t — răsăr*i*turĭ (de so*a*re) *N* sunrise
ru*i*nă — ru*i*ne *F* ruin
se*a*ră — serĭ *F* evening
sus *adv.* (high) up, high
a ț*i*ne m*i*nte *vb.* to remember
vechĭ, v*e*che, vechĭ, vechĭ *adj.* old, stale

lunĭ — lunĭ *F* Monday
marțĭ — marțĭ *F* Tuesday
mi*e*rcurĭ — mi*e*rcurĭ *F* Wednesday
joi — joi *F* Thursday
v*i*nerĭ — v*i*nerĭ *F* Friday
s*î*mbătă — s*î*mbete *F* Saturday
dum*i*nică — dum*i*nicĭ *F* Sunday

Const*a*nța	Constanța
Efor*i*e	Eforie
*I*stria	Histria
Mam*a*ia	Mamaia
M*a*rea Ne*a*gră	the Black Sea

Phrases

aș*a* e b*i*ne	that's the best way (to do things)
a av*ea* drept*a*te	to be right
b*ă*ile de năm*o*l	the mud baths
c*e*l puț*i*n	at least
c*î*t mai s*u*s	as high as possible
cu maș*i*na	by car
c*u*m li se sp*u*ne ac*e*stor l*a*curĭ	as these lakes are called
dimine*a*ța	in the morning
d*i*ntr-o săptăm*î*nă	in a week
din to*a*te c*î*te puț*i*n	a little of everything
f*i*e c*u*m vrei t*u*	(be it) as you wish
i*a*tă-i /i̯*a*tăi̯/	here they are
într-*o* p*a*rte	on one side
în ce*a*laltă	on the other
la al c*î*telea (et*a*j)	on which (floor)

la (et*a*jul) al n*o*uălea	on the ninth (floor)
la m*a*re	at, to the seaside, by the sea
la n*o*rd de	to the north of
mi se p*a*re	it seems to me, I think
pe litor*a*l	at the seaside, coast
pe litor*a*lul M*ă*rii /m*ă*ri/ N*e*gre	at the Black Sea coast
a plec*a* pe litor*a*l	to set off for the coast
ru*i*nele v*e*chii /v*e*ki/ cet*ă*ţii	the ruins of the old city
săptăm*î*na *a*sta	this week
se*a*ra	in the evening
să st*ă*m la so*a*re	to lie, sit in the sun
să şt*i*u şi *e*u	so that *I*'ll know *too*
şt*i*u *e*u, dep*i*nde . . .	how do I know? it depends . . .
tot aş*a* de b*i*ne ca (şi)	(just) as well as
uş*o*r de ţin*u*t m*i*nte *u*nde st*ă*m	easy to remember where we are staying

20.2 Pe litoralul Mării Negre

Patricia, Ana, William şi Sandu au plecat cu maşina pe litoralul Mării Negre. Iată-i acum la Mamaia, la nord de portul Constanţa.

P: Ce facem mai întîi, Ana?

A: Mai întîi mergem la un hotel. Vom lua două camere cu două paturi şi baie, fiecare.

W: La al cîtelea etaj vreţi voi?

S: Ştiu eu, depinde de dorinţa doamnelor.

P: Eu vreau cît mai sus. La al nouălea sau al zecelea cel puţin.

A: Şi de ce?

P: De acolo pot privi marea într-o parte şi lacul în cealaltă. Dimineaţa pot privi un răsărit de soare pe mare şi seara un apus de soare peste lac, sau peste ghiol, cum li se spune pe româneşte acestor lacuri de mare. Iar seara, mi se pare că săptămîna asta putem privi luna cum răsare din mare.

A: Fie cum vrei tu. Liftul ne duce tot aşa de bine la etajul al treilea ca şi la al treisprezecelea.

W: Da, dar parcă nici prea sus nu e cel mai bine. Să stăm la etajul al cincilea sau al şaselea.

P: Mai bine e la al şaptelea. Nu e nici prea sus şi e uşor de ţinut minte unde stăm, după numărul zilelor dintr-o săptămînă. Apropo, ce zi e azi?

S: Azi e miercuri. Ai uitat că ieri a fost marţi?

P: Ai dreptate, am uitat. Dar să nu uităm că vineri seara mergem la concert.

A: Iar sîmbătă seara mergem la un bar.

W: Şi luni la Eforie să vedem băile de nămol.

P: După ce mergem duminică la ruinele vechii cetăţi Istria.

S: Bine, bine. Dar cînd mai mergem şi la plajă, să stăm pe nisip la soare şi să înotăm în mare, să ştiu şi eu că am venit la mare?

P: Din toate cîte puţin, Sandule, aşa e bine.

20.3 Grammar

20.3/1 C-forms

(*a*) The C-forms of the non-pronominal determiner *acest*, *această*, *aceştĭ*, *aceste* 'this', 'that', etc., are:

	M	N	F	
sg.	ac*e*stui		ac*e*stei	(to, of) this, that
pl.	ac*e*stor			(to, of) these, those

In our C-form tables, these forms replace *unui, unei, unor:*

soţ*i*a ac*e*stui d*o*mn	this (gentle)man's wife
soţ*i*ile ac*e*stor d*o*mnĭ	these men's wives
s*o*ţul ac*e*stei do*a*mne	this lady's husband
s*o*ţii ac*e*stor do*a*mne	these ladies' husbands

The forms of the corresponding determiner pronoun take an extra *-a*:

d*o*mnului ac*e*stuia, do*a*mnei ac*e*steia, do*a*mnelor ac*e*stora

(*b*) The C-forms of adjectives follow the same pattern as those of nouns. Whichever comes first, the noun or the adjective, takes the appropriate endings. Thus we may say *tînărului om* or *omului tînăr* 'of, to the young man' (contrast this latter form with *omului acestuia*, in which *both* elements take a C-form ending—but cf. the footnote in 16.3/2). It is simplest to place the adjective after the noun, in which case the noun alone takes the article and case endings. In this position the C-forms of adjectives are identical with the B-forms, except in the case of F-forms, in which a single form—a plural form—is used with both singular and plural nouns. Thus the forms of *bun* following a noun are:

	M-noun	*N-noun*	*F-noun*
sg.	bun → bun	bun → bun	bună → bune
pl.	bunĭ → bunĭ	bune → bune	bune → bune

The same distribution of forms applies equally to the possessive determiners, e.g.:

meu → meu	meu → meu	mea → mele
mei → mei	mele → mele	mele → mele

M	*B-forms*		*C-forms*
a good comb	un pieptene bun	→	unui pieptene bun
the good comb	pieptenele bun	→	pieptenelui bun
good combs	pieptenĭ bunĭ	→	unor pieptenĭ bunĭ
the good combs	pieptenii bunĭ	→	pieptenilor bunĭ

N			
a beautiful lake	un lac frumos	→	unui lac frumos
the beautiful lake	lacul frumos	→	lacului frumos
beautiful lakes	lacurĭ frumoase	→	unor lacurĭ frumoase
the beautiful lakes	lacurile frumoase	→	lacurilor frumoase

F

a black sea	o mare neagră	→ unei mărĭ negre
the black sea	marea neagră	→ mării negre
(the Black Sea)	(Marea Neagră)	(Mării Negre)
black seas	mărĭ negre	→ unor mărĭ negre
the black seas	mările negre	→ mărilor negre

(*c*) Note these C-forms in the Text:

litoralul Mării Negre	the Black Sea coast
dorinţa doamnelor	the ladies' wish
numărul zilelor dintr-o săptămînă	the number of days in a week

When the order is adjective plus noun, the adjective patterns like the noun in the above tables and the noun like the adjective:

ruinele vechii cetăţi	the ruins of the old city

Vechii cetăţi, from the B-form pl. *vechi cetăţi* 'old cities', is the C-form (sg.) of *vechea cetate* 'the old city'. In this order, then, the C-form of an F-noun is always that of its B-form pl. (The C-form pl. would be *vechilor cetăţi*.)

(*d*) In the Text we had the phrase:

ruinele vechii cetăţi Istria	the ruins of the old city of Histria

In English, the name of a place is linked to the word *county*, *city*, *town*, *village*, etc., by the marker *of*. In Romanian, the two words stand in simple apposition and only the first takes the suffixes:

portul Constanţa	the port of Constanţa
cetatea Istria	the city of Histria
oraşul Bucureşti	the city of Bucharest

20.3/2 Possessive Marker: *al, a, ai, ale*

In Lesson 9 we saw that to express the notion of 'whose' the particle *al*, *a*, *ai*, *ale* was used, together with *cui*. Which of the four forms is used depends on the gender and number of the person or thing possessed. They are used not only with *cui* but also with the possessive determiners when these are used pronominally (i.e. without a noun):

băiatul e al meu	the boy is mine
băieţii sînt ai mei	the boys are mine
fetiţa e a mea	the girl is mine
fetiţele sînt ale mele	the girls are mine

M/N sg. referent:

acesta e al ei	this is hers

M-pl. referent:

aceştia sînt ai tăi	these are yours

F-sg. referent:

aceasta e a lor	this (thing) is theirs

N/F-pl. referent:

acestea sînt ale lui	these (things) are his

See also 29.3/1. (In subsequent paragraphs (e.g. in 20.3/3, 20.3/4) we shall examine some of the other uses of *al*.)

20.3/3 Ordinal Numbers

The ordinal numbers ('the first', 'the second', etc.) have two forms, an M/N-form and an F-form. The following are the forms to use with singular B-form nouns:

	M/N-form	*F-form*
1st	pr*i*mul (1-ul), înt*î*iul /înt*î*i̯ul/	pr*i*ma (1-a), înt*î*ia /înt*î*i̯a/
2nd	al d*o*ilea (al 2-lea)	a d*o*ua (a 2-a)
3rd	al tr*e*ilea (al 3-lea)	a tr*e*ia (a 3-a)
4th	al p*a*trulea (al 4-lea)	a p*a*tra (a 4-a)
5th	al c*i*ncilea (al 5-lea)	a c*i*ncea (a 5-a)

The usual way of abbreviating the ordinals is given in brackets. *Primul*, *prima* generally precede a noun, while *întîiul*, *întîia* are preferred when no noun is present. All the others may precede or follow a noun, or stand on their own. When the ordinal comes first, the noun takes no article suffix, but when it follows, the article is suffixed to the noun:

e primul student din clasă	he's the first, best student in the class
e prima studentă din clasă	she's the best student in the class
e întîia în clasă	she's top of the class
al doilea student studentul al doilea a doua studentă studenta a doua	the second student

Note that *primul*, *prima* and *întîi*(*ul*), *întîia*[1] are not preceded by the ordinal marker *al*, *a*. The M/N-form of the rest of the ordinals is formed from the cardinals by using the initial marker *al* and by adding the suffix -(*u*)*lea* /(u)le̯a/:

al + d*o*ilea, tr*e*ilea, p*a*trulea, c*i*ncilea /činčile̯a/, ş*a*selea, ş*a*ptelea, *o*ptulea, n*o*uălea, z*e*celea, *u*nsprezecelea (11-lea), douăz*e*cilea /dou̯ăzečile̯a/ (20-lea), douăzecĭ şi *u*nulea (21-lea), etc.

For the F-forms *-a* is added; a resulting *-ea* is pronounced /e̯a/:

a + d*o*ua /dou̯a/, tr*e*ia /tre̯a/, p*a*tra, c*i*ncea /činča/, ş*a*sea, ş*a*ptea, *o*pta, n*o*ua /nou̯a/, z*e*cea /zeča/, *u*nsprezecea (11-a), douăz*e*cea (20-a), douăz*e*cĭ şi *u*na (21-a), etc.

Note that 'twenty-first', 'thirty-first', etc., employ *un-*, not *prim-*, *întîi-*.

Only the last element of a number takes the suffix:

11th: al unsprezecelea, a unsprezecea
111th: al o sută unsprezecelea, a o sută unsprezecea
1,111th: al o mie o sută unsprezecelea, a o mie o sută unsprezecea
100th: al o s*u*tălea, a o s*u*ta

[1] The M/N-form *întîi* is used after a noun: *etajul întîi* 'the first floor'. The F-form is always *întîia* (e.g. *clasa întîia* 'the first form').

101st: al o sută *u*nulea, a o sută *u*na
200th: al două sutelea, a două suta
2,000th: al două m*i*ilea /m*i*-i-le̯a/, a două mia /m*i*-i̯a/
1,000,000th: al mili*o*nulea, a milio*a*na

The ordinals *primul*, *prima*, *întîiul*, *întîia* follow other determiners in having C-forms and plural forms (for a note on the latter see 32.5). The others have no C-forms or plural forms. To translate, say, 'the third five', we have to say, for example, 'the third group of five' (*al treilea lot de cinci*). The phrase *cel de-* + ordinal may be used, with *cel* declined accordingly (see next paragraph):

iată apartamentul celui de-al /de̯al/ treilea băiat	here's the third boy's flat

20.3/4 Adjectives: Superlative Degree

We saw in 17.3/3 that the superlative degree of adjectives was formed by means of *cel*, *cea*, *cei*, *cele* plus *mai*. The C-forms are:

	M	N	F	
sg.	celui		celei	+ mai
pl.	celor			

These forms precede the adjective and noun. The forms of the adjective and noun are identical with those following *unui*, *unei*, *unor*:

scrisoarea celui mai bun student	the letter of the best (male) student, the best (male) student's letter
scrisoarea celei mai bune studente	the best (female) student's letter
scrisorile celor mai buni studenţi scrisorile celor mai bune studente	the best students' letters

Genitive phrases used pronominally as complements are preceded by the possessive marker *al*, *a*, *ai*, *ale*. Note that the marker agrees in gender and number with the subject noun (F *scrisoare*, *scrisori*), while the determiner (*unui*, *unei*, *unor*/*celui*, *celei*, *celor*) agrees with its own noun head. Consider the following:

Am dat unor studenţi să scrie nişte scrisori în limba română. Iată scrisorile lor:

prima e a unei studente	the first is a girl's
a doua scrisoare e a unui student mai bun	the second is a better boy's
a treia e a unei studente mai bune decît prima	the third was written by a girl who is better than the first
a patra e a celui mai bun student din clasa mea	the fourth is that of the best boy in my class
a cincea e a celei mai bune studente din clasa mea	the fifth is the one done by the best girl in my class
scrisorile celor mai bune studente sînt mai bune decît ale celor mai buni studenţi	the letters of the best girls are better than those of the best boys
cei mai buni studenţi nu scriu scrisori aşa frumoase ca cele mai bune studente	the best boys do not write such nice letters as the best girls
scrisorile sînt ale celor mai buni studenţi	the letters are those of the best boys
scrisorile sînt ale celor mai bune studente	the letters are those of the best girls

20.3/5 Adverbs: Superlative Degree

We saw in 7.3/5 that the superlative of adverbs is formed by placing *cel mai* before the adverb. Note that *cel* in this use is invariable:

dl. Smith vorbeşte cel mai bine româneşte	Mr S. speaks Romanian best

d-na Smith vorbeşte cel mai bine româneşte	Mrs S. speaks Romanian best
d-şoara Smith învaţă cel mai greu româneşte	Miss Smith has the greatest difficulty in learning Romanian (*i.e.* finds it more difficult than anyone else)

20.3/6 Dative Pronouns: Unaccented Secondary Forms

(*a*) When we have two unaccented pronouns in a clause, a dative and an accusative (cf. English *I lent him it*, *I lent it* (*to*) *him*), the dative always precedes the accusative in Romanian and requires special forms, which we will call 'secondary'. Some of these forms resemble the reduced primary unaccented forms (which are used when no accusative pronoun follows), but they are not identical.[1]

Subject	*Indirect Object Primary forms (full)*	*Indirect Object Secondary forms*
eu	îmi	mi /mi/
tu, d-ta	îţi	ţi /tsi/
el, ea	îi	i /i/
noi	ne	ni /ni/
voi, dvs.	vă	vi /vi/
ei, ele	le	li /li/
el, ea, ei, ele	îşi	şi /shi/

Note the form *şi*, which is identical with the adv./conj. *şi* 'and', 'also', 'already'.

The *primary* forms are used with acc. *o*:

mi-o /mi̯o/ va da	he'll give it to me
v-o va da	he'll give it to you
le-o /le̯o/ va da	he'll give it to them
mi-ai făcut-o	you did it (to me)
daţi-mi-o /d*a*tsimi̯o/ (mie)	give it to me
daţi-le-o /d*a*tsile̯o/ (lor)	give it to them
daţi-i-o /d*a*tsii̯o/ (lui, ei)	give it to him, her

[1] The forms listed are 'full' forms, all having the vowel /-i/.

Before other accusative pronouns the *secondary* forms are used:

mi-l va da (mie)	he'll give it (*M*/*N*) to me
mi-i /mii̯/ va da	he'll give them (*M*) to me
mi le va da	he'll give them (*N*/*F*) to me
vi-l va da (vouă)	he'll give it to you
vi-i /vii̯/ va da vi le va da	he'll give them to you
daţi-mi-l /d*a*tsimil/	give it to me
daţi-mi-i /d*a*tsimii̯/ daţi-mi-le /d*a*tsimile/	give them to me
daţi-i-l /d*a*-tsi-il/ (lui, ei)	give it to him, her
daţi-i-i /d*a*-tsi-ii̯/ lui daţi-i-le /d*a*-tsi-i-le/ lui	give them to *him*
ţi l-a dat	he gave it to you
ţi le-am dat ţi i-am dat	I gave them to you

The same set of accented dative pronouns (19.3/4) is used with the secondary unaccented as with the primary unaccented.

There are restrictions on some of the possible combinations. For example, there is a strong tendency to avoid using *li* (especially before *le*), except before the reflexive *se*. One either repeats one of the objects in its full noun-form, or omits one of them entirely, or uses an accented dative pronoun alone for the third person. Consider the following:

am dat băieţilor cîinii	I gave the boys the dogs
le-am dat cîinii	I gave them the dogs
i-am dat băieţilor	I gave them to the boys
i-am dat lor (li 'to them' *omitted*)	I gave them to them
am dat băieţilor cărţile	I gave the boys the books
le-am dat cărţile	I gave them the books
le-am dat băieţilor	I gave them to the boys
le-am dat lor (li 'to them' *omitted*)	I gave them to them

Similarly, one frequently hears *daţi-i* /datsii̯/ *lui* in place of *daţi-i-i* /datsiii̯/ (*lui*) and *daţi-i-le* /datsiile/ (*lui*). The restrictions concern combinations of third person pronouns. The most common combinations are: *i* + *l*, *i* + *o*, *i* + *le*, *le* + *o*. The following may also be used: *i* + *i*, *li* + *l*, *li* + *i*; but *li* + *le* is rare.

(*b*) All the secondary unaccented dative pronouns commonly occur before the accusative reflexive *se*:

se pare că putem privi luna	it seems that we can look at the moon
mi se pare că putem privi luna	I think we'll be able to watch the moon
cum li se spune acestor lacuri	as these lakes are called (*lit.* as is said of these lakes)

As this last example shows, the English equivalent is frequently a passive construction. In the following three examples, the noun is the subject of the clause:

i s-a trimis o telegramă	he, she was sent a telegram (*lit.* to him, her was sent a telegram)
vi se vor face nişte fotografii	some photos will be taken of you, they'll take some photos of you
ni s-au adus cărţile	we were brought the books

In *cum li se spune acestor lacuri*, *se spune* is equivalent to 'are called'. But the same construction may mean 'is, are said' or 'is, are told':

se spune că e frumoasă	she is said to be beautiful
li s-a spus lui Ana şi Sandu ce să facă	Ann and Sandu were told what to do

20.3/7 Markers: *al*

The interrogative forms *al cîtelea* (M/N), *a cîta* (F) are used in the sense of 'which (one), in the given series, in the given order', and require a response containing an accented ordinal:

al cîtelea etaj e acesta?	which floor is this?
a cîta zi a săptămînii e vineri?	which day of the week is Friday?

Notice the two occurrences of *a* in the second example: *a* is F, agreeing with the F-noun *zi*. The possessive marker is used in this way, to link a C-form noun to its head (*săptămînii* to *zi*), when the head does not have the definite article suffix or has a modifier as well. Consider the following:

el e un prieten al meu	he's a friend of mine
el e un prieten al surorii mele	he's a friend of my sister's
el e un prieten al surorilor mele	he's a friend of my sisters'
ea e o prietenă a surorilor mele	she's a friend of my sisters'

But:

el e prietenul meu	he's my friend
el e prietenul surorii mele	he's my sister's friend
el e prietenul surorilor mele	he's my sisters' friend
ea e prietena surorilor mele	she's my sisters' friend

See also 24.3/1.

20.3/8 Adverbs: Temporal

When the names of the days of the week are used adverbially, no article accompanies them:

mergem duminică la ruine	we'll go to the ruins on Sunday
şi luni la Eforie	and to Eforie on Monday

On the other hand, *dimineaţă* and *seară* do take the article when used adverbially:

dimineaţa pot privi un răsărit de soare	in the morning I'll be able to watch the sunrise (*lit.* a rise of the sun)

vineri seara mergem la concert — on Friday evening we'll go to the concert

See also 21.3/3.

20.4 Exercises

1. Read the Text out aloud several times.

2. Make sentences with the help of the following tables:

(*a*)

spuneţi, vă rog,	acestui	om băiat student	ce să	citească scrie facă
	acestei	femei fetiţe studente		
	acestor	oameni femei băieţi fetiţe studenţi studente		

(*b*)

locuim în blocul al	doilea patrulea şaptelea zecelea	de aici, la etajul al	treilea cincilea şaselea nouălea

(*c*)

mi ni ţi vi i li	s-a	spus arătat amintit	că	am avem aveţi	dreptate

(*mi s-a amintit* 'I was reminded')

(*d*)

mîine poimîine duminică joi miercuri sîmbătă	plecăm vom pleca ne ducem ne vom duce	la	mare Mamaia Constanţa Bucureşti Eforie Istria

(*e*)

butonul paharul	acesta	e	al	meu tău dvs. lui ei lor
cartea casa	aceasta		a	mea ta dvs. lui ei lor

(*f*)

banii butonii	aceştia	sînt	ai	mei tăi dvs. lui ei lor
cărţile paharele	acestea		ale	mele tale dvs. lui ei lor

3. Collect or compose sentences illustrating uses of all the various pronunciation-forms of the acc. and dat. pronouns. For example, English *me* may be equivalent

to the forms /mă, m/ (+ /pe m*i*ne/) or /îmĭ, mĭ, mį, mi/ (+ /m*i*įe/).

*4. Insert the correct form of the dative pronoun. (You can do the exercise mechanically without understanding the meanings of all the words, but translations are given in brackets as a guide.)

(1) —— s-a spus că aveţi drept*a*te. (*dvs.*)
('You were told that you were right.')
(2) Cred că —— s-a mai spus asta. (*noi*)
('I think we were told that before.')
(3) —— s-a trimis o scrisoare şi lui. (*el*)
('He was sent a letter too.')
(4) —— s-a părut că sînteţi aici. (*ele*)
('They thought you were here.')
(5) —— se pare grea lecţia? (*tu*)
('Do you find the lesson difficult?')
(6) Cum —— se spune acestui lucru pe româneşte? (*el*)
('What's this thing called in Romanian?')
(7) Ce —— s-a dat? (*ea*)
('What was she given?')
(8) —— s-a atr*a*s adesea at*e*nţia. (*ei*)
('Their attention has often been drawn to it.')
(9) Nu —— s-a amintit că e tîrziu. (*noi*)
('We weren't reminded it was late.')
(10) Cînd —— s-au adus bagajele? (*voi*)
('When did you get the luggage?')

*5. Insert the correct form of the verb.

(1) —— să-mi aduc dicţionarul. (*a uita*: perfect)
(2) —— acasă vineri. (*noi, a se întoarce*: 3 tenses)
(3) Unde —— pe sora mea ieri? (*dvs., a vedea*)
(4) Unde —— poimîine? (*ele, a se duce*: 2 tenses)
(5) Cine —— ce e şi unde e Constanţa? (*a şti*)

6. Read in Romanian the following numerals:

(*a*) 13; 33; 118; 3,854; 11,452; 23,796.
*(*b*) al 18-lea; a 15-a; al 31-lea; a 54-a; a 111-a; al 1.504-lea; al 71-lea.

*7. Translate:

Yesterday morning we drove (*trans.* went by car) to the sea(side). Ann wanted to go by train because by train it is (*trans.* goes) quicker, but Patricia doesn't like trains (*trans.* the train), so that the (*cei*) four friends left by car for Mamaia. Mamaia is near Constanța. Not far from Constanța are Eforie and Histria. At Eforie there are a lot of new hotels and blocks of flats, but at Histria there are only ruins.

Lesson 21

21.1 Vocabulary

a-şĭ ad*u*ce am*i*nte (de) *vb.* to remember
alt, *a*ltă, alţĭ, *a*lte *det.* another, (a) different, other
altăd*a*tă *adv.* another time
ami*a*ză — ami*e*zĭ *F* noon
a aminti (+ *dat.*) *vb.* to remind, to recall
a-şĭ amint*i* (de) *vb.* to remember
at*e*nţie — at*e*nţii *F* attention
a atr*a*ge *vb.* to attract, to draw
ba *int.* oh, no
cald, c*a*ldă, calzĭ, c*a*lde *adj.* warm
ce *adv.* how
ce*a*s — ce*a*surĭ *N* watch, clock
a cere *vb.* to ask (for), to request
d*a*tă — d*a*te *F* date
d*u*pă-ami*a*ză *adv.* (in the) afternoon
fierb*i*nte, fierb*i*nte, fierb*i*nţĭ, fierb*i*nţĭ *adj.* hot
frig *N* cold
a se gînd*i* (la) *vb.* to think (of), to consider
id*e*e /i-d*e*-e/ — id*e*i *F* idea
(în) cur*î*nd *adv.* soon, presently
jumăt*a*te — jumăt*ă*ţĭ *F* half
no*a*pte — nopţĭ *F* night
*o*ră — *o*re *F* hour
optim*i*st, optim*i*stă, optim*i*ştĭ, optim*i*ste *adj.* optimistic
*o*rdine — *o*rdinĭ *F* order
pesim*i*st, pesim*i*stă, pesim*i*ştĭ, pesim*i*ste *adj.* pessimistic
p*î*nă c*î*nd (să) *conj.* until, before
a răm*î*ne *vb.* to remain
sc*u*ză — sc*u*ze *F* excuse, apology, pardon
sfert — sf*e*rturĭ *N* quarter
sfîrş*i*t — sfîrş*i*turĭ *N* end
a şt*i* de *vb.* to know of, about
televiz*iu*ne — televiz*iu*nĭ *F* television
timp — t*i*mpurĭ *N* time
to*a*mnă — to*a*mne *F* autumn
a tr*e*ce *vb.* to pass (by), to go by

trec*u*t, trec*u*tă, trec*u*ţĭ, trec*u*te *adj.* past, last
viit*o*r /vi-i-t*o*r/ *N* future
viit*o*r, viito*a*re, viit*o*rĭ, viito*a*re *adj.* future, next

lunile anului the months of the year
ianu*a*rie /i̯a-nu-*a*-ri-i̯e/ *M*
febru*a*rie *M*
m*a*rtie *M*
apr*i*lie *M*
m*a*i *M*
i*u*nie *M*
i*u*lie *M*
*a*ugust /*a*u̯gust/ *M*
sept*e*mbrie *M*
oct*o*mbrie *M*
noi*e*mbrie *M*
dec*e*mbrie /deč*e*mbrii̯e/ *M*

Phrases

*a*zi d*u*pă-ami*a*ză	this afternoon
ca să f*i*u	to be, so that I may be
ca să-ţĭ amint*e*sc	so that I may remind you
ce c*a*ld!	how warm, how hot
c*î*t e *o*ra, vă r*o*g? / c*î*t e ce*a*sul, vă r*o*g?	what is the time, please?
îmĭ p*a*re b*i*ne	I'm glad; (I'm) delighted to meet you
îmĭ p*a*re r*ă*u	I'm sorry, I feel sorry
la (*o*ra) *o*pt f*ă*ră un sf*e*rt	at a quarter to eight (*lit.* at eight less a quarter)
m*a*i e m*u*lt	it's still a long time, there's still a lot (of time, distance, etc.)
no*a*ptea	at night, during the night
n*u* . . . dec*î*t	only
n*u*-mĭ răm*î*ne ac*u*m dec*î*t să . . .	all I can do now is (*lit.* it only remains to me now to) . . .

n*u* fi . . .	don't be . . .
*o*mule!	man!
plec*ă*m înap*o*i la L*o*ndra	we're returning to London
poft*i*m	right, here we go, here we are, here you are
p*o*t să te înv*ă*ţ	I can teach you
săptăm*î*na viito*a*re	next week
ş*a*se (şi) jumăt*a*te	half past six (*lit.* six (and) half)
şi să-mĭ c*e*r sc*u*ze	and apologise, and ask him to excuse me (*lit.* and ask excuses for myself)
v*o*i engl*e*zii /-zi/	you English (*lit.* you the English(men))
vr*e*i să-mĭ sp*u*i?	will you tell me?
să-ţĭ amint*e*ştĭ c*e* ai de făc*u*t	to remember what you have to do

21.2 Timpul

W: Ce dată avem azi, Sandule, te rog?

S: Azi e joi douăzeci şi trei august (23 August) o mie nouă sute şaizeci şi opt (1968). Ieri parcă a fost douăzeci şi două august? Sau azi e vineri?

W: Nu ştiu. Tu ştii mai bine. De aceea te-am întrebat. Ştii, la treizeci şi unu august plecăm înapoi la Londra, cu avionul. Lui Patricia nu-i place să călătorească cu trenul noaptea. . . . Am avut o vară frumoasă aici. Putem însă spune că a trecut vara, nu-i aşa?

S: Da, da, vara a trecut. Cum trece timpul! Şi timpul e bani, cum spuneţi voi englezii. Săptămîna viitoare începe toamna. E întîi septembrie. Ce cald, ba chiar ce fierbinte a fost luna trecută şi cînd te gîndeşti că în curînd începe frigul.

W: Nu fi aşa pesimist, omule. Fii mai optimist. Pînă cînd să înceapă frigul mai e mult. Mai bine spune-mi lunile anului pe româneşte.

S: Cu plăcere. Îmi pare bine că pot să te învăţ ceva. Poftim: ianuarie, februarie, martie, aprilie, mai, iunie, iulie, august, septembrie, octombrie, noiembrie, decembrie.

W: Mulţumesc. Dar acum, în altă ordine de idei, vrei să-mi spui, te rog, cît e ceasul?

S: Cu plăcere. E şase şi jumătate. Ba, ca să fiu mai exact, e şase şi douăzeci şi cinci de minute. Peste o oră şi ceva, la opt fără un sfert sau fără zece, avem un concert foarte frumos la televiziune.

W: Vai, mi-am adus acum aminte că am uitat să mă duc la gară azi după-amiază la ora două şi un sfert să văd un prieten. Nu-mi rămîne acum decît să-i scriu o scrisoare şi să-mi cer scuze.

S: Îmi pare rău că n-am ştiut de asta. De ce nu mi-ai spus? Altădată să-mi atragi atenţia cînd trebuie să faci ceva ca să-ţi amintesc eu, să te ajut să-ţi aminteşti ce ai de făcut.

W: Mulţumesc. Voi face aşa în viitor.

21.3 Grammar

21.3/1 The Date

Cardinal numbers are used in dates:

26 martie (douăzeci şi şase martie)	the 26th of March, March 26th
5 mai (cinci mai)	the 5th of May

For 'the second', the F-form *două* is used:

2 ianuarie (două ianuarie)	2nd January

For 'the first', the ordinal *întîi* is used:

1 ianuarie (întîi ianuarie)	1st January

We thus have:

întîi iulie, două iulie, trei iulie, patru iulie, etc.

Note:

azi sîntem în 2 ianuarie azi e 2 ianuarie	it is 2nd January

Note that the names of the months, like the names of the days of the week, are spelt with an initial small letter.

Further examples:

sîntem în 1969 (o mie nouă sute şaizeci şi nouă)	it is 1969
azi e 24 ianuarie 1970 (douăzeci şi patru ianuarie o mie nouă sute şaptezeci)	today is 24th January, 1970
la 24 ianuarie	on 24th January

21.3/2 The Time

e (ora) şapte	it's seven (o'clock)
e şapte şi cinci (minute)	it's five (minutes) past seven (*lit.* it's seven and five)
e şapte fără cinci (minute)	it's five (minutes) to seven (*lit.* it's seven less five)
e şase şi douăzeci şi cinci (de minute)	it's twenty-five past six
e şase fără douăzeci	it's twenty to six
e unu şi cinci	it's five past one
e două şi jumătate	it's half past two

Note that *unu* is used for 'one' and *două* for 'two'.

e douăsprezece fără zece	it's ten to twelve
e unsprezece fără douăzeci	it's twenty to eleven
e cinci şi un sfert	it's a quarter past five
e cinci fără un sfert	it's a quarter to five

We may also say:

e nouă cincizeci	it's nine fifty
e nouă douăzeci şi şapte	it's nine twenty-seven
e trei şi douăsprezece	it's three twelve
la trei şi douăzeci după-amiază	at 3.20 in the afternoon

la nouă şi zece seara	at ten past nine in the evening, at 9.10 p.m.
la ora două noaptea	at two o'clock at night, at 2 a.m.

21.3/3 The Days of the Week

joi	(on) Thursday
joia	on (most) Thursdays (*lit.* the Thursday)
joia viitoare	next Thursday
joia trecută	last Thursday
mă duc la concerte vinerea	I go to concerts on Fridays (*when* I go)

The definite-article suffix *-a* is added when the noun is modified or indicates a more or less regular series of occasions. The resulting forms are:

lunea /l*u*nẹa/, marţea, miercurea, joia /zh*o*ịa/, vinerea, sîmbăta, duminica

We thus have:

Singular	*Plural*
vineri 'Friday', 'on Friday'	vineri 'Fridays'
sîmbătă	sîmbete

With the article:

Singular
vinerea 'on Fridays' (i.e. 'not necessarily every Friday, but if I go then it's on a Friday')
sîmbăta

Plural
vinerile '(always, regularly) on Fridays'
sîmbetele

While the names of the days are F-forms, the months are M-nouns:

într-o altă duminică	on another Sunday
un mai cald şi frumos	a fine warm May

The following phrases are worth noting:

dimineaţa	in the morning
într-o dimineaţă	one morning
bună dimineaţa!	good morning
ieri dimineaţă	yesterday morning
seara	in the evenings (not necessarily every evening)
vineri seara	on Friday evening (*lit.* Friday in the evening)
mîine seară	tomorrow evening
în fiecare seară (*somewhat formal*)	every evening
serile	in the evenings, every evening
mă duc acolo vineri	I'm going there on Friday, next Friday
vinerea	on Fridays (if I go)
vinerile	(regularly) on Fridays, every Friday
în fiecare vineri	every Friday
vinerea seara	on Friday evenings (generally)
în toate serile de vineri	every Friday evening
astă-seară deseară în seara asta	this evening, tonight
aseară	yesterday evening, last night
ziua	in the day(time), during the day (*lit.* the day)
în fiecare zi	every day
noaptea	in the night, at night
la noapte	tonight
noaptea trecută	last night
după-amiază după-masă	in the afternoon
*a*stăzĭ azĭ	today

azi după-amiază	this afternoon
vineri după-amiază vineri după-masă }	on Friday afternoon
după-amiezile	in the afternoons
vinerea după-amiază	on Friday afternoons

21.3/4 *a fi*: Subjunctive

The subjunctive of *a fi* 'to be' involves a different form for each person:

Indicative	*să-form*
(eu) sînt	să fiu /fiu̯/
(tu) eşti	să fii /fii̯/
(el, ea) e(ste)	să fie /fii̯e/
(noi) sîntem	să fim
(voi) sînteţi	să fiţi
(ei, ele) sînt	să fie /fii̯e/

The forms *fii* /fii̯/ and *fiţĭ* are used for the imperative positive, *nu fi* and *nu fiţĭ* for the imperative negative:

nu fi aşa pesimist!	don't be so pessimistic
fii mai optimist	be more optimistic

21.4 Exercises

1. Read aloud the following numbers:
3; 8; 12; 19; 21; 117; 198; 536; 1.435.

2. Read aloud the following ordinals:

al 2-lea; al 6-lea; a 9-a; a 51-a; al 99-lea; al 234-lea; al 2.100-lea; a 4.513-a.

3. Read aloud the following dates:

3 aprilie; 17 februarie; 1 mai; 25 decembrie 1969; 19 octombrie 1943; 2 iulie 1504; 31 martie 1971.

*4. Read aloud the following times:

8.30; 10.45; 2.20; 9.5; 7.28; 4.55; 3.30 a.m.; 4.15 p.m.; 11.50 a.m.

5. Make sentences with the help of the following tables:

(*a*)

nu-mi aduc aminte aminteşte-mi, te rog, adu-mi aminte, te rog,	ce trebuie să fac unde trebuie să mă duc ce trebuie să cumpăr	azi după-amiază mîine dimineaţă săptămîna viitoare

(*b*)

cît e	ceasul, ora,	vă rog?	e	unu două şase zece douăsprezece	şi fără	un sfert zece douăzeci şi două trei

(*c*)

îmi ne îi le vă	pare foarte	rău bine	pentru	Toma el George şi Maria

*6. Translate:

Mr and Mrs Smith left London by train (*trans.* left by train from (*din*) London) for Bucharest. They left on a Tuesday morning at half past ten from (*de la*) Victoria Station and arrived in Paris at seven in the evening. They left Paris (*trans.* from Paris they left) at twenty to twelve on Tuesday night, and after travelling (*trans.* after (*după ce*) they travelled) all day Wednesday and Thursday (*trans.* all the day of (*de*) Wednesday and of Thursday) they arrived on Thursday evening at 9.25 at the North Station in Bucharest (*trans.* at B. in the Station of (*de*) the North). Thus (*trans.* in this way) they were on the train (*trans.* travelled by train) $54\frac{1}{2}$ hours (*trans.* fifty-four hours and half) or a little more than (*de*) two days and a quarter.

Lesson 22

22.1 Vocabulary

apro*a*pe de *prep.* near
aprop*o* de *prep.* concerning, with regard to, talking about
băut*u*ră /bă-u-t*u*-ră/ — băut*u*rĭ /bă-u-t*u*rĭ/ *F* drink
b*i*ftec — b*i*ftecurĭ *N* (beef) steak
cart*o*f — cart*o*fĭ *M* potato
ch*e*lner — ch*e*lnerĭ *M* waiter
comp*o*t — comp*o*turĭ *N* stewed fruit
crap — crapĭ *M* carp
des*e*rt — des*e*rturĭ *N* dessert
excel*e*nt /eks-če-l*e*nt/, excel*e*ntă, excel*e*nţĭ, excel*e*nte *adj.* excellent
fript*u*ră — fript*u*rĭ *F* (piece of) roast meat, fried meat
grăt*a*r — grăt*a*re *N* grill
*i*cre *F pl.* roe
*i*cre n*e*gre *F pl.* caviar
a intr*a* (în) *vb.* to enter
înă*u*ntru /î-nă-*u*n-tru/ *adv.* inside
l*i*stă — l*i*ste *F* list, menu
mic /mik/ — micĭ /mičĭ/ *M*, mitit*e*l — mitit*e*i *M* 'mititei' (highly spiced rolled mince-meat)
a mînc*a* *vb.* to eat
mor*u*n — mor*u*nĭ *M* sturgeon
muşchĭ — muşchĭ /mushkĭ/ *M* fillet steak, muscle
orch*e*stră — orch*e*stre *F* orchestra
ou /oṷ/ — *o*uă *N* egg
a parc*a* *vb.* to park
perso*a*nă — perso*a*ne *F* person
p*e*şte — peştĭ *M* fish
pl*a*tă — plăţĭ *F* payment, bill
porc — porcĭ *M* pig, pork
a prăj*i* *vb.* to fry
a prefer*a* *vb.* to prefer
pro*a*spăt, pro*a*spătă, pro*a*speţĭ, pro*a*spete *adj.* fresh
restaur*a*nt /res-ta-u-r*a*nt/ — restaur*a*nte *N* restaurant
r*o*şie — r*o*şii *F* tomato

sal*a*m *N* salami
sal*a*tă — sal*a*te *F* salad
a serv*i* *vb.* to serve
s*u*pă — s*u*pe *F* soup
tort — t*o*rturĭ *N* (slice of) cake
ţ*u*ică — ţuicĭ /tsui̯či/ *F* plum-brandy
v*a*că — vacĭ *F* cow, beef
v*e*rde, v*e*rde, verzĭ, verzĭ *adj.* green
v*e*rmut — v*e*rmuturĭ *N* vermouth
a vot*a* *vb.* to vote

Phrases

*a*m să i*a*u	I'll have, I'm going to have
se apr*o*pie de *e*i	(he) comes up to them
aş z*i*ce	I'd say, I should say, I suggest
cart*o*fĭ prăj*i*ţĭ	chips
c*e* sp*u*i, Patr*i*cia?	what do you say, Patricia?
ce-*a*i vre*a* t*u*?	what would you like?
un comp*o*t de m*e*re	(a dish of) stewed apples
a f*a*ce pl*a*ta	to pay the bill
iar ca băut*u*ră?	and to drink (*lit.* and as drink)?
a intr*a* înă*u*ntru	to go inside
la grăt*a*r	grilled
un l*o*c de parc*a*re	a parking place
mi-e /mi̯e/ dest*u*l	it's, it will be enough for me
m*i*e *a*du-mĭ un m*u*şchĭ	*I*'ll have a *steak* (*lit.* bring *me* a *steak*)
poft*i*ţĭ pe *a*icĭ	this way, please
şi la d*vs.* aştept*ă*m m*u*lt	we have to wait a long time at your restaurant too
veţĭ fi serv*i*ţĭ înd*a*tă	you'll be served right away
v*i*n de des*e*rt	dessert wine
v*i*n de m*a*să	table wine
voi ce-*a*ţĭ vrea?	what would you like?

22.2 La restaurant

Soţii Roberts şi prietenii lor merg la restaurant. Ei parchează maşina într-un loc de parcare, în fàţa restaurantului, şi intră înăuntru. Un chelner se apropie de ei.

Sandu: Vrem o masă pentru patru persoane dar nu prea aproape de orchestră.
Chelnerul: Poftiţi pe aici. Vă place masa aceasta?
S: Da, e bună. Ce aveţi pe listă?
C: Tot ce doriţi. Peşte, fripturi, băuturi. Doriţi să începeţi cu o supă?
S: Ce mîncăm? Voi ce-aţi vrea? Eu aş zice mai întîi nişte icre de crap sau chiar icre negre şi puţin salam. Ce zic doamnele?
P: Eu votez pentru icre negre şi salam. Vreau însă şi nişte ţuică tare.
A: Şi eu vreau ţuică.
S: Noi ce luăm, William?
W: Eu iau un vermut.
S: Eu am să iau o ţuică. Şi ce luăm după asta?
C: Nu doriţi un peşte? Avem un morun foarte bun şi proaspăt, sau crap dacă preferaţi.
A: Ce spui, Patricia? Ce-ai vrea tu?
P: Eu vreau morun la grătar, cu cartofi şi o salată de roşii. După salam şi icre mi-e destul.
A: Eu am să iau un muşchi de porc la grătar.
W: Eu iau biftec cu ou şi o salată verde.
S: Mie adu-mi, te rog, un muşchi de vacă cu cartofi prăjiţi şi o salată de roşii. A, da — şi nişte mici pentru toată lumea.
Toti: Da, da, bună idee!
C: Foarte bine. Iar ca băutură?
S: Ce doresc doamnele?
P: Un vin românesc de masă.
W: Eu vreau şi un vin de desert.
A: Apropo de desert. Luăm tort şi îngheţată, nu?
P: Eu iau un compot de mere.

W: Eu prefer îngheţată şi cafea.
S: Eu am să iau tort şi cafea.
C: Mulţumesc. Veţi fi serviţi îndată.
S: Ştim că aici serviţi bine. Numai cînd vrem să facem plata şi la dvs. aşteptăm mult.

Note: a list of the names of common food follows the English–Romanian Vocabulary.

22.3 Grammar

22.3/1 *dumneata, dumneavoastră*

Note that you may use *d-ta* when addressing a single waiter:

mie adu-mi, te rog, un muşchi de vacă	bring me a fillet steak, please

The plural of *d-ta* is *dvs.*:

ce aveţi pe listă?	what do you have on the menu?

A waiter addresses one or more guests as *dvs.*:

nu doriţi un peşte?	would(n't) you like (some) fish?

Note the last example. Negative interrogative clauses are more common in Romanian than in English and more frequently convey a 'neutral' attitude (in English they may have a plaintive or patronising note, or convey surprise, impatience, annoyance, etc.).

22.3/2 The Future Tense

We saw in 4.4/4 that the present tense may be used to indicate future time as well as present time. In 13.3/3 we noted that there was a special auxiliary verb which may be used for the same purpose: *voi*, *vei*, *va*, *vom*, *veţi*, *vor*. There is yet a third way of indicating future time, and that is to use the verb *a avea* plus a *să*-clause. Stylistically, this is a colloquial construction, and in a very casual style the form *o* may replace all the forms of *a avea*. Thus we may say:

I'll take	*you'll take*	*he'll take*	*they'll take*
iau	luaţi	ia	iau
voi lua	veţi lua	va lua	vor lua
am să iau	aveţi să luaţi	are să ia	au să ia
o să iau	o să luaţi	o să ia	o să ia

In the Text we had:

eu am să iau o ţuică	I'm going to have (a glass of) *ţuică*
eu am să iau tort	I'm going to have (a slice of) cake

Note that, while the *voi*-forms are followed by the plain infinitive, the *a avea*-forms are followed by a *să*-clause. Note also that *iau* may be either 'I'll take' or 'they'll take'. Be careful not to confuse (*dvs.*) *veţi* (future auxiliary, 'you'll', 'you're going to') with (*dvs.*) *vreţi* (full verb, 'you want', 'you like'); or *voi* 'you' (as in *voi ce-aţi vrea?* 'what would you like?') with *voi* 'I'll' (as in *voi lua* 'I'll take'). Note also (*ei*) *vor lua* 'they'll take' and (*ei*) *vor să ia* 'they want to take'.

Read off sentences from the following table:

am		iau	
ai		iei	
are	să	ia	o friptură
avem		luăm	
aveţi		luaţi	
au		ia	

Read off a few more, substituting *o* for any of the forms in the first column.

22.3/3 The Conditional Mood

A special auxiliary is used to form the present conditional: *aş*, *ai*, *ar*, *am*, *aţi*, *ar*. (Do not confuse this with the perfect auxiliary: *am*, *ai*, *a*, *am aţi*, *au*.) The auxiliary is followed by the plain infinitive, as in English:

voi ce-aţi vrea?	what would you like?
ce-ai vrea tu?	what would you like?
eu aş zice	I should say

The English translation of the conditional auxiliary is generally 'should', 'would' or ''d' (sometimes 'should like', 'would like').

Read off some clauses from the following table:

(eu)	aş	zice
(noi)	am	vrea
(tu, d-ta)	ai	lua
(voi, dvs.)	aţi	dori
(el, ea, ei, ele)	ar	

The forms of the accusative and dative pronouns used with verbs in the conditional are the same as those used with verbs in the perfect:

le-aş spune	I should tell them
v-ar da-o	he'd give it to you

22.3/4 *te rog, vă rog, poftim, poftiţi*

If initial in a clause, *te rog* and *vă rog* are often followed by a *să*-clause. Compare:

te rog, pe aici	this way, please
vă rog să-mi daţi cartea	please give me the book
daţi-mi cartea, vă rog	give me the book, please

If the request comes from more than one person, *rugăm* is used in place of *rog*:

te rugăm să ne întrebi	please ask us

Poftim, *poftiţi* (related to the verb *a pofti* 'to want', 'to invite') are generally used on their own, rather like interjections. They accompany the action of handing or offering something to someone. In the preceding Lesson, Sandu said *poftim* before reciting, on request, the names of the months. *Poftim*, the more common of the two, corresponds to *tu*, *d-ta*, and *poftiţi* to *voi*, *dvs*. (The nearest English equivalent is perhaps a smile, sometimes 'please (do)', 'go ahead', 'there you are', etc.) In this Lesson the waiter says *poftiţi*, *pe aici*, which is the same as *vă rog*, *pe aici*. If an offer involves an order, *poftim/poftiţi* may precede an imperative:

poftim, întreabă-mă	please ask me, go ahead and ask me

Cf. te rog să mă întrebi.

Poftim/poftiţi are also used for 'what did you say?' to a person known or unknown. At a more familiar level, you may also use *cum* in this sense; at a less familiar level the verb *a scuza* or *a ierta* may be used:

sc*u*ză-mă, i*a*rtă-mă, scuz*a*ţi-mă, iert*a*ţi-mă	excuse me

You may also call out *poftim/poftiţi* when you hear a knock on your door, meaning 'yes?' or 'come in, please' (= *te rog să intri*, *vă rog să intraţi*).

22.4 Exercises

1. Make sentences with the help of the following tables:

(*a*)

<table>
<tr><td rowspan="2">are

au</td><td rowspan="2">să</td><td rowspan="2">vină
sosească
plece
plătească
răspundă</td><td colspan="2">îndată
azi
mîine</td></tr>
<tr><td>săptămîna
luna
lunea
marţea</td><td>viitoare</td></tr>
</table>

('she'll come at once', etc.)

(*b*)

aş am ar	aştepta merge veni	la	gară aeroport restaurant hotel Mamaia

('I'd wait at the station', etc.)

(*c*)

<table>
<tr><td rowspan="2">cred
credem
sînt sigur
sîntem siguri</td><td rowspan="2">că</td><td rowspan="2">vă place
v-ar plăcea
v-a plăcut</td><td colspan="2">acolo
aici</td></tr>
<tr><td>la</td><td>noi
mare
munte
Eforie</td></tr>
</table>

('I think you'll like it there', etc.)

*2. Rewrite the following sentences, converting the verb underlined from the present tense into:

(*a*) the perfect tense,
(*b*) the future with *voi*,
(*c*) the future with *a avea*,
and (*d*) the conditional mood.

Use the reduced forms of *îmi*, *îi* and *ce* where appropriate.

(1) (Eu) *citesc* un roman românesc.
(2) Cred că *locuiţi* într-o hotel mare.
(3) Soţii Roberts *pleacă* cu maşina la mare.
(4) *Mergem* cu ei la munte.
(5) Patricia *vrea* să mai stea în România.
(6) Ce *luaţi* dvs.?
(7) Îmi *cumpăr* un dicţionar.
(8) Cred că îi *place* aici.

*3. Translate:

— What would you (*tu*-form) like to do tomorrow evening?

— I'd like to go to a restaurant. We haven't been to a restaurant now (*mai*) for a long time (*de mult*), and I'd like something grilled.

— Right you are (*foarte bine*). We'll go (*mergem*) to a restaurant down town (*trans.* in the centre) to be (*ca să fim*) nearer the hotel. I know (*ştiu eu*) a restaurant where they do some very good *mititei* and roasts, and where they have some excellent Romanian wines.

— What time (*trans.* when) do you want to go? Fairly early (*trans.* earlier) or later?

— I think it's better (to go) early-ish (*trans.* earlier), so we can get back (*trans.* return home) quicker. I know you don't like going about (*prin*) town at night (*trans.* at night about town).

Lesson 23

23.1 Vocabulary

ac*e*laşĭ, ac*e*eaşĭ /ač*e̜*ashĭ/, ac*e*iaşĭ, ac*e*leaşĭ (ca) *det. pron.* the same (as)
*a*er /*a*-er/ — *a*ere *N* air
balc*o*n — balco*a*ne *N* balcony, dress- or upper-circle
bărb*a*t — bărb*a*ţĭ *M* man
categor*i*e — categor*i*i *F* category
cinem*a* /či-ne-m*a*/ (*no pl.*) *N* cinema
cinematogr*a*f — cinematogr*a*fe *N* cinema
comed*i*e — comed*i*i *F* comedy
de la *prep.* at, by, from, since
dese*a*ră *adv.* this evening, tonight
d*u*pă ce *conj.* after
film — f*i*lme *N* film, (motion) picture
fot*o*liu — fot*o*lii *N* armchair, orchestra stall, seat in the orchestra stalls
grăd*i*nă — grăd*i*nĭ *F* garden, open-air theatre, open-air cinema
în loc de *prep.* instead of
l*i*ber, l*i*beră, l*i*berĭ, l*i*bere *adj.* free, open
loc — l*o*curĭ *N* place, seat
l*o*jă — l*o*jĭ *F* box (in the theatre)
minun*a*t, minun*a*tă, minun*a*ţĭ, minun*a*te *adj.* wonderful
mod — m*o*durĭ *N* way, manner
muzic*a*l, muzic*a*lă, muzic*a*lĭ, muzic*a*le *adj.* musical
m*u*zică — m*u*zicĭ *F* music
obic*e*i — obic*e*iurĭ *N* habit, custom
obişnu*i*t, obişnu*i*tă, obişnu*i*ţĭ, obişnu*i*te *adj.* usual, ordinary
pi*e*să — pi*e*se *F* play
plăc*u*t, plăc*u*tă, plăc*u*ţĭ, plăc*u*te *adj.* pleasant, nice
preţ — pr*e*ţurĭ *N* price
a prop*u*ne *vb.* to propose, to suggest
răco*a*re — răc*o*rĭ *F* coolness, cool (air)
re*ç*e, rece, recĭ, recĭ *adj.* cold
a reţ*i*ne *vb.* to book, to reserve, to retain
rev*i*stă — rev*i*ste *F* review, show

a rezerv*a* *vb.* to book, to reserve
scump, sc*u*mpă, scumpĭ, sc*u*mpe *adj.* expensive
spect*a*col — spect*a*cole *N* show, entertainment
stal — st*a*lurĭ *N* stall
te*a*tru — te*a*tre *N* theatre
a telefon*a* *vb.* to telephone, to ring up
telef*o*n — telefo*a*ne *N* telephone, (telephone) call
t*o*t aş*a* cum *conj.* just as
traged*i*e — traged*i*i *F* tragedy
z*i*ua *adv.* in the daytime, during the day

Phrases

am pute*a*	we'd be able, we could
ar prefer*a*	(they) would prefer
aş prefer*a* la o rev*i*stă	I'd rather, I'd prefer to go to a show
ca să n*u* sp*u*n	not to say
categor*i*ile rezerv*a*t şi st*a*luri	the categories 'reserved' (= front stalls) and 'stalls' (= back stalls)
ce-*a*ţi z*i*ce v*o*i, bărb*a*ţii?	what would *you* say, men? what would you men say? (*lit.* the men)
cr*e*d că d*a*	I think so
d*a*că am m*e*rge	if we went (*lit.* if we should go)
de obic*e*i	usually, generally
e răco*a*re	it's cool
în ac*e*laşi t*i*mp	at the same time
în *a*er l*i*ber	in the open air
a m*e*rge la cinem*a*	to go to the pictures
a m*e*rge la un f*i*lm	to go and see a film
m*e*rgem m*a*i b*i*ne la te*a*tru	it would be better to go to the theatre
prin telef*o*n	by 'phone
un te*a*tru de v*a*ră	a summer theatre, an open-air theatre

*u*nul din restaur*a*ntele de la l*a*curi	one of the restaurants by the lakes, one of the lakeside restaurants
se p*o*t reţ*i*ne l*o*curile	(the) seats can be reserved, you can reserve (the) seats
să ni se rez*e*rve o m*a*să	and (have them) reserve us a table
se vorb*e*şte de	you speak about, one talks of

23.2 La spectacole

P: Ce facem deseară, Ana?

A: Mergem la cinema. Mergem la un film, dacă vreţi.

P: Ce fel de filme am putea vedea?

A: Depinde. Putem vedea un film românesc sau un film străin. Putem merge la un cinema sau o grădină, dacă e cald şi frumos.

P: Aş vrea mult să mergem la un spectacol în aer liber. Vara e cald ziua la Bucureşti, dar seara e răcoare şi plăcut, nu putem spune rece, aşa că aş prefera să mergem la o grădină.

A: Cred că şi William şi Sandu ar prefera acelaşi lucru, dar v-aş propune să mergem mai bine la un teatru de vară. Iar după teatru am putea merge la un restaurant. Apropo, William, ce-aţi zice voi, bărbaţii, dacă am merge la un teatru de vară şi apoi la unul din restaurantele de la lacuri?

W: Am zice că ai o idee minunată, ca să nu spun excelentă. Dar aş vrea să te întreb ceva. Sînt scumpe locurile la un teatru de vară? Acolo nu ai fotolii, staluri, balcoane, loji, aşa că nu poţi avea prea multe preţuri.

S: Desigur că nu sînt scumpe. De obicei se vorbeşte de categoriile rezervat şi staluri, sau de categoria întîia şi a doua, tot aşa cum avem locuri de trei categorii la cinematografe. În acelaşi timp, locurile sînt mai ieftine la teatrele de vară.

W: Se pot reţine locurile prin telefon?
S: Cred că da.
W: Dar la restaurante?
S: Şi la restaurante se reţin mese, în mod obişnuit.
P: Atunci să mergem la un teatru de vară. Aş prefera la o revistă sau o comedie muzicală, în loc de o piesă obişnuită sau o tragedie.
A: Sandule, după ce telefonezi la teatru, telefonează şi la unul din restaurantele de la lacuri să ni se rezerve o masă.

23.3 Grammar

23.3/1 Pronouns: *unul, una, unii, unele*

This pronoun means 'one (of them)' in the singular, and 'some (of them)' in the plural:

Am cumpărat două dicţionare. Unul e pentru tine.
 I've bought two dictionaries. One (of them) is for you.

Am cumpărat două cărţi româneşti. Una e pentru tine.
 I've bought two Romanian books. One is for you.

Au venit nişte studenţi din România. Unii (dintre ei) sînt din Bucureşti.
 Some Romanian students have arrived. Some (of them) are from Bucharest.

Au venit nişte studente din România. Unele dintre ele ştiu englezeşte.
 Some students have arrived from Romania. Some of them know English.

În cartea noastră sînt treizeci şi două de lecţii. *U*nele sînt m*a*i gr*e*le, *a*ltele m*a*i uş*oa*re.
 There are thirty-two lessons in our book. Some are rather hard, others are fairly easy.

Note the translation of 'of them' in these constructions:

unii dintre ei (*M*), unele dintre ele (*N/F*)	some of them

Similarly:

mulţi dintre băieţi	many of the boys

Din is also used in this sense, especially before nouns:

unul din restaurantele de la lacuri	one of the lakeside restaurants

The plural forms *unii* (M) and *unele* (N, F) are also used as determiners to modify nouns. They are then very similar in meaning to *nişte* 'some'. In the following examples the determiners are stressed:

unii englezi ştiu puţin româneşte	some English people know a little Romanian
unele persoane nu vor să înveţe limbi străine	some people don't want to learn foreign languages

Nişte has no C-form; the C-form of the determiner *unii*, *unele*, viz. *unor*, is also used as the C-form of *nişte* and of the zero-article (see 16.3/2 (*b*)).

23.3/2 Appositional Vocatives

In Lesson 21 we had the phrase *voi englezii* 'you English'. It is usual in Romanian to have an article with a noun in apposition to *noi* or *voi*:

ce-aţi zice voi, bărbaţii?	what would *you* say, men (*i.e.* you who are the men)?

We may also say:

ce-aţi zice voi, voi bărbaţii?	what would you men say?

Similarly:

noi, bărbaţii, nu spunem nimic	we men (*i.e.* we who are the men here) say nothing

The C-form of *noi bărbaţii* is *nouă bărbaţilor*:

nouă bărbaţilor ne place să fumăm	we men like smoking

23.3/3 Verbs

(*a*) *Impersonal Constructions*

Impersonal constructions in English are usually introduced by the pronoun *it* or *that*, as in 'it's raining', 'it's cold', 'that depends', 'that's all right'.

No such subject need be expressed in Romanian, so that we say *plouă, e rece, depinde, e bine.* Similarly: *e cald, e răcoare, e frig, e frumos, e plăcut, e devreme, e tîrziu.*

We also say:

e dimineaţă acum la New York	it's morning now in New York
e noapte acum la Tokio	it's night now in Tokio
e seară acum la Delhi	it's evening now in Delhi

Note also:

mi-e cald	I feel hot
i-e cald	he, she feels hot

(*b*) *Reflexive Constructions*

Romanian has frequent recourse to reflexive-verb constructions where English prefers a personal subject such as 'you', 'we', 'they', 'one' (with more or less vague referents) or a passive construction (see 20.3/6 (*b*)). The grammatical subject in such constructions, if there is one, follows the verb:

se pot reţine locuri	seats can be reserved, one can reserve seats
se vorbeşte de două categorii	we speak of two categories
să ni se rezerve o masă	to reserve us a table

Note that the verb form is the third person singular, unless the grammatical subject is plural, in which case it too will be plural in form.

(*c*) The first or second person of the verb may,

as in English, be used with a fairly vague subject referent:

acolo nu ai fotolii	you don't have orchestra stalls there
nu poţi avea prea multe preţuri	you can't have, one can't have, there can't be too many prices
tot aşa cum avem locuri de trei categorii	just as we have seats of three categories, three prices

23.3/4 Conditional Clauses

The conditional mood is used in *dacă*-clauses in sentences whose main clause has a verb in the conditional. (In corresponding English sentences we generally use the past tense in the *if*-clause.)

Examples:

ce-aţi zice voi dacă am merge la un teatru?	what would you say if we went to a theatre?
	how about going to the theatre? (*lit.* if we should go . . .)
aş merge la un film dacă aş avea timp	I'd go and see a film if I had time
am merge la un cinema dacă am avea timp	we'd go to a cinema if we had time

This applies only to *dacă*-clauses as a rule, not to other kinds, such as *să*-clauses (which always require a subjunctive verb-form):

aş prefera să mergem la o grădină	I'd prefer to go to an open-air cinema

A future-tense form may also occur in a *dacă*-clause:

voi cumpăra maşina dacă voi primi banii	I'll buy the car if I get the money, if I'm going to get the money

23.3/5 Conjunctions

Note the difference between *ca să* 'so', 'so that', 'in order that', introducing clauses of purpose, and *aşa că* 'so', 'so that', 'in such a way that', introducing clauses of result:

ai o idee minunată, ca să nu spun excelentă	that's a wonderful idea (you have there), not to say an excellent one
trebuie să faceţi cît mai multe exerciţii ca să vorbiţi corect	you must do all the exercises you can in order to speak correctly
seara e răcoare şi plăcut, aşa că aş prefera să mergem la o gradină	it's nice and cool in the evening, so I'd rather we went to an open-air cinema

23.4 Exercises

1. Make sentences with the help of the following tables:

(*a*)

aş	vrea dori încerca	să	te vă -l o le îi	rog ceva

Note: *să o* may optionally be reduced to *s-o*.

(*b*)

n-aţi n-ai n-ar	vrea să mergem la un	film? cinema? teatru? spectacol? restaurant?

(*c*)

se pot	reţine rezerva	locurile la	restaurant teatru spectacole

(*d*)

mi- ţi- i- ne vă le	e	cald frig rece

*2. Rewrite the following sentences, changing the verb in both clauses from the future to the conditional:

(1) Voi cumpăra maşina dacă voi primi banii.
(2) Vom merge la teatru dacă vom găsi locuri.
(3) Se vor duce la mare dacă vor avea timp frumos.
(4) Se va întoarce devreme dacă va găsi o maşină.
(5) Dacă nu va trebui să mai stea la Bucureşti, vor pleca mîine la Londra.
(6) Dacă nu ne veţi ajuta, nu vom putea face exerciţiile.
(7) Dacă nu îi veţi invita dvs., nu vor veni la Bucureşti.
(8) Dacă nu va fi rece, ne vom duce la o grădină.

*3. Translate:

(1) My pen is (*trans.* has) the same colour (*culoare* F) as yours.
(2) Your pen is like (*la fel ca*) mine.
(3) I'm reading the same book as you.
(4) It's the same thing.
(5) He's as (*la fel de* or *tot aşa de*) big as my brother.
(6) The same thing happened to me (*trans.* it happened in the same way (*la fel*) with me).

*4. Translate:

Ana: Patricia, please tell us in Romanian what you did last Sunday.

P: With pleasure. Let me try. Last Sunday we went to (*trans.* we were at) the seaside. But first I must tell you that it was very hard for us to agree about (*trans.* we agreed (*a se înţelege*) with great difficulty) how to get there (*cu ce să mergem*). I wanted to go by car, but Ana wanted (to go) by train, because it's (*trans.* one travels) much quicker by train, that is (*trans.* of course) provided (*trans.* if) the train doesn't stop at (*prin*) (any) stations between Bucharest and Constanţa (*trans.* from B. to C.). So (*deci*) we took the train from the North Station. Our train didn't stop at (*în*) any stations (*nici o gară*), so that in about two and a half hours we got to Constanţa. We went from there to a hotel in Eforie (*trans.* to Eforie to a hotel) where we took two rooms with two (*cu cîte două*) beds each, on the first floor. Then we went to the beach where we stayed a few hours on the sand, in the sun. After that we swam a lot in the sea.

A: Patricia! What's the matter with you? None (*trans.* nothing) of (*din*) what you say is true!

P: Certainly it isn't true. It doesn't need to be true, either. What we are doing now is (having) a conversation exercise (*trans.* an exercise of conversation). I am trying to speak Romanian, to say something in Romanian.

A: And I can only (*nu . . . decît*) say that you have spoken very nicely and correctly.

Lesson 24

24.1 Vocabulary

a aplica *vb.* to apply
a se arăta *vb.* to be shown
articol — articole *N* article, item, object
a auzi *vb.* to hear
bunăvoinţă /bu-nă-vo-in-tsă/ — bunăvoinţe *F* goodwill, kindness
carnet — carnete *N* notebook, exercise-book
către *prep.* towards
a se chema *vb.* to be called
client — clienţĭ *M* customer, client
cumpărător — cumpărătorĭ *M* customer
curios, curioasă, curioşĭ, curioase *adj.* curious, inquisitive, odd, strange
curios *adv.* curiously, oddly
curios — curioşĭ *M* inquisitive person
de altfel *adv.* however, moreover
des *adv.* often
a deschide *vb.* to open
după cum *conj.* as
era /i̯era/ *vb.* (he, she, it) was
general, generală, generalĭ, generale *adj.* general
glumă — glume *F* joke
în timp ce *conj.* while
încurajare — încurajărĭ *F* encouragement
lege — legĭ *F* law
magazin — magazine *N* shop, store, magazine
mincinos, mincinoasă, mincinoşĭ, mincinoase *adj.* lying
mincinos — mincinoşĭ *M* liar
a mulţumi (+ dat.) *vb.* to thank
a nota *vb.* to write down, to make a note of
notam *vb.* (I, we) noted down, was, were noting down
oarecum *adv.* somehow, somewhat, sort of
obiect /obi̯ect/ — obiecte *N* object, thing
ocupat, ocupată, ocupaţĭ, ocupate *adj.* busy, occupied, engaged
ospitalitate — ospitalităţĭ *F* hospitality

pălăr*i*e — pălăr*i*i *F* hat
pe măs*u*ră c*e* *conj.* as
scriitor — scriit*o*rĭ *M* writer
sist*e*m — sist*e*me *N* system
spre *prep.* towards
spune*a* /spunẹ*a*/ *vb.* (he, she, it) told, was telling
străin /stră-*i*n/ — stră*i*nĭ *M* foreigner
a sun*a* *vb.* to ring (a bell)
şco*a*lă — şcolĭ *F* school
totdea*u*na /todẹ*a*una/ *adv.* always
tur*i*st — tur*i*ştĭ *M* tourist
t*u*turor *det. pron. C-form pl.* (of, to, for) all
ţ*a*ră — ţărĭ *F* country
*u*şă — uşĭ *F* door
a se vede*a* *vb.* to see each other

Phrases

ai făc*u*t fo*a*rte b*i*ne, că ai întreb*a*t	you did very well to ask
aş*a* cev*a*	such a thing, a thing like that
b*u*nă se*a*ra	good evening, good night
ca de obic*e*i	as usual
c*e* mai f*a*cĭ?	how are you?
ce-*a*i mai făc*u*t *a*zi?	what have you done today?
c*e*lălalt e-un /ịun/ mincin*o*s	the other is a liar
c*u*m se che*a*mă pe român*e*şte?	what's it, are they (called) in Romanian?
dar t*u*?	and how are you?
în ac*e*le mom*e*nte	at those moments, times
în gener*a*l	in general, generally (speaking)
în l*o*c să serve*a*scă	instead of serving
mi-a răsp*u*ns la întreb*ă*rĭ	she replied to my questions
o l*e*ge a ospitalit*ă*ţii	a law of hospitality
s-o auz*i*m şi n*o*i	let us hear it too
spre se*a*ră	towards evening

stră*i*nilor li se ar*a*tă m*u*ltă bunăvo*i*nţă	foreigners are shown a great deal of kindness
to*a*tă z*i*ua	all day
t*o*t f*e*lul de	all kinds of
t*o*tul e n*u*mai ca . . . să fie . . .	always provided that . . . are . . .
vînzăto*a*rei i s-a păr*u*t oarec*u*m curi*o*s acest l*u*cru	the shop-assistant thought it rather odd (*lit.* this thing seemed somewhat odd to the shop-assistant)

24.2 O lecţie practică

Patricia se întoarce spre seară din oraş. Sună la uşă. Sandu îi deschide.

P: Bună seara, Sandu.

S: Bună seara, Patricia. Ce mai faci?

P: Bine, mulţumesc. Dar tu? Nu ne-am văzut toată ziua.

S: Mulţumesc, bine şi eu. Am fost foarte ocupat la şcoală. Ce-ai mai făcut azi?

P: Ca de obicei, am fost în oraş. Apropo, mi se pare că am făcut azi o greşeală. Am intrat într-un magazin cu tot felul de obiecte şi am început să întreb o vînzătoare, care era liberă, cum se cheamă pe româneşte unele articole din magazin. Pe măsură ce mi le spunea, eu le notam într-un carnet. Ea s-a uitat curios la mine dar mi-a răspuns la întrebări.

S: Nu mi se pare că ai făcut o greşeală. Desigur că vînzătoarei i s-a părut oarecum curios acest lucru, dar după cum ai văzut, ţi-a răspuns. De altfel cred că nu li se întîmplă lor prea des aşa ceva. Nu toţi turiştii sînt aşa curioşi. În general, în toate ţările străinilor li se arată multă bunăvoinţă. E o lege a ospitalităţii. Totul e numai ca vînzătorii sau vînzătoarele să nu fie ocupaţi cu clienţii în acele momente. Ce-ar zice cumpărătorii dacă, în timp ce ei aşteaptă, în loc să-i servească pe ei, vînzătorii ar da lecţii tuturor turiştilor care vin în magazine? Dar ai făcut foarte bine, că ai întrebat.

P: Îţi mulţumesc pentru încurajare. Trebuie să mai aplic sistemul şi altădată.

O glumă

W: Sandule, am auzit azi o glumă bună.

S: S-o auzim şi noi.

W: De ce din doi oameni care se întîlnesc unul e un curios şi celălalt e-un mincinos?

S: Nu ştiu. Spune-mi tu.

W: Fiindcă unul întreabă, 'Ce mai faci?', iar celălalt răspunde, totdeauna, 'Bine, mulţumesc.'

24.3 Grammar

24.3/1 The Noun Phrase

(*a*) The definite-article suffix is used with a noun modified by *tot*, *toată*, *toţi*, *toate*, also in cases where English has zero-article:

tot felul de obiecte	all kinds of things

Note that *felul* is singular.

în toate ţările	in all countries, in every country
toată ziua	all (the) day (long)

Note the position of *nu* in the following:

nu toţi turiştii sînt aşa curioşi	not all (the) tourists are so curious

The plural forms *toţi*, *toate* have a common C-form, *tutoror*:

vînzătorii ar da lecţii tuturor turiştilor	the shop-assistants would give lessons to all the tourists

Note that the modified noun is also in its C-form (this is exceptional; cf. (*d*) below).

(*b*) English abstract nouns only take the definite article when they are post-modified. The corresponding nouns in Romanian, like pl. nouns used generically, may take the article suffix whether modified or not:

o lege a ospitalităţii	a law of hospitality

As we saw in 20.3/7, the possessive marker is used, as in this example, to link a C-form noun (*ospitalităţii*) to another noun (its head, *lege*) when the latter is modified by the indefinite article (as in this example) or by an adjective. In other words, *al* is only omitted when the head noun is modified by the definite article alone and the C-form noun follows immediately; in all other cases (e.g. if the definite article is absent, or an adjective present with the head noun, or if the head noun is separated from its C-form modifier by a copulative verb as in 20.3/2), *al* is used. Compare the following:

ruinele unui vechi oraş	the ruins of an old town
ruinele vechiului oraş	the ruins of the old town
ruinele vechii cetăţi	the ruins of the old city
ruine ale vechiului oraş	ruins of the old town
ruinele vechi ale cetăţii	the old ruins of the city
cartea scriitorului	the writer's book
cartea cea nouă a scriitorului noua carte a scriitorului	the writer's new book
pălăriile soţiei mele	my wife's hats
noile pălării ale soţiei mele	my wife's new hats

Note this last example: the adjective takes the article suffix as it precedes the noun; the plural form *mele* is used as its F-noun head (*soţia*) is in its C-form (*soţiei*); and the form *ale* agrees in number (pl.) and gender (F) with the F-pl. head (*pălării*).

(*c*) Frequently the word *acest*(*a*) translates both 'this' and 'that'. When it is necessary to stress the difference, the form *acel*(*a*) is used for 'that'. Here is a summary of all the forms of both words:

(1) The forms placed before the noun, the noun taking no article, are non-pronominal:

B-forms

	M	N	F
sg.	ac*e*st ac*e*l		ace*a*stă ace*a*
pl.	ac*e*şti ac*e*i	ac*e*ste ac*e*le	

C-forms

	M/N	F
sg.	ac*e*stui ac*e*lui	ac*e*stei ac*e*lei
pl.	ac*e*stor ac*e*lor	

(2) The following forms in *-a* may be placed after the noun, the noun taking the article suffix, or used as pronouns:

B-forms

	M	N	F
sg.	ac*e*sta ac*e*la		ace*a*sta aceea
pl.	ac*e*ştia ac*e*ia	ac*e*stea ac*e*lea	

C-forms

	M/N	F
sg.	ac*e*stuia ac*e*luia	ac*e*steia ac*e*leia
pl.	ac*e*stora ac*e*lora	

The only difficult formations are those of the B-form F-sg. of the pronoun determiners:

ace*a*stă + -a → ace*a*sta
ace*a* /ača/ + -a → ac*e*ea /ačeẹa/

Now write down a number of phrases using *acest*(*a*) and *acel*(*a*) in their various forms (e.g. *domnii aceia, îmi plac mult acestea*). Note that a demonstrative-plus-noun construction is declined in the same way as an adjective-plus-noun construction (e.g. *pălăria acestei fete*; see 20.3/1 (*a*)).

(*d*) We thus have two types of determiner-plus-noun construction in C-form functions:

(1) The case may be shown by the determiner alone:

ac*e*stor ('these') *a*ltor ('other') cîtorv*a* ('some') m*u*ltor ('many') *u*nor ('some') la c*i*nci ('five')	tur*i*ști cop*i*i o*a*meni stud*e*nți fem*e*i f*e*te stud*e*nte	le	pl*a*ce tr*e*buie

c*e*lor mai m*u*lți ('most)' celorl*a*lți ('the other') la puț*i*ni ('(a) few')	tur*i*ști o*a*meni stud*e*nți	le	pl*a*ce tr*e*buie
c*e*lor mai m*u*lte c*e*lorlalte la puț*i*ne	fem*e*i f*e*te stud*e*nte		

Note the C-forms *la puțini*, *la puține* and *multor* (*puținor* and *la mulți*, *la multe* also occur); *la* is the dative marker before numerals above *un*(*u*)[1]:

am dat stilouri la cinci copii   I gave pens to five children

[1] The *genitive* marker for numerals above *un*(*u*) is *a* (invariable); compare:

h*a*inele c*e*lor d*o*i stud*e*nți   the two students' clothes
h*a*inele a d*o*i stud*e*nți   two students' clothes

The C-form of *cîţi, cîte* 'how many' is *cîtor*:

c*î*tor tur*i*şti le tr*e*buie ajut*o*r medic*a*l?	how many tourists need medical assistance?

(2) Or the case may be shown (much more rarely) by both elements:

t*u*turor	tur*i*ştilor stud*e*nţilor stud*e*ntelor	le pl*a*ce

tur*i*ştilor stud*e*nţilor stud*e*ntelor	ac*e*stora ac*e*lora	le pl*a*ce

24.3/2 Pronouns

(*a*) Note the examples in the text of the uses of the secondary forms of the dative pronouns (*mi, ţi, i, ni, vi, li, şi*). Remember that these forms are used before an accusative pronoun (except before *o*; see 20.3/6):

mi se pare că am făcut o greşeală	I think I made a mistake, did something wrong
pe măsură ce mi le spunea	as she told me them

Note the word-order in the next examples, in which the dative pronoun is present in addition to the C-form noun (see 16.3/2 (*e*) 3.):

vînzătoarei i s-a părut curios acest lucru	the shop-assistant thought it strange
străinilor li se arată multă bunăvoinţă	foreigners are shown great kindness

Note in the next example the position of *nu*, which, more logically than in English perhaps, negates the verb *a se întîmpla* rather than *a crede* (cf. 9.3/5 (*b*)):

cred că nu li se întîmplă lor prea des aşa ceva	I don't think such things happen to them very often

(*b*) The accusative pronouns *ne*, *vă*, *se* (plural) may be used in a 'reciprocal' sense, meaning 'each other', 'one another':

nu ne-am văzut toată ziua	we haven't seen each other all day

Read off a few sentences from the following table:

nu	ne-am v-aţi s-au	văzut întîlnit	toată	ziua săptămîna
			de	mult trei zile vinerea trecută -o lună -un an

Note the meaning of *de* in these examples ('*for* a long time', '*for* three days', '*since* last Friday'). *De* + *un*, *o* may be reduced to one syllable: /di̯un/, /de̯o/.

24.3/3 Verbs

(*a*) *The Imperfect Tense*

So far we have been using the perfect tense (e.g. *a venit*) both where English uses the perfect (*he has come*, *he has been coming*) and where English uses the past (*he came*, *he was coming*). There are other tenses in Romanian which convey the notion of past or prior action, and one of these is called the Imperfect. This tense generally indicates a continuing or repeated past action or state, so that we may translate the imperfect form *venea* /vene̯a/ as 'he was coming', 'he used to come', or simply as 'he came', as appropriate. Note the three occurrences of this tense in the Text (*era*, *spunea*, *notam*).

To form the imperfect you add a set of stressed endings to the infinitive form of the verb minus its final vowel. For verbs whose infinitives end in *-a* or *-î* you add stressed *-am*, *-ai*, *-a*, *-am*, *-aţi*, *-au* (which are exactly the same forms as those constituting the perfect auxiliary).

For all other verbs you add the same set of endings but insert an *-e-* /ȩ/ before each one.

Examples:

a lua		*a avea*		*a coborî*	
stem: *lu-*		stem: *ave-*		stem: *cobor-*	
imperfect:	lu*am*	imperfect:	ave*am*	imperfect:	cobor*am*
	lu*ai*		ave*ai*		cobor*ai*
	lu*a*		ave*a*		cobor*a*
	lu*am*		ave*am*		cobor*am*
	lu*aţi*		ave*aţi*		cobor*aţi*
	lu*au*		ave*au*		cobor*au*

For other verbs (i.e. those in *-e* and *-i*) you add an *-e-* to the final consonant of the stem first:

a pune		*a dori*	
stem: *pun-*		stem: *dor-*	
imperfect:	pune*am*	imperfect:	dore*am*
	/punȩ*am*/		/dorȩ*am*/
	pune*ai*		dore*ai*
	pune*a*		dore*a*
	pune*am*		dore*am*
	pune*aţi*		dore*aţi*
	pune*au*		dore*au*

Some special cases:

a fi	*a da*	*a sta*	*a vrea*	
er*am* /i̯er*am*/	dăde*am*	stăte*am*	voi*am*	
(etc.)	(etc.)	(etc.)	(etc.)	
a şti	*a scrie*	*a face*	*a locui*	(and other verbs
şti*am*	scri*am*	făce*am*	locui*am*	ending in vowel
(etc.)	(etc.)	(etc.)	(etc.)	+ *-i*)
a întoarce				
întorce*am*				
(etc.)				

(*b*) *Sequence of Tenses*

Note the uses of the conditional present and the indicative present in the sentence in the Text beginning *ce-ar zice cumpărătorii. . . .* In English, only the first verb would be in the conditional, while the others would be in the indicative past. In Romanian, there is mood agreement only between the main clause (interrogative here) and the *dacă*-clause; the remaining clauses are independent as regards tense and mood, and use the indicative or subjunctive present.

24.3/4 Adverbs: *mai*

The word *mai* is used in various senses: 'more', 'again', 'left', 'still', 'else', etc. It indicates that something remains, or is repeated, or is an addition:

e mai atent decît ea	he's more attentive than her
mai des	more often
mai vrei unu?	would you like another one?
aş mai spune ceva	I'd like to say something else
aş vrea să mai vin la voi	I should like to come and see you again
trebuie să mai aplic sistemul şi altădată	I must apply the system again, another time

The following use combines the two ideas 'what else did you do?' and 'what did you do after that?':

ce-ai mai făcut după aceea?

(This would generally mean 'what *else* did you do—after you did *that*?' and not 'what *else* did you do after that?'.)

But generally the question

ce-ai mai făcut?

is used in situations where English has, simply, 'what have you done?' or 'what have you been doing?'.

Other uses:

mai întîi	first (of all)
mai ales	especially
mai deunăzi	recently, the other day
ce mai faci?	how are you?

Mai comes immediately before the adjective or adverb in a comparative construction, but in other uses it generally adheres to the verb:

(e) mai puţin	(it's, there's) less
mai e puţin	there's a little left, it's a bit further
mai e puţin şi ajungem	just a bit further and we'll be there

24.4 Exercises

1. Copy out the Text of the Lesson and read it aloud.

2. Answer the following questions:

(1) Cînd s-a întors Patricia acasă?
(2) Cine i-a deschis uşa?
(3) Ce i-a spus Patricia lui Sandu?
(4) Ce i-a răspuns Sandu?
(5) Cum se spune 'how are you?' pe româneşte?
(6) De unde venea Patricia?
(7) Ce a început Patricia să o întrebe pe vînzătoarea din magazin?
(8) Pentru ce i-a mulţamit Patricia lui Sandu?

3. Make sentences with the help of the following tables:

(*a*)

în acel moment cînd au intrat cînd au venit la noi în timp ce mă aştepta	cite*a*m scri*a*m	o scrisoare
	vorbe*a*m cu sora mea er*a*m la uşă fum*a*m o ţigară	

(*b*)

<table>
<tr><td rowspan="2">voiam
doream
veneam</td><td rowspan="2">să</td><td>vă</td><td colspan="2">întîlnesc
vorbesc
ajut</td></tr>
<tr><td>le</td><td>spun
întreb</td><td>ceva</td></tr>
</table>

(*c*)

<table>
<tr><td>mi
ni
i
li</td><td>se pare că</td><td>am
ai
a
aţi
au</td><td>făcut</td><td>o greşeală
un lucru bun</td></tr>
</table>

*4. *Translate* (unless otherwise indicated, use the perfect tense for the English past):

It was (*imperfect*) towards (*către*) evening when Patricia returned from town. She rang at the door and waited a little. Sandu opened the door. She said 'Good evening' to him. After answering her (*trans.* after he answered her), he asked her, 'How are you?'. She answered (*add* him), '(Very) well, thank you'. Then she told him how she (had) entered a shop selling (*trans.* with) all kinds of things and how she had begun (*trans.* began) to ask a shop-assistant what some of the things (*trans.* articles) in the shop were called (*trans.* are called) in Romanian. She wrote them down in her notebook while the shop-assistant watched (*imperfect*) her, curiously (*trans.* looked curiously at her).

Lesson 25

25.1 Vocabulary

altfel *adv.* otherwise
a amenința *vb.* to threaten
a apărea *vb.* to appear
artă — arte *F* art
autobuz /a-u-to-buz/ — autobuze *N* bus
bulevard — bulevarde *N* boulevard, avenue
cer — ceruri *N* sky, heaven
direct *adv.* straight, direct
floare — flori *F* flower
galerie — galerii *F* gallery
iarbă — ierbi[1] *F* grass
a ieși (din) *vb.* to go out, to come out (of)
istorie — istorii *F* history
kilometru — kilometri /ki-lo-me-tri/ *M* kilometre
monument — monumente *N* monument
muzeu /mu-zeu̯/ — muzee /mu-ze-e/ *N* museum, art-gallery
natural, naturală, naturali, naturale *adj.* natural
național, națională, naționali, naționale *adj.* national
nor — nori *M* cloud
parc — parcuri *N* park
pădure — păduri *N* wood(s)
pe cînd *conj.* while
pictură — picturi *F* painting
a se plimba *vb.* to walk, to go for a walk
a ploua *vb.* to rain
sat — sate *N* village
stație — stații *F* bus-stop, tram-stop
a se strica *vb.* to break, to deteriorate, to get worse, to get broken
șosea — șosele *F* high-road, roadway
taxi /taksi/ — taxiuri *N* taxi
troleibuz — troleibuze *N* trolley-bus
universal, universală, universali, universale *adj.* international, world-, universal

[1] C-form root.

a se urc*a* *vb.* to climb, to get (on, in)
vizit*a*re — vizit*ă*rĭ *F* visit, visiting
vr*e*me — vr*e*murĭ (*or* vremĭ) *F* weather, time
vre*u*n /vre-*u*n/, vreo /vrę̣o/, vre*u*nii /vre-*u*-ni/, vre*u*nele *det.* a, some (. . . or other)
vre*u*nul /vre-*u*-nul/, vre*u*na /vre-*u*-na/, vre*u*nii, vre*u*nele *pron.* one, some

Proper Names

Bucur*e*ştĭ	Bucharest
vre*u*nul din p*a*rcurile Bucur*e*ştiului /bu-ku-r*e*sh-tịu-luị/	one of the parks of Bucharest
păd*u*rea Băne*a*sa	the Băneasa woods
or*a*şul Bucur*e*ştĭ	the city of Bucharest
Snag*o*v	Snagov
Muz*e*ul S*a*tului	the Village Museum
Muz*e*ul Zambacci*a*n /zambakčị*a*n/	the Zambaccian Museum

Phrases

aş fi . . ., ar fi . . ., am fi . . .	(I, he, we) would have
am fi av*u*t m*a*i m*u*lt de m*e*rs	we'd have had further to go, walk
am fi put*u*t aj*u*nge	we could have arrived, would have been able to arrive
d*a*că am fi lu*a*t	if we had taken
ce-*a*m pute*a* vizit*a*?	what could we visit?
aş*a* de b*i*ne	so well
bulev*a*rdele c*e*le m*a*rĭ	the big boulevards
c*e* păc*a*t!	what a pity!
de la Şose*a*	*i.e.* in the Şosea Kiseleff (a well-known avenue in Bucharest)

e *nu*mai la patruz*e*cĭ de kilom*e*tri de Bucur*e*ştĭ	it's only 40 km. from Bucharest (*lit.* it's only at 40 . . .)
i*e*s /i̯es/ din muz*e*u	they come out of the museum
*î*ntre t*i*mp	meanwhile, in the meantime
la t*i*mp	in time
p*î*nă ac*u*m	up to now
să mă gînd*e*sc	let me think

25.2 Prin Bucureşti

Cei patru prieteni pleacă într-o zi prin oraş să continue vizitarea muzeelor şi monumentelor de artă.

P: Ce-am putea vizita azi, Sandule?

S: Să mă gîndesc. Am fost pînă acum la Galeria Naţională de Pictură, la Muzeul Zambaccian, la Muzeul de Artă Universală, de Artă Naţională, de Istoria Oraşului Bucureşti, la Muzeul Satului. . . .

A: Să mergem la unul din muzeele de la Şosea. Să luăm pentru asta un troleibuz sau un autobuz, fiindcă cu maşina mergem prea repede şi nu mai putem vedea nimic din oraş.

La una din staţiile de autobuze şi troleibuze prietenii noştri se urcă într-un troleibuz.

A: Cred că ar fi fost mai bine dacă am fi luat un autobuz; am fi putut ajunge mai repede.

S: Nu ştiu dacă ar fi fost totuşi aşa de bine, deoarece am fi avut mai mult de mers chiar dacă am fi mers mai repede. Autobuzul nu merge direct, pe cînd troleibuzul merge direct, pe bulevardele cele mari, din centru.

W: Aş fi vrut să mergem şi la pădurea Băneasa sau să ne plimbăm în vreunul din parcurile sau grădinile Bucureştiului.

Ana priveşte cerul pe care au apărut între timp nori negri.

A: Ce păcat că s-a stricat vremea şi ameninţă să plouă, fiindcă altfel am fi putut merge la Snagov, care e numai la 40 de kilometri de Bucureşti.

S: Nu ştiu dacă ştiţi, dar la Snagov e un lac mare şi o pădure foarte mare şi frumoasă cu iarbă verde şi flori multe.

La Şosea prietenii noştri coboară din troleibuz şi se duc la Muzeul de Istorie Naturală. Cînd ies din muzeu începe să plouă, dar Sandu vede la timp un taxi liber. — Iată un taxi care vine la timp, zice el. Repede înăuntru!

25.3 Grammar

25.3/1 Determiners: *cel, cea, cei, cele*

The plural forms *cei, cele* are used before numeral modifiers; the noun does not take the article suffix:

cei patru prieteni	the four friends
cele două prietene	the two friends
iată camerele celor trei băieţi	here are the three boys' rooms

Both the singular and plural forms may occur before adjective-modifiers. The meaning they convey lies somewhere between that conveyed by the definite article and that conveyed by the demonstrative *acel*(*a*):

bulevardele mari	the big boulevards
bulevardele cele mari	the, those big boulevards
bulevardele acelea mari	those big boulevards

See also 30.3/2.

25.3/2 Verbs: The Conditional Mood, Past Tense[1]

This tense is formed by means of the present conditional (see 22.3/3) of *a fi* together with the past participle of the verb to be conjugated. It may be translated '. . . 'd have . . .', '. . . should have . . .', '. . . would have . . .':

[1] The Conditional Past is often replaced by the Imperfect.

(eu) aş (tu) ai (el) ar (noi) am (voi) aţi (ei) au	fi + past participle (invariable)

ar fi mai bine	it would be better
ar fi fost mai bine	it would have been better (*lit.* it would be been better)
am avut mai mult de mers	we had further to go
am avea mai mult de mers	we would have further to go
am fi avut mai mult de mers	we would have had further to go

Don't confuse the following:

(eu, noi) am avut	I, we (have) had
(noi) am fi avut	we would have had, we'd have had

The past conditional is also used in *dacă*-clauses:

cred că ar fi fost mai bine dacă am fi luat un autobuz	I think it would have been better if we had (*lit.* would have) taken a bus

Further examples:

am fi putut ajunge mai repede	we could have got there quicker
am fi putut merge la Snagov	we could have gone to Snagov
aş fi vrut să mergem şi la pădurea Băneasa	I'd have liked to go, I'd like to have gone, I'd have liked to have gone to the Băneasa woods

When the verb is in the conditional (present or past), the pronoun *o* follows the main part of the verb, just as it does in the case of the perfect:

dacă i-ai trimite-o /tri-m*i*-tȩo/	if you sent it to her
dacă i-ai fi trimis-o	if you'd sent it to her

25.3/3 Verbs: *a trebui*

Further examples:

trebuie să mă duc acolo	I must go there
a trebuit să mă duc acolo	I had to go there
n-a trebuit să mă duc acolo	I didn't have, need to go there
n-ar fi trebuit să mă duc acolo	I needn't have gone there
n-aş vrea să trebuiască să mă duc acolo	I shouldn't like to have to go there

25.3/4 Conjunctions

The following examples contain conjunctions equivalent to English *as*, *when*, *while*. Some of the forms are near-synonyms. With some, the imperfect is commonly used in past-tense constructions.

(după) cum spuneam
  as I was saying

cum auze*a* un cuv*î*nt n*o*u, îl scri*a* în cai*e*t
  when he heard a new word, he wrote it down in his exercise-book

pe măs*u*ră ce înaint*a*m spre n*o*rd, se făce*a* t*o*t mai r*e*ce
  as we advanced northwards, it grew colder and colder (*a înainta* 'to advance', *a se face* 'to become', *tot mai* 'more and more')

cînd / după ce } termin (*present tense*) cartea, am să ţi-o dau şi ţie
  when I'm through with the book, when I've read the book, I'll pass it on to you (*şi ţie* suggests 'so that you'll be able to read it too')

pe cînd
în timp ce } mă întorceam acasă . . .

while returning home, on my way home, as I was returning home . . .

în t*i*mpul cît ai f*o*st în conc*e*diu

while you were on holiday, on leave

c*î*t ai lips*i*t am termin*a*t lucr*a*rea

while you were away I finished the work (*a lipsi* 'to be away', *lucrare F* 'work')

Note also the translations of 'as' (*dacă* and *aşa cum*) in Exercises 4 and 5.

25.4 Exercises

1. Copy out the Text of the Lesson and read it aloud
2. Answer the following questions:

(1) Ce muzee au vizitat pînă acum soţii Roberts?
(2) Unde vreau ei să se ducă azi cu prietenii lor?
(3) Cu ce se pot duce ei la Şosea?
(4) Unde ar fi vrut să se plimbe William?
(5) Ce ar fi vrut Ana să facă?
(6) Ce spune Sandu că este (*there is*) la Snagov?
(7) Unde coboară cei patru prieteni?

3. Make sentences with the help of the following tables:

(*a*)

să	luăm urcăm într-	un	autobuz troleibuz taxi
am	luat venit cu		

(*b*)

e ai aveţi avem au	mult puţin destul	de	mers urcat coborît citit scris învăţat

(c)	cîţi kilometri sînt	pînă de	la	Bucureşti? Londra? Constanţa? Sin*a*ia? Braş*o*v?

(d)	să	mergem ne plimbăm stăm	în	grădină parc pădure curte

Note the meanings here:

e mult de mers	it's a long way, we have a long way to go
avem destul de mers	it's far enough, we have a fair distance to cover

*4. Change the tense of the verbs in the following sentences into (*a*) the present conditional, and (*b*) the past conditional. (In the first two sentences as they stand, *dacă* means 'as', 'because'; with the conditional (as with the future) it means 'if'.)

(1) Dacă am plecat devreme am ajuns la timp (1st pers. sg.).
(2) Dacă m-ai ajutat am terminat exerciţiile mai repede.
(3) Dacă mă întrebi îţi răspund.
(4) Dacă vei învăţa vei şti lecţia.
(5) Poţi să ajungi la timp dacă te duci mai repede.
(6) Ana va primi telegrama pînă (*by*) joi dacă i-o trimiţi azi.

*5. The translation text below includes a number of new words. Study the new vocabulary first, before attempting the exercise.

Vocabulary

amabilit*a*te — amabilit*ă*ţĭ *F* kindness, friendliness
arhitect*u*ră — arhitect*u*rĭ *F* architecture
atrăgăt*o*r, atrăgăto*a*re, atrăgăt*o*rĭ, atrăgăto*a*re *adj.* nice, pleasant, attractive
bucureşte*a*n — bucureşt*e*nĭ *M* Bucharestian
căld*u*ră — căld*u*rĭ *F* heat
cu adevăr*a*t *adv.* truly, really
cunosc*u*t, cunosc*u*tă, cunosc*u*ţĭ, cunosc*u*te *adj.* well-known
a impresion*a* *vb.* to impress
interes*a*nt, interes*a*ntă, interes*a*nţĭ, interes*a*nte *adj.* interesting
larg, l*a*rgă, largĭ, largĭ *adj.* wide
a merit*a* *vb.* to be worth, to merit
o*a*menĭ *M pl.* people
obiect*i*v — obiect*i*ve *N* objective, target, aim
obişnu*i*t, obişnu*i*tă, obişnu*i*ţĭ, obişnu*i*te (cu, să) *adj.* used (to), accustomed (to)
stat*u*ie — stat*u*i /stat*u*i̯/ *F* statue
tur*i*stic, tur*i*stică, tur*i*sticĭ, tur*i*stice *adj.* tourist

cev*a* l*o*curĭ	any places
a m*e*rge pe m*u*nte, a m*e*rge pe m*u*nţĭ	to walk in the mountains
m*e*rită văz*u*t	(it) is worth seeing
obiect*i*v tur*i*stic	sight

— Did you have time to see any really interesting places on (*în*) your trip to Bucharest?

— Yes, of course. We saw all the more important buildings, museums, parks, statues—all the well-known sights. But of course we didn't have time to see everything that's worth seeing.

— What impressed you most?

— Oh, the wonderful wide boulevards, the parks, the flowers, the architecture, the food—and especially the kindness of the people.

— And what did you like least?

— That's (*iată*) a very difficult question to answer (*la*

care e greu de răspuns)! Perhaps the heat, which we're not used to in England. Summer is not the best time to (*pentru a*) visit the Romanian capital (*trans.* the capital of Romania). Bucharest (*Bucureştiul*) is pleasantest in spring and autumn. It's better to go (*să mergi*) to Mamaia, for example, or Sinaia in summer—swim (*să înoţi*) in the Black Sea or walk in (*pe*) the mountains. Do as the Bucharestians do (*trans.* do as (*fă aşa cum*) do the B.)!

Lesson 26

26.1 Vocabulary

a adăug*a* /a-dă-u-g*a*/ *vb.* to add
ajut*o*r — ajuto*a*re *N* help, assistance
aşad*a*r *adv.* then, therefore
bog*a*t, bog*a*tă, bog*a*ţĭ, bog*a*te *adj.* rich
br*a*vo *int.* well done, well said, bravo
cîmp*i*e — cîmp*i*i *F* plain
co*a*stă — co*a*ste *F* coast
a cuno*a*şte *vb.* to know
se cuno*a*şte *vb.* one can see, it is noticeable, clear
de*a*l — de*a*lurĭ *N* hill
d*e*ltă — d*e*lte *F* delta
a despărţ*i* *vb.* to divide, to separate
desp*a*rte *vb.* (he, she, it) divides, separates
en*o*rm, en*o*rmă, en*o*rmĭ, en*o*rme *adj.* enormous, huge
est *N* east
a se f*a*ce (din) *vb.* to be made (from)
fl*u*viu — fl*u*vii *N* (major) river
a form*a* *vb.* to form
ia /i̯a/ *int.* come, now
in*e*l — in*e*le *N* ring
a izvor*î* *vb.* to spring, to rise
izvor*ă*şte *vb.* (it) rises
în j*u*rul (+ gen.) *prep.* (a)round
mănăst*i*re — mănăst*i*rĭ *F* monastery
medievăl, medievală, medievalĭ, medievale *adj.* mediaeval
a menţion*a* *vb.* to mention
n*u*me — n*u*me *N* name
pod*i*ş — pod*i*şurĭ *N* plateau, table-land
prin *prep.* through
pr*i*ntre *prep.* among
regi*u*ne /re-ği-*u*-ne/ — regi*u*nĭ *F* region, district
rîu /rîu̯/ — r*î*urĭ /r*î*-urĭ/ *N* river
a săr*i* *vb.* to jump
stuf *no pl.* *N* reed
sud *N* south
sud-*e*st *N* south-east

şti*i*nţă /shti-*i*n-tsă/ — şti*i*nţe *F* knowledge, science
t*o*cmai *adv.* just, precisely, as far (away) as
a se vărs*a* *vb.* to flow, to pour
vărs*a*re — vărs*ă*rĭ *F* (river) mouth, flowing
vec*i*n, vec*i*nă, vec*i*nĭ, vec*i*ne (cu) *adj.* neighbouring, bordering (on), adjacent (to)
vest *N* west
vest*i*t, vest*i*tă, vest*i*ţĭ, vest*i*te *adj.* famous, renowned

Phrases

ar m*a*i f*i* de adăug*a*t cîtev*a* n*u*me	there are (*lit.* would be) some names to add, to be added, one ought to add
să te ved*e*m c*u*m st*a*i cu . . .	let's see how it is with . . ., how you stand regarding . . ., how good you are at . . .
*e*şti t*u* t*a*re la . . .	*you*'re good at . . .
fo*a*rte b*i*ne	very good, quite correct, right
i*a* să v*ă*d	let me see now, come let's see
în c*e*ntrul Român*i*ei	in the centre, middle of Romania
în j*u*rul pod*i*şului	round the plateau
în sud-*e*stul Eur*o*pei /e-u-r*o*-pei̯/	in the south-east of, in south-east Europe
la vărs*a*rea *e*i în m*a*re	at its mouth, where it flows into the sea
m*a*i e cev*a* de sp*u*s	there's something more to say, to be said
n*o*ta z*e*ce la to*a*te lecţiile	ten out of ten in all the lessons, every lesson
să-mĭ s*a*rĭ în ajut*o*r	to come to my rescue, jump to my aid
vre*a* să-mĭ ar*ă*t *e*u şti*i*nţa	she wants me to display *my* knowledge

W*i*lliam f*i*i g*a*ta . . .	William be ready . . ., you be ready, William . . .
vest*i*ta regi*u*ne a mănăst*i*rilor	the famous region of the monasteries

Nume Geografice — Geographical Names

*A*frica	Africa
Am*e*rica	America
*A*sia /*a*-si-i̯a/	Asia
Austr*a*lia /a-u-str*a*-li-i̯a/	Australia
Eur*o*pa /e-u-r*o*-pa/	Europe
Alb*a*nia /al-b*a*-ni-i̯a/	Albania
*A*nglia /an-gli-i̯a/	England
A*u*stria /a-*u*-stri-i̯a/	Austria
B*e*lgia /b*e*l-ği-i̯a/	Belgium
Bulg*a*ria	Bulgaria
Cehoslov*a*cia /če-ho-slo-v*a*-či-i̯a/	Czechoslovakia
Danem*a*rca	Denmark
Elv*e*ţia /el-v*e*-tsi-i̯a/	Switzerland
Finl*a*nda	Finland
Fr*a*nţa	France
Germ*a*nia	Germany
Gr*e*cia /gr*e*-či-i̯a/	Greece
Irl*a*nda	Ireland
Isl*a*nda	Iceland
It*a*lia	Italy
Iugosl*a*via	Yugoslavia
M*a*rea Brit*a*nie	Great Britain
Norv*e*gia	Norway
Ol*a*nda	Holland
Pol*o*nia	Poland
Portug*a*lia	Portugal
Român*i*a /ro-mâ-n*i*-i̯a/	Romania
R*u*sia /r*u*-si-i̯a/	Russia
Sc*o*ţia /sk*o*-tsi-i̯a/	Scotland
Sp*a*nia	Spain
Su*e*dia	Sweden

Nume Geografice — Geographical Names

T*u*rcia	Turkey
Ţ*a*ra G*a*lilor	Wales
Ung*a*ria	Hungary
Uni*u*nea Sovi*e*tică	U.S.S.R.
*A*frica de S*u*d	South Africa
Am*e*rica de S*u*d	South America
Argent*i*na	Argentina
Braz*i*lia	Brazil
Can*a*da	Canada
Ch*i*na /k*i*-na/	China
Eg*i*pt	Egypt
*I*ndia	India
Ir*a*n	Iran
Izra*e*l	Israel
Jap*o*nia /zhap*o*nii̯a/	Japan
M*e*xic	Mexico
N*o*ua Zel*a*ndă	New Zealand
Pakist*a*n	Pakistan
St*a*tele Un*i*te *a*le Am*e*ricii /-či/ (S.U.A.)	U.S.A.

Rivers

*A*rgeşul	the Argeş
D*u*nărea /d*u*năre̯a/	the Danube
M*u*reşul	the Mureş
*O*ltul	the Olt
Pr*a*hova	the Prahova
Pr*u*tul	the Prut
Sir*e*tul	the Siret
d*e*spre D*u*năre	about the Danube
din n*o*rdul D*u*nării /d*u*nări/	north of the Danube

Regions, etc.

Mold*o*va	Moldavia
Munt*e*nia	Muntenia, Wallachia

Transilv*a*nia	Transylvania
din n*o*rdul Mold*o*vei	of, in northern Moldavia
pod*i*şul Transilv*a*niei	the plateau of Transylvania
Carp*a*ţii /-tsi/	the Carpathians
m*u*nţii Carp*a*ţĭ	the Carpathian mountains
cîmp*i*a Bărăg*a*nului	the Bărăgan plain

26.2 O lecţie de geografie

S: Ia să văd, Patricia, ce ştii tu despre România? Eşti tu tare la matematică, dar să te vedem cum stai cu geografia.

P: Poftim întreabă-mă. William fii gata să-mi sari în ajutor.

S: Unde este România?

P: România este în sud-estul Europei, pe coasta Mării Negre.

S: Care sînt ţările vecine cu România?

P: La sud Bulgaria, la est şi nord Uniunea Sovietică . . . William ajută-mă!

W: La vest Ungaria şi Iugoslavia.

S: Foarte bine. Acum ceva despre munţi, dealuri, rîuri şi cîmpii.

P: În centrul României sînt munţii Carpaţi care formează un inel în jurul podişului Transilvaniei. Mai departe îţi răspunde William.

W: Credeţi că nu ştie? Ştie, dar vrea să-mi arăt eu ştiinţa. Aşadar să continuăm. Cel mai mare rîu al României este Dunărea, *fluviul* Dunărea, cum se spune pe româneşte unui rîu foarte mare. Dunărea izvorăşte tocmai din Germania şi trece prin Austria, Cehoslovacia, Ungaria, Iugoslavia, apoi desparte România de Bulgaria, şi după ce trece prin România, o desparte de Uniunea Sovietică şi se varsă în Marea Neagră.

A: Foarte bine. Se cunoaşte că avem printre noi un profesor de geografie. Dar, William, mai e ceva de spus despre Dunăre.

W: Desigur. La vărsarea ei în mare Dunărea formează o deltă enormă, bogată în peşte şi stuf din care se face hîrtie. Ar mai fi de adăugat cîteva nume de rîuri: Olt, Mureş, Siret, Prut . . . şi de menţionat cîmpia Bărăganului, toată cîmpia din nordul Dunării.

P: William, nu uita vestita regiune a mănăstirilor medievale din nordul Moldovei.

A: Bravo, Patricia, nota zece la toate lecţiile.

26.3 Grammar

26.3/1 Nouns

(*a*) *Geographical Names*

Those in *-a* are F, others are M:

	B-form	*C-form*
M	Bucur*e*şti(ul) /-tĭ, -ti̯ul/	Bucur*e*ştiului
M	*O*lt(ul)	*O*ltului
F	D*u*năre(a) /-re, -re̯a/	D*u*nării /-ri/
F	Pr*a*hova	Pr*a*hovei
F	Transilv*a*nia	Transilv*a*niei

After a preposition the article suffix is omitted in the case of names of M-gender and *Dunărea* if the noun is not modified:

despre Dunăre	about the Danube
în Olt	in the Olt

Other F-nouns retain the article:

în Prahova	in the Prahova
prin România	through Romania

See further 32.5.

Note the following examples:

la sud	to the south
în sud-est	in the south-east
în sud-estul Europei	in the south-east of Europe
(fluviul) Dunărea	the (River) Danube (*lit.* (the River) the Danube)
Oltul, rîul /r*î*-ul/ Olt	the (River) Olt

toată cîmpia din nordul Dunării	all the plain, the whole (of the) plain (to the) north of the Danube
mănăstirile medievale din nordul Moldovei	the mediaeval monasteries in northern Moldavia

Note how *din* is used to link the one noun phrase to the other; it may be convenient to think of it as being equivalent in this use to *de* + *în*.

(*b*) *Invariable Forms*

Some nouns are invariable as to number, that is, the same form is used for both the singular and the plural; there is no distinctive plural suffix:

M	un m*u*şchĭ	a steak
	m*u*şchiul /-ki̯u(l)/	the steak
	(n*i*şte) m*u*şchĭ	(some) steaks
	m*u*şchii /-ki/	the steaks
N	un n*u*me	a name
	n*u*mele	the name
	(n*i*şte) n*u*me	(some) names
	n*u*mele	the names
F	o vînzăto*a*re	a sales-assistant
	vînzăto*a*rea /-re̯a/	the sales-assistant
	(n*i*şte) vînzăto*a*re	(some) sales-assistants
	vînzăto*a*rele	the sales-assistants

The C-forms with the article:

m*u*şchiului /m*u*shki̯ului̯/, m*u*şchilor; n*u*melui, n*u*melor; vînzăto*a*rei, vînzăto*a*relor

Generally the modifiers present and/or a verb-form indicate(s) the number in question, but there may be ambiguity in the case of invariable N-nouns with the sing./pl. article suffix *-le* (*numele* 'the name' or 'the names').

(*c*) A noun governed by the preposition *cu* takes the article suffix in many cases, even when unmodified:

a face semn cu mîna	to wave (*lit.* to make sign with the hand)

cu avionul	by plane, by air
cum stai cu geografia?	how's your geography?

But:

o cafea cu lapte	a white coffee
cu plăcere	with pleasure

26.3/2 The Possessive Marker

As we saw in 24.3/1, the possessive marker *al*, *a*, *ai*, *ale* is used to link a C-form noun to its head when the latter is modified by an adjective:

cel mai mare rîu al României	the largest river in Romania (*lit.* of Romania)
vestita regiune a mănăstirilor	the famous region of the monasteries

26.3/3 Pronouns: Unaccented Dative

We have already seen that these pronouns are frequently used where English uses possessive determiners (*my*, *your*, etc.). Some further examples:

să-mi arăt ştiinţa	(let me) show (off) my knowledge
să-ţi faci lecţiile	do your lessons, homework
să ne punem cărţile pe masă	(let's) put our books on the table

26.3/4 Word-Order

Note the inversion of subject and verb:

eşti tu tare la matematică, dar să te vedem cum stai cu geografia

you are good at maths (that we know), but let's see what your geography is like (*lit.* but let's see how you stand with geography)

mai dep*a*rte îţi răsp*u*nde W*i*lliam

William will carry on from there

vre*a* să-mi ar*ă*t *e*u şti*i*nţa

you want me to air *my* knowledge

26.4 Exercises

1. Make sentences or phrases with the help of the following tables:

(*a*)

aceasta unde care	e regiunea	dealurilor? munţilor? pădurilor? lacurilor? mănăstirilor?

(*b*)

în	nordul estul vestul sudul	Angliei României Franţei Uniunii Sovietice

(*c*)

la	nord sud est vest sud-vest nord-est	de	Londra Constanţa Liverpool Bucureşti

(*d*)

în	centrul jurul	Angliei României Europei podişului Transilvaniei cîmpiei Bărăganului deltei Dunării regiunii mănăstirilor

(*e*)

vă	rog rugăm	să	le -i	citiţi daţi luaţi trimiteţi	scrisoarea cartea romanul

*2. Insert the correct form of the verb given in brackets. If the tense or mood is not entirely conditioned by the context, use the one suggested.

(1) Aş cumpăra acest dicţionar dacă —— bani la mine (*on me*). (*a avea*)
(2) Eu —— acest dicţionar ieri. (*a cumpăra*, perfect)
(3) Ne —— la Bucureşti poimîine. (*a se întoarce*, *voi*-future)
(4) Cînd l-am întîlnit pe George, —— acasă. (*a se duce*, imperfect)
(5) Aş fi venit la voi dacă m- ——. (*a invita*)
(6) Sandule, —— la mine (*to see me*) la birou. (*a veni*)
(7) Dacă vreţi, Paul vă —— acum cărţile. (*a da*, *voi*-future)
(8) Am crezut că Ana şi Sandu —— săptămîna trecută telegrama. (*a primi*, perfect)

*3. Translate:

Romania is a country on the coast of the Black Sea, in the south-east of Europe. The countries bordering on Romania are: to the east and north the Soviet Union, to the west Yugoslavia and Hungary, and to the south Bulgaria. Through Romania passes the river Danube, the second longest river (*fluviu*) in (*din*) Europe. The Danube rises in central Europe (*trans.* in (*din*) the centre of Europe), in Germany, and flows (*trans.* passes) through eight countries: Germany, Austria, Czechoslovakia, Hungary, Yugoslavia, Bulgaria, Romania and the Soviet Union. In Romania there are high mountains and large rivers and woods. On the sea-coast, Mamaia, to the north of Constanţa, and Eforie, to the south, are renowned throughout (*trans.* in all) Europe for their beach(es), sun and sea.

Lesson 27

27.1 Vocabulary

adăp*o*st — adăp*o*sturĭ *N* shelter
apăr*u* *vb.* (he, she, it) appeared (*past historic*)
apărăt*o*r — apărăt*o*rĭ *N* defender, guard
a b*a*te *vb.* to knock, to beat, to blow
băte*a* *vb.* (he, she, it) blew, was blowing (*imperfect*)
băt*u* *vb.* (he, she, it) knocked, beat (*past historic*)
bis*e*rică — bis*e*ricĭ *F* church
că*u*tă /kă-u-tă/ *vb.* (he, she, it) looked for, sought (*past historic*)
cer*î*nd *pres. part.* asking, requesting, begging, demanding
cit*i* *vb.* (he, she, it) read (*past historic*)
a constru*i* *vb.* to build, to construct
domnit*o*r — domnit*o*rĭ *M* hospodar, voivode, ruling prince
Dumnez*e*u *M* God
fere*a*stră — fer*e*stre *F* window
fiu /fiu̯/— fii / fii̯/ *M* son
ist*o*ric, ist*o*rică, ist*o*ricĭ, ist*o*rice *adj.* historical, historic
în c*e*le din *u*rmă *adv.* in the end, at last
în tot*a*l *adv.* in all, altogether
a înălţ*a* *vb.* to raise, to build, to erect
înălţ*ă* *vb.* (he, she) erected (*past historic*)
a se înălţ*a* *vb.* to be erected, to stand (high), to rise
se în*a*lţă *vb.* (he, she, it) stands, rises, (they) stand, rise
a înştiinţ*a* *vb.* to inform, to notify
înştiinţ*a*ră *vb.* (they) informed (*past historic*)
înto*a*rse *vb.* (he, she, it) returned (*past historic*)
întreb*î*nd *pres. part.* asking
a înv*i*nge *vb.* to defeat, to conquer
înv*i*ns, înv*i*nsă, înv*i*nşĭ, înv*i*nse *adj.* defeated, conquered
înv*i*nse *vb.* (he, she, it) conquered (*past historic*)
leg*e*ndă — leg*e*nde *F* legend
l*u*ptă — l*u*pte *F* battle, fight
m*a*mă — m*a*me *F* mother
mulţum*i*re — mulţum*i*rĭ *F* satisfaction, gratitude, thanks
să mo*a*ră *vb.* (to) die

a mur*i* *vb.* to die
neamţ /ne̯amts/ — nemţĭ *M* German
n*i*menĭ *pron. sg.* nobody, no one
p*e*ste *adv.* over, more than
să pi*a*rdă *vb.* (to) lose
a pi*e*rde *vb.* to lose
pierz*î*nd *pres. part.* losing
po*a*rtă — porţĭ *F* gate
a prim*i* *vb.* to get, to receive, to accept
răn*i*t, răn*i*tă, răn*i*ţĭ, răn*i*te *adj.* wounded
răsp*u*nse *vb.* (he, she, it) answered (*past historic*)
ruşin*a*t, ruşin*a*tă, ruşin*a*ţĭ, ruşin*a*te *adj.* ashamed
s*e*col — s*e*cole *N* century
turc — turcĭ *M* Turk
turn — t*u*rnurĭ *N* tower
*u*nuia /*u*nui̯a/ *M/N*, *u*neia /*u*nei̯a/ *F C-form pron.* of one, to one, for one
vînt — v*î*nturĭ *N* wind
v*o*ie /v*o*i̯e/ — voi *F* will, permission, consent

Phrases

ca s*e*mn de mulţum*i*re	as a token of gratitude
c*a*re se într*oa*rce . . . şi c*e*re . . .	who was returning (*lit.* is returning) . . . and requesting . . .
că e *e*l, f*i*ul /f*i*-ul/ *e*i	that it was he, her son
a-şĭ căut*a* adăp*o*st	to look for seek shelter (for oneself)
a c*e*re v*o*ie înă*u*ntru	to ask permission to enter (*lit.* to ask permission inside)
Cet*a*tea Ne*a*mţului	Neamţ Citadel (*or* 'Teuton's Fortress', near the town of Tîrgu Neamţ)
domnit*o*rul b*a*te la po*a*rtă	the prince was beating (*lit.* is beating) on the gate
leg*e*nda sp*u*ne	the story goes, the legend tells

să-şĭ pi*a*rdă ţ*a*ra	to lose his country
Şt*e*fan (*or* Ştef*a*n) cel M*a*re	Stephen the Great (Prince of Moldavia, 1454–1504)
*u*nde er*a*u soţ*i*a şi m*a*ma sa	where his wife and mother were

27.2 O legendă istorică

Iată ce cit*i* William într-o carte cu legende istorice:

Nu departe de regiunea mănăstirilor din nordul Moldovei se înalţă ruinele Cetăţii Neamţului.

Legenda spune că în secolul al XV-lea Ştefan cel Mare, domnitorul Moldovei, pierzînd o luptă cu turcii, îşi căut*ă* adăpost în Cetatea Neamţului unde erau soţia şi mama sa.

Era noapte şi bătea un vînt rece cînd Ştefan băt*u* la poarta cetăţii, cerînd voie înăuntru. Nimeni nu-i răsp*u*nse.

Apărătorii cetăţii înştiinţ*a*ră pe cele două doamne că domnitorul bate la poartă. Mama lui Ştefan apăr*u* la fereastra unuia din turnuri, întrebînd cine bate.

Ştefan îi răsp*u*nse că e el, fiul ei, care se întoarce rănit şi învins din luptă şi cere adăpost în cetate.

Mama lui însă îi răsp*u*nse că el nu poate fi Ştefan, deoarece fiul ei nu se întoarce niciodată învins din luptă. Dacă însă el e Ştefan cu adevărat şi a fost învins de turci, atunci ea nu-l primeşte în cetate, şi îi spune că e mai bine să moară în luptă decît să-şi piardă ţara.

Ruşinat, Ştefan se înto*a*rse iar la luptă şi în cele din urmă îi înv*i*nse pe turci. Iar ca semn de mulţumire lui Dumnezeu înălţ*ă* o mănăstire.

În total Ştefan cel Mare a construit peste 40 de mănăstiri şi biserici în Moldova.

27.3 Pronunciation

You will have noticed that two adjacent vowels may either (*a*) form or belong to separate syllables, or (*b*) form a diphthongal glide within a single syllable. In normal fast speech, diphthongs occur across word boundaries:

ce aţi făcut /*če* atsĭ făk*u*t/?
ce-aţi făcut /*ča*tsĭ făk*u*t/?

The most regular syllable reductions, particularly those involving grammatical words, are indicated in writing by means of a hyphen between the two vowels forming a glide.

The Romanian orthography has no special means of differentiating the two possibilities within a word. Note the following standard contrasts:

a căuta /a kă-u-t*a*/	ruină /ru-*i*-nă/
rău /răṷ/	uite /*u*i̯-te/
străin /stră-*i*n/	fiul /f*i*-u(l)/
răi /răi̯/	fiu /fiṷ/
real /re-*a*l/	leul /l*e*-u(l)/
rea /re̯a/	leu /leṷ/

Note that the orthography uses a hyphen to indicate a vowel glide or the omission of a sound-segment. In our transcriptions we occasionally use a hyphen, as in the examples above, to indicate a syllable boundary. Be careful not to confuse the two! (Thus: *ce-aţi*: one syllable; /re-*a*l/: two syllables.) For a few more details see Appendix 1.

27.4 Grammar

27.4/1 Determiners: *cel, cea*

In the names of kings, etc., the determiner *cel*, *cea* is equivalent to English *the*:

Ştefan cel M*a*re	Stephen the Great
Alex*a*ndru cel B*u*n	Alexander the Good
Cater*i*na cea M*a*re	Catherine the Great

27.4/2 Pronouns: *unul, una, unii, unele*

The C-forms of these pronouns (see 23.3/1) are the same as those of the indefinite article with the addition of a suffix *-a*:

	M/N	F
sg.	*u*nuia	*u*neia
pl.	*u*nora	

Examples:

unul din turnuri	one of the towers
unuia din turnuri	of one of the towers
una din doamne	one of the ladies
uneia din doamne	of, to, for one of the ladies
unii din ei unele din ele	some of them
unora din ei unora din ele	of, to, for some of them
Ştefan apăru la fereastra unuia din turnuri	Stefan appeared at the window of one of the towers

Note the use and omission of the definite article in this example. The article is used with nouns preceded by markers and (most) prepositions only when the nouns are modified.

Thus *la fereastră*, but *la fereastra unuia din turnuri*, in which *unuia din turnuri* modifies *fereastra*, and in which *turnuri* is without the article because it is unmodified.

Similarly:

bate la poartă	he beats on the gate
bătu la poarta cetăţii	he beat on the gate of the citadel, the citadel gate

27.4/3 Numerals: Use of the Ordinals

Roman figures are used for writing the number of a monarch or a century:

Elisabeta a II-a	Elizabeth II
Henric al V-lea	Henry V
secolul al XX-lea	the twentieth century

27.4/4 Verbs

(*a*) *The Past Historic Tense*

In Standard Romanian the tenses used for indicating that an action took place in the past are the perfect (for a completed action) and the imperfect (for emphasizing the continuity of an action in relation to other actions). In some dialects, and (in its past-tense use) in the standard written medium in non-informal styles, the perfect is replaced by another tense, which we shall call the Past Historic. (Other names for this tense are: past definite, simple past, simple perfect, and preterite.)

The past historic is rarely used in standard spoken Romanian, so that, unless you wish to write formally, you do not need to master its forms; you do need to learn to recognize them, however, for you will see them in print. Its characteristic endings are:

stressed vowel + -i /i̯/, -şĭ, -(*zero*), -răm, -răţĭ, -ră

Examples:

a căut*a*: căut*a*i, căut*a*şĭ, căut*ă* (note -*ă*[1]), căut*a*răm, căut*a*răţĭ, căut*a*ră

a apăre*a*: apăr*u*i, apăr*u*şĭ, apăr*u*, apăr*u*răm, apăr*u*răţĭ, apăr*u*ră

a ave*a*: av*u*i, av*u*şĭ, av*u*, av*u*răm, av*u*răţĭ, av*u*ră

a pute*a*: put*u*i, put*u*şĭ, put*u*, put*u*răm, put*u*răţĭ, put*u*ră

a fi: fui, fuşi, fu, f*u*răm, f*u*răţĭ, f*u*ră

a cit*i*: cit*i*i /-tii̯/, cit*i*şĭ, cit*i*, cit*i*răm, cit*i*răţĭ, cit*i*ră

a cobor*î*: cobor*î*i, cobor*î*şi, cobor*î*, cobor*î*răm, cobor*î*răţĭ, cobor*î*ră

[1] Verbs in *-ia* like *a apropia* take *-e* here in place of *-ă*.

a înc*e*pe: încep*ui*, încep*u*şĭ, încep*u*, încep*u*răm, încep*u*rățĭ, încep*u*ră

The stressed vowel of the ending is generally the same as the stressed vowel of the ending of the past participle (cf. the past participles *căutat*, *apărut*, *avut*, *putut*, *citit*, *coborît*, *început*). Verbs whose infinitives end in unstressed *-e* and their past participles in *-s* generally follow this pattern:

a m*e*rge: mers*e*i, mers*e*şĭ, m*e*rse (*note stress*), mers*e*răm, mers*e*rățĭ, m*e*rseră (*note stress*)
a scr*i*e: scris*e*i, scris*e*şĭ, scr*i*se, scris*e*răm, scris*e*rățĭ, scr*i*seră

The verb *a fi* may also follow this pattern:

fus*e*i, fus*e*şĭ, f*u*se, fus*e*răm, fus*e*rățĭ, f*u*seră

Note the following:

a da: dăd*u*i, dăd*u*şĭ, dăd*u*, dăd*u*răm, dăd*u*rățĭ, dăd*u*ră
a sta: stăt*u*i, stăt*u*şĭ, stăt*u*, stăt*u*răm, stăt*u*rățĭ, stăt*u*ră

Uses in the Text:

i*a*tă *ce* cit*i* W*i*lliam	here is what William read
îşĭ căut*ă* adăp*o*st	he sought shelter
Şt*e*fan băt*u* la po*a*rtă	Stephen beat on the gate
Şt*e*fan îi răsp*u*nse că e *e*l	Stephen replied that it was he

Pick out the seven other occurrences in the Text (the stress is marked in all these). Don't confuse this tense with the present or imperfect.

(*b*) *The Imperfect Tense*

Note the use of the imperfect in the Text:

er*a* no*a*pte	it was night (= a continuing state of affairs at the time, contrasting with the occurrence of other, shorter events)
şi băte*a* un vînt r*e*ce	and a cold wind was blowing

*u*nde er*a*u soţ*i*a şi m*a*ma sa	where his wife and mother were

(*c*) *Present Participles*

Verbs whose infinitives end in *-i*, *-ia* and *-ie* form their present participle by adding *-ind* to their root:

a cit*i*: cit*i*nd 'reading'
a scr*ie*: scri*i*nd 'writing'

Other verbs add *-înd* to their root:

a căut*a*: căut*î*nd 'seeking'
a b*a*te: băt*î*nd 'beating'

English verb-forms in *-ing* (e.g. *running*) may be used in all kinds of ways, for example, as nouns ('he's good at running'), as noun modifiers ('the running man'), as adverbials ('he fell over running'), and in certain kinds of tenses ('he was running'). Romanian present participles are generally only used adverbially in clause-like phrases (in fairly formal style):

Şt*e*fan cel M*a*re, pierz*î*nd o l*u*ptă, îşi căut*ă* adăp*o*st . . .
Stephen the Great, losing a battle, sought shelter . . .

Şt*e*fan băt*u* la po*a*rtă, cer*î*nd v*o*ie înă*u*ntru
Stephen beat on the gate, requesting permission to enter

m*a*ma lui apăr*u* la fere*a*stră, întreb*î*nd c*i*ne b*a*te
his mother appeared at the window, asking who was knocking (*lit*. who is knocking)

A pronoun used with a present participle *follows* it, just as it does with a verb in the imperative. In such cases, the ending of the present participle takes an extra *-u*, except before *-o*:

pierz*î*nd b*a*nii	losing the money
pierz*î*ndu-i /-dui̯/	losing it
pierz*î*nd l*u*pta	losing the battle
pierz*î*nd-o	losing it

Present participles are invariable. The prefix *ne-* is used to make them negative, e.g. *nepierzînd-o* 'not losing it'.

Some others:

fi*i*nd	being
ven*i*nd	coming
vorb*i*nd	speaking
av*î*nd	having
bînd	drinking
deschiz*î*nd	opening
dînd	giving
făc*î*nd	doing
lu*î*nd	taking
merg*î*nd	going
plec*î*nd	leaving
pun*î*nd	putting
put*î*nd	being able to
stînd	staying
văz*î*nd	seeing
vrînd *or* vo*i*nd	wanting

(*d*) *Past Participles*

We saw in Lesson 10 that the past participle was used in the formation of the passive voice:

a fost învins de turci	he was defeated by the Turks

(Note that the agent marker *de* 'by' functions like a preposition, in other words, the following noun, if unmodified, does not take the definite article. This is also the case with nouns following the direct-object marker *pe*:

Ştefan îi învinse pe turci	Stephen defeated the Turks

See also 28.3/1 (*a*).)

Past participles may be used to modify nouns. As when used in the passive, they agree in number and gender with the noun referred to or modified:

se întoarse rănit şi învins	he returned wounded and defeated
ruşinat, Ştefan se întoarse iar la luptă	ashamed, Stephen went back to the battle again

While we would say:

ruşinaţĭ, Ştefan şi Sandu . . .
ruşinată, Maria . . .

27.4/5 Sequence of Tenses

Note the examples of reported speech in the Text. In Romanian you retain the original tense of the speech situation, whereas in English we commonly turn it back into the past:

înştiinţară pe cele două doamne că domnitorul bate la poartă
he told the two ladies that the prince was knocking (*lit.* is knocking) at the gate

întrebînd cine bate — asking who was knocking
îi răspunse că e el — he replied that it was he

Pick out several other uses of the present tense in the Text which would normally be rendered by a past tense in English.

In a similar way the perfect may be used where in English the pluperfect (past perfect) would be preferred:

dacă însă el e Ştefan cu adevărat şi a fost învins de turci . . .
if, however, he really was Stephen and had been defeated by the Turks . . .

27.5 Exercises

1. Copy out the Text of the Lesson and read it aloud.

2. Make sentences with the help of the following tables:

(*a*)

Mama Sandu el ea		m*e*rse ven*i* sos*i* plec*ă*	la	gară Bucureşti
	se	d*u*se înto*a*rse	acasă repede	

(*b*)

am a aţi au	construit	o	casă gară
		un	bloc sat oraş

(*c*)

cine	b*a*te a băt*u*t băt*u*	la	uşă? fereastră? poartă?

*3. Change the verbs in the following sentences from the perfect to the past historic:

(1) Mi-a cerut o carte ('he asked me for a book').
(2) I-am dat dicţionarul.
(3) Ne-a întrebat unde locuim.
(4) Nu ne-a răspuns nimic.
(5) Nu le-a plăcut nimic.
(6) Au citit foarte mult.
(7) Cum ne-au văzut, au venit la noi.

*4. Translate:

— Who is knocking at the gate?
— Me (*trans.* I), Stephen.
— Which Stephen?
— Stephen, the prince. I have been defeated by the Turks. Open the gate for me (*dat.*).
— You can't be Stephen. Stephen never returns defeated from (a) battle.
— Mother, it *is* me, your son Stephen. I'm wounded.
— You are no longer my son if you let yourself (be) defeated. Better it is to die in battle than to lose your country.

— I'll obey you (*te ascult*), mother. I'll return (*trans.* leave again) to the battle.

5. Retell the story in writing, without consulting the Text if possible. Then try to tell it orally from memory.

Lesson 28

28.1 Vocabulary

ac*u*m . . . *a*dv. . . . ago
a ascult*a* *vb.* to listen to, to obey
aspir*i*nă — aspir*i*ne *F* aspirin
a be*a* *vb.* to drink
bei *vb.* (you) drink
boln*a*v, boln*a*vă, boln*a*vĭ, boln*a*ve *adj.* ill, sick
cam *adv.* a little, rather, somewhat, about
cap — c*a*pete *N* head
caz — c*a*zurĭ *N* case
a chem*a* *vb.* to call
cît *conj.* as long as, while
dent*i*st — dent*i*ştĭ *M* dentist
do*a*re *vb.* (it) hurts, aches
doctor*i*e — doctor*i*i *F* medicine
dor *vb.* (they) hurt, ache
a dure*a* *vb.* to hurt, to ache
dur*e*re — dur*e*rĭ *F* ache, pain
fic*a*t — fic*a*ţĭ *N* liver
fier /fi̯er/ — fi*a*re *N* iron
gît — g*î*turĭ *N* neck, throat
*i*nimă — *i*nimĭ *F* heart
a se îmbolnăv*i* *vb.* to become ill, to be ill
a îngrij*i* *vb.* to take care of, to look after
lăm*î*ie — lăm*î*i *F* lemon
oper*e*tă — oper*e*te *F* musical comedy, operetta
perf*e*ct *adv.* perfectly
pi*e*pt — pi*e*pturĭ *N* chest, breast
pil*u*lă — pil*u*le *F* pill
p*î*nă *prep.* by
policl*i*nică — policl*i*nicĭ *F* (poly)clinic
răce*a*lă — răc*e*lĭ *F* cold
a răc*i* *vb.* to catch (a) cold
rin*i*chĭ — rin*i*chĭ *M* kidney
rom — r*o*murĭ *N* rum
sănăt*a*te — sănăt*ă*ţĭ *F* health
sănăt*o*s, sănăto*a*să, sănăt*o*şĭ, sănăto*a*se *adj.* healthy, well

a schimb*a* *vb.* to change
seri*o*s, seri*oa*să, seri*o*şĭ, seri*oa*se *adj.* serious
a se simţ*i* *vb.* to feel
sl*a*vă — slăvĭ *F* glory, praise
sp*a*te (*no pl.*) *N* back
spit*a*l — spit*a*le *N* hospital
stom*a*c — stom*a*curĭ *N* stomach
ştrand — ştr*a*ndurĭ *N* (open-air) swimming-pool
ud, *u*dă, uzĭ, *u*de *adj.* wet

Phrases

*a*re să trebui*a*scă să mă v*a*dă un d*o*ctor	I'll have to see a doctor (*lit.* it will be necessary for a doctor to see me)
ce *e* cu m*i*ne?	what's the matter with me?
d*a*că-i aş*a*	if that's the case, if it's like that
i-a trec*u*t	it (has) passed, he (has) got over it, he's all right again (*lit.* it has passed to him)
îi chem*ă*m ac*a*să	we send for them (to come and see us) (*lit.* we call them home)
l*a*să că . . .	don't worry, rest assured that . . .
mă do*a*re c*a*pul	I have a headache
mă do*a*re în g*î*t	I have a sore throat
n-*a*i nim*i*c	you're all right, there's nothing wrong with you
n*u* am nim*i*c din to*a*te ac*e*stea	I haven't got any of those things
n*u* e c*a*zul să m*e*rgĭ	you don't have to go (*lit.* it's not the case that you go)
sau să i*e*i doct*o*rii	or take any medicine (*lit.* or take medicines)

p*a*rc-a şi-ncep*u*t să-mĭ f*i*e mai b*i*ne	I think I've already begun to feel better (*lit.* it seems it has already started to be better to me)
p*a*rcă mă do*a*re şi puţ*i*n în sp*a*te	I think I've got a bit of a pain in my back too, my back seems to be hurting, aching a bit too
p*î*nă d*u*pă-m*a*să îţĭ tr*e*ce durerea de c*a*p	by this afternoon your headache will have gone, your headache will go by this afternoon
să şt*i*i	I'm sure; it's clear; you know
o sănăt*a*te de fi*e*r	a cast-iron constitution, excellent health
a se simţ*i* b*i*ne	to feel well
a se simţ*i* r*ă*u	to feel ill, bad
sl*a*vă D*o*mnului	praise the Lord, thank heavens, thank goodness
şi-mi p*a*re r*ă*u	and I regret it

28.2 Patricia e puţin bolnavă

P: Ana, mă doare capul şi mă doare în gît. Nu ştiu ce e cu mine. Nu mă simt bine.

A: Să ştii că ai răcit ieri la ştrand. Eu ţi-am spus că ai să răceşti dacă nu-ţi schimbi costumul de baie, care era ud, fiindcă bătea vîntul şi era cam rece, dar nu m-ai ascultat. Acum să stai în casă, să bei un ceai fierbinte cu rom şi lămîie şi să iei o aspirină.

P: Parcă mă doare şi puţin în spate. Cred că m-am îmbolnăvit şi are să trebuiască să mă vadă un doctor. Unde pot găsi un doctor?

A: Lasă că nu e nimic serios. Dar, dacă vrei să ştii, d*o*ctorii îi găsim la spitale şi policlinici sau îi chemăm acasă. Dar tu n-ai nimic. Acum te cunosc bine. Şi tu şi William sînteţi perfect sănătoşi. Dacă te-ar durea stomacul, sau ficatul, sau rinichii, sau în piept, sau inima, aş înţelege, dar aşa, pentru o mică răceală, nu e cazul să mergi la d*o*ctor, sau să iei doctor*i*i.

P: Slavă Domnului că nu am nimic din toate acestea! Nici dinţii nu mă dor, aşa că nu am să am nevoie de dentist cît sînt aici.

A: Eu nu-mi prea îngrijesc sănătatea şi-mi pare rău.

P: Acum cîteva zile nici William nu s-a simţit bine. A luat însă nişte pilule şi i-a trecut. El nu e niciodată bolnav. Are o sănătate de fier.

A: Lasă că nici tu n-ai nimic. Pînă după-masă îţi trece durerea de cap şi mergem deseară la Teatrul de Operetă.

P: Dacă-i aşa, parc-a şi-nceput să-mi fie mai bine.

28.3 Grammar

28.3/1 Nouns

(*a*) As noted in 7.3/1 (*d*), nouns may be used in the plural generically, that is, without having any reference to a restricted number of items. Nouns used in such a sense may take the definite article in Romanian:

îmi plac copiii	I like children (*lit.* the children)
doctorii îi găsim la spitale	you find doctors at (the) hospitals (*lit.* the doctors)

Note that the direct-object marker *pe* is not always used before human nouns (*pe doctori* is also possible here, though). But remember that the definite article is regularly omitted in the case of unmodified nouns after prepositions and markers, where English has an article:

îi învinse pe turci	he conquered the Turks
nu am să am nevoie de dentist	I shan't need a dentist
la restaurant	at a, the restaurant
la restaurante	at (the) restaurants

But:

unul din restaurantele de la lacuri	one of the lakeside restaurants

(*b*) In the Text the form *doctorii* occurs twice. The written form in isolation is ambiguous, unless the stress is marked:

a doctor	un d*o*ctor
the doctor	d*o*ctorul
doctors	d*o*ctorĭ
the doctors	d*o*ctorii /-ri/
a medicine	o doctor*i*e
the medicine	doctor*i*a
medicines	doctor*i*i /-r*i*i̯/
the medicines	doctor*i*ile /-r*i*ile/

28.3/2 Verbs: Tenses

(*a*) Study the tenses of the verbs in the following sentence:

Eu ţi-am spus că ai să răceşti dacă nu-ţi schimbi costumul de baie, care era ud, fiindcă bătea vîntul şi era cam rece, dar nu m-ai ascultat.

We might translate this:

I told you you'd catch cold if you didn't change your swimming costume, which was wet, because the wind was blowing and it was quite cold, but you didn't listen to me.

Note that in Romanian the tenses used in the words actually spoken are retained when the speech is reported. The words spoken were:

— Ai să răceşti dacă nu-ţi schimbi costumul de baie.

The other verbs in the sentence are in either (*a*) the perfect tense, used for single completed actions in the past (the Text is informal, so the past historic is not used):

eu ţi-am spus nu m-ai ascultat

or (*b*) the imperfect tense, used for actions or conditions prevailing at the time the others occurred and presumably continuing after the others were completed:

era ud bătea vintul era cam rece

(*b*) Note the use of the present tense after such adverbials as *pînă după-masă*, where English prefers the future or future perfect:

pînă după-masă îţi trece durerea de cap	by this afternoon your headache will have gone

The perfect tense may also be used (*ţi-a trecut*).

28.3/3 Adverbs: *cît, ce, cum*

The adverb *cît* is used in a variety of senses. Here are a few examples:

cît costă asta?	how much does this cost?
cît e ceasul?	what's the time?
cît mai staţi aici?	how long are you going to stay here?
nu ştiu cît	I don't know (how long)
pe cît ştiu	as far as I know
cît e pînă acolo?	how far is it?
cît mai e pînă acolo?	how much further is it?
cît e de vechi acest vin?	how old is this wine?
(*cf.* cîţi ani aveţi?	how old are you?)
cît de lung e drumul acasă!	what a long way we have to go to reach home!
cît e de bine!	how lucky it is!
cît e de tînăr!	how young he is!
mergi cît mai uşor!	walk as lightly as possible!
eu vreau cît mai sus	I want to be as high up as possible
cu cît mai curînd, cu atît mai bine	the sooner the better

In a question *cît mai* may mean 'how much' or 'how much more', and in a statement or exclamation 'as . . . as possible', 'very'.

Ce may be used in place of *cît de* in the sense of 'how!':

ce cald a fost! cît de cald a fost! cît a fost de cald!	how warm it's been!
ce bine vorbeşte! cît de bine vorbeşte! cît vorbeşte de bine!	how well he speaks!

The subject if present follows the verb in such exclamations:

ce tînăr e el! cît de tînăr e el! cît e el de tînăr!	how young he is!

Cum is used when it is a verb that is modified (and not an adjective or adverb):

cum îi place să înoate!	how he enjoys swimming!
cum trece timpul!	how time flies!

28.3/4 Word-Order

Note the position of *prea* in the following:

eu nu-mi prea îngrijesc sănătatea	I don't take much care of my health

28.3/5 Markers: *pe*

The direct-object marker is, as we have seen, used before proper names and sometimes before other human nouns. It is also used with the accented accusative pronouns (17.3/1) and with certain other pronouns such as *cine*, *care*, *acesta*, *unii*, *toţi*, *altul*, etc., especially with reference to persons:

am invitat pe altul	I invited another (man, boy)

nu le pot menţiona pe toate	I can't mention them all

For *altul* see next paragraph.

28.3/6 Determiners and Pronouns: 'Other'

(*a*) To translate 'another', 'others' there are two sets of forms. The following are those of the non-pronominal determiner:

(un) alt, (o) *a*ltă, alţĭ, *a*lte
(*C-forms*: *a*ltui, *a*ltei, *a*ltor, *a*ltor)

Examples:

daţi-mi (un) alt stilou, vă rog	give me another pen, please
*a*lţi o*a*meni sînt m*a*i discr*e*ţi	other people are more discreet

The following are those of the non-determiner pronoun (cf. the forms of *unul*):

*a*ltul, *a*lta, *a*lţii /*a*ltsi/, *a*ltele
(*C-forms*: *a*ltuia, *a*lteia, *a*ltora, *a*ltora)

Example:

unul mi-a spus una, altul alta	one person told me one thing, another another (thing)

(*b*) To translate 'the other(s)', 'the other one(s)' the following may be used as a determiner pronoun:

cel*ă*lalt, ce*a*laltă, c*e*ilalţĭ, c*e*lelalte
(*C-forms*: c*e*luilalt, c*e*leilalte, c*e*lorlalţĭ, c*e*lorlalte)

Examples:

prefer celălalt dicţionar	I prefer the other dictionary
unele sînt aici, celelalte sînt acolo	some are here, the others are there

Don't confuse the non-determiner pronoun *altul* 'another (one)' with the determiner pronoun *celălalt* 'the other (one)'.

28.4 Exercises

1. Make sentences with the help of the following tables:

(*a*)

mă		capul
vă		spatele
îl		mîna
o	doare	stomacul
îi		ficatul
le		un dinte
te		în gît

(*b*)

mi-			
ne	e	mai	bine
i-		mult mai	
le		puţin mai	rău
		tot mai	
mă simt		foarte	
se simt			
ne simţim			

(*tot mai* 'more and more')

*2. Rewrite the following sentences, changing the tense of the verb to:

(*a*) the imperfect,
(*b*) the perfect,
(*c*) the past historic,
(*d*) the future with *voi*,
(*e*) the future with *am să*,
and (*f*) the conditional.

(1) Mă duc la un cinema.
(2) Se întoarce acasă.
(3) Mergem cu voi.
(4) Vă rog ceva.
(5) Ei îşi cumpără un dicţionar.
(6) Venim şi noi la voi.

*3. Translate, using as far as possible structures from the Lesson; use *dvs.* for 'you':

(1) How are you feeling?
(2) I shan't need a doctor.
(3) I have a headache and toothache.
(4) You must change your swimming costume.
(5) Have a hot drink of tea with rum.
(6) You'll have to see a doctor.
(7) If you want to know, I'll tell you.
(8) You don't need any medicine.
(9) Take care of your health.
(10) *I* didn't feel well, either, a few days ago.
(11) Your backache will have gone (*trans.* goes) by tomorrow.
(12) Don't worry, there's nothing the matter with them.
(13) You'll catch cold if you aren't careful.

*4. Translate, paying particular attention to the tenses:

One day Patricia didn't feel (*perfect or imperfect*) too well. She had a slight headache and also had a sore throat. She wanted to go to the doctor('s) but Ann stopped (*past historic*) her. Ann told (*past historic*) her to take an aspirin and to drink one or two cups of tea with rum and lemon. Patricia obeyed (*past historic*) her and soon felt (*past historic*) better (*trans.* well). In the evening the two friends went (*perfect or past historic*) with their husbands to the operetta (*trans.* operetta theatre).

Lesson 29

29.1 Vocabulary

alco*o*l /al-co-*o*l/ — alco*o*lurĭ *N* alcohol
altcev*a* *pron.* something else, anything else
antinevr*a*lgic — antinevr*a*lgice *N* antineuralgia pill, headache pill
an*u*me *adv.* namely, exactly
b*a*ncă — băncĭ *F* bank, bench
bancn*o*tă — bancn*o*te *F* banknote
citit*o*r — citit*o*rĭ *M* reader
a se coaf*a* /co-a-f*a*/ *vb.* to have one's hair done
coaf*a*t — coaf*a*turĭ *N* hairdo, hairdressing
coaf*o*r — coaf*o*rĭ *M* (ladies') hairdresser
coaf*u*ră — coaf*u*rĭ *F* hairdo, hairdressing
cuv*î*nt — cuv*i*nte *N* word
ei /ei̯/ *int.* well
expr*e*sie — expr*e*sii *F* expression, phrase
a se f*a*ce *vb.* to be done, to be made (up), to become
farmac*i*e — farmac*i*i *F* chemist's, pharmacy
fem*e*ie — fem*e*i *F* woman
f*i*e *conj.* be it, whether, either (. . . or)
friz*e*r — friz*e*rĭ *M* barber
frizer*i*e — frizer*i*i *F* men's hairdresser's, barber shop
a lips*i* *vb.* to be absent, to be omitted, to be missing, to lack, to be away
manu*a*l — manu*a*le *N* textbook, manual
medicam*e*nt — medicam*e*nte *N* medicine, drug
orĭ*u*nde *adv.* anywhere, wherever
pansam*e*nt — pansam*e*nte *N* dressing, bandage
păr — perĭ *M* hair
pierd*u*t, pierd*u*tă, pierd*u*ţĭ, pierd*u*te *adj.* lost
p*i*ldă — p*i*lde *F* example, model
p*o*ştă — p*o*şte *F* post, post-office
prin *prep.* in
a (se) r*a*de *vb.* to shave (oneself), to have a shave, to get a shave
ras — r*a*surĭ *N* shave
rest — r*e*sturĭ *N* rest, remainder, change

reţ*e*tă — reţ*e*te *F* prescription, recipe
a r*î*de *vb.* to laugh
sal*o*n — salo*a*ne *N* drawing-room, saloon
a (se) spăl*a* *vb.* to wash (oneself)
a se t*u*nde *vb.* to have one's hair cut, to have a haircut
tuns — t*u*nsurĭ *N* haircut
v*a*tă — v*a*te[1] *F* cotton-wool
a vops*i* *vb.* to dye, to colour, to paint
vops*i*t — vops*i*turĭ *N* dyeing, painting

Phrases

ad*e*sea sînteţĭ întreb*a*ţĭ	you're often asked
al n*o*stru	ours
an*u*me c*e*?	what, then?
bir*o*ul obi*e*ctelor pierd*u*te	the lost-property office
de m*u*lte *o*rĭ	many times, often
de p*i*ldă	for instance
dr*a*gă S*a*ndule	my dear Sandu
fem*e*ile îşĭ sp*a*lă p*ă*rul	(the) women wash their hair, have their hair washed
îna*i*nte de a te d*u*ce	before going, before you go
la friz*e*r	at the barber's
m*a*re l*u*cru	very much, a great deal
ne lips*e*şte cev*a*	we're omitting something, some things; something is missing, some things are missing (*lit.* something is lacking to us)
se poate	it may be, possibly, perhaps
n*u* se po*a*te *a*ltfel	it can't be otherwise, there's no alternative, we'll have to
un sal*o*n de coaf*u*ră	a ladies' hairdresser's
şi c*e*-i cu *a*sta?	and what's wrong with that, what of it, so what?

[1] C-form root.

29.2 Alte cuvinte şi expresii

W: Dragă Sandule, ne lipseşte ceva.

S: Anume ce?

W: N-am pus în manualul nostru nimic despre: la frizer, la coafor, la farmacie, la dentist, la doctor, la poştă, la bancă, la biroul obiectelor pierdute, la. . . .

S: Ei, şi ce-i cu asta? Fiindcă ai văzut toate acestea prin alte manuale, crezi acum că trebuie să le punem şi noi într-al nostru?

A: Nu se poate altfel, dragă. Vrei să spună cititorii noştri că am uitat de aceste lucruri?

P: Uite, de pildă, de ce se duc bărbaţii la frizer şi femeile la coafor?

S: Bărbaţii se tund şi se rad la frizer, iar femeile îşi spală părul, şi-l vopsesc şi se coafează la coafor. Nu-ţi trebuie să ştii mare lucru cînd te duci la o frizerie sau la un salon de coafură. Tot ce trebuie să ştii este: 'Cît costă un tuns?' 'Cît costă un ras, vă rog?' 'Cît costă un coafat sau vopsitul părului, vă rog?' Bineînţeles, trebuie să mai ştii să numeri pe româneşte şi să nu uiţi să-ţi iei restul cînd plăteşti cu o bancnotă de o sută de lei sau douăzeci şi cinci de lei.

W: Bine, şi ce trebuie să ştim să spunem cînd intrăm într-o farmacie?

A: Întîi 'Bună ziua'. (*Toţi rîd.*)

W: Bine, asta ştim. Asta spunem oriunde intrăm, fie într-un birou, fie într-o prăvălie sau magazin.

A: Apoi spui: 'Vă rog să-mi daţi nişte antinevralgice,' dacă ai dureri de cap sau de dinţi, sau 'Unde se fac reţetele, vă rog?', dacă ţi-a dat doctorul o reţetă. La farmacie se găsesc pilule, medicamente, pansamente, vată, alcool, etc. Şi nu uitaţi, adesea sînteţi întrebaţi: 'Altceva mai doriţi?'.

S: Cum vedeţi, nu e greu de loc. Dar de multe ori înainte de a te duce la farmacie trebuie să te duci la doctor.

P: Aş propune să lăsăm doctorii şi doctoriile pentru altădată.

29.3 Grammar

29.3/1 Pronouns: Possessive Forms

We saw in 20.3/2 that forms equivalent to English *mine*, *yours*, *hers*, etc., consisted of the marker *al*, *a*, *ai*, *ale* (to agree with the gender and number of the noun whose referent is the thing(s) possessed) together with the possessive determiners (agreeing similarly in form). In the Text we had:

crezi acum că trebuie să le punem şi noi într-al nostru?
do you think that we should also put them in ours?

The form *al nostru* agrees in gender and number with *manual* (N-noun, singular). (Note, incidentally, that the form *într-* is selected before the possessive pronouns, not *în*.) The complete table is as follows:

	'mine'	'yours'	'his'	'hers'
al +	meu	tău	lui	ei
a +	mea	ta	lui	ei
ai +	mei	tăi	lui	ei
ale +	mele	tale	lui	ei

	'his', 'hers'	'ours'	'yours'	'theirs'
al +	său	nostru	vostru	lor
a +	sa	noastră	voastră	lor
ai +	săi	noştri	voştri	lor
ale +	sale	noastre	voastre	lor

The forms with *lui* and *ei* are much more common than the *său*-forms.

The second person sg. polite forms are: *al*, *a*, *ai*, *ale* + *dvs.*

29.3/2 Verbs: Past Participles and Infinitives

Past participles may be used as adjectives and as nouns. For example:

a spăla 'to wash':	spălat *adj.* 'washed'
	spălat *N* 'washing', 'laundering'
a rade 'to shave':	ras *adj.* 'shaved', 'shaven'
	ras *N* 'shave'
a tunde 'to cut (hair)':	tuns *adj.* 'cut', 'trimmed', 'shorn'
	tuns *N* 'haircut'

Other nouns of this type (all N-nouns):

coafat 'hairdressing', vopsit 'dyeing', rîs 'laugh(ter)'

Thus past participles used as nouns in Romanian often correspond to present participles used as nouns in English (gerunds). Romanian infinitives may also correspond in use to English gerunds:

de multe ori înainte de a te duce la farmacie	many times before going to the chemist's

Prepositions such as *înainte de*, *fără*, *pentru* may be followed by infinitives in this way. Further examples:

înainte de a pleca acasă	before leaving for home, before going home
înainte de a pleca de acasă	before leaving home, before going away
înainte de a veni în România	before coming to Romania
fără a întreba pe cineva	without asking someone
fără a ruga pe nimeni	without asking anyone
obiectul acesta e pentru a deschide sticle	this thing's for opening bottles (with)

29.3/3 Verbs: Tenses

In 6.3/4 it was noted that certain time adverbs require the verb to be in the present tense where the corresponding English prefers a perfect tense. The table in 24.3/2 (*b*) contains examples of similar time expressions with the verbs in the perfect tense, as in English. You will notice that the verbs in each case are of a different kind. The present tense is used only if the action can be conceived as not having been concluded at the time of speaking (e.g. 'living', 'learning', 'knowing'). Consider the sentences in the following table. You will see that, according to the sense, *de mult*, for instance, may be equivalent to 'for a long time' or 'a long time ago'; *din anul 1965* to 'since 1965' or 'in 1965', and so on. The system is much simpler in Romanian than in English. The table will repay careful study.

<table>
<tr><td colspan="2">locuiesc aici
învăţ engleza
îl cunosc pe Nicu</td><td rowspan="3">de mult
de puţin timp
de multă vreme
de mai mulţi ani
de şase luni
din anul 1965
din toamna trecută
de astă toamnă</td></tr>
<tr><td colspan="2">am plecat de aici
am luat diploma</td></tr>
<tr><td>nu</td><td>l-am văzut
i-am întîlnit
le-am scris</td></tr>
</table>

Note the following:

odată	once, sometime
de două ori	twice
de multe ori	many times, frequently
de mai mulţi ani	for several years, several years ago
de astă toamnă	this autumn, since this autumn
din toamna trecută	last autumn, since last autumn

29.4 Exercises

1. Copy out the Text of the Lesson and read it aloud.

*2. Insert three or four nouns in each of the blank

squares in the following table and read off some of the completed pairs of sentences:

Am	cumpărat	un		E	al	meu nostru
	primit	o			a	mea noastră
	adus				ai	mei noştri
	găsit	nişte		Sînt	ale	mele noastre

Example: Am cumpărat un stilou. E al meu.

3. Read off some more sentences from the above (completed) table, substituting *aţi* for *am*, *dvs.* for *meu*, *mea*, *mei*, *mele*, and *vostru* (etc.) for *nostru* (etc.).

*4. Add a sentence to each of the following on the model:

Am cumpărat un ceas. E al meu.

(1) Dvs. aţi primit un dicţionar. E. . . .
(2) Sandu şi Ana au nişte reviste. Sînt. . . .
(3) Patricia are în mînă nişte ochelari.
(4) Prieteni noştri locuiesc într-un apartament.
(5) Voi aţi cumpărat nişte ţigări.
(6) Toma mi-a arătat nişte fotografii.
(7) Tu ai primit un carnet.
(8) Ana citeşte o carte englezească.

*5. Translate:

— What do you do (*tu*-form) when you are ill?
— I go to the doctor.
— And what does the doctor give you?
— He gives me a prescription.
— What do you do with the prescription?

— I take it (*trans.* go with it) to the chemist's.

— But if you haven't been to the doctor's what do you do?

— I go to the chemist's and buy medicines that one can buy without a prescription.

— What kind of drugs can you buy at the chemist's?

— For example, aspirin, pills—I don't know any others (*trans.* others I don't know more)!

— You should make yourself (*Să-ţi faci*) a list so that you know what the various (*diferitele*) kinds of drugs and medicines are called in Romanian. You may (*poate să*) need them some day (*odată*).

— I shan't need them. I never get ill.

— Are you *so* (*chiar aşa de*) sure?

— Yes, I have a very strong constitution.

— Good for you (*bravo*)! But then why did we have this talk (*trans.* dialogue)?

— So we could have (*ca să facem*) some (*puţină*) conversation in Romanian. You know I need that (*aşa ceva*).

6. Compose a short dialogue between yourself and a shop-assistant.

Lesson 30

30.1 Vocabulary

acoper*i*t, acoper*i*tă, acoper*i*ţĭ, acoper*i*te (de) *adj.* covered (with)
adî*n*c, adî*n*că, adî*n*cĭ, adî*n*cĭ *adj.* deep
ascensi*u*ne — ascensi*u*nĭ *F* mountain climbing, climb, ascent
astă-seară *adv.* this evening
cab*a*nă — cab*a*ne *F* chalet, cabin
co*a*stă — co*a*ste *F* coast, slope
cre*a*stă — cr*e*ste *F* ridge, crest, summit
a se culc*a* *vb.* to go to bed, to lie down
a c*u*rge *vb.* to flow
dec*o*r — dec*o*rurĭ *N* setting, scenery, décor
difer*i*t, difer*i*tă, difer*i*ţĭ, difer*i*te (de) *adj.* different (from), various
a dorm*i* *vb.* to sleep
echipam*e*nt — echipam*e*nte *N* equipment, outfit, kit, gear
fo*a*me *F* hunger
ger — g*e*rurĭ *N* frost
i*a*rnă — iernĭ /i̯ernĭ/ *F* winter
i*a*rna *adv.* in winter
în jur *adv.* all around
a n*i*nge *vb.* to snow
*o*rĭ de cî*t*e *o*rĭ *conj.* whenever, every time (that)
patin*a*j *N* skating
păc*a*t — păc*a*te *N* sin, (it's a) pity
plimb*a*re — plimb*ă*rĭ *F* walk, hike
plin, pl*i*nă, plinĭ, pl*i*ne *adj.* full
a porn*i* *vb.* to start, to begin
pr*i*măvară — pr*i*măverĭ *F* spring
pr*i*măvara *adv.* in spring
progr*a*m — progr*a*me *N* programme
răsp*o*imîine *adv.* the day after the day after tomorrow, in three days' time
r*e*pede, r*e*pede, r*e*pezĭ, r*e*pezĭ *adj.* quick, fast
a se sătur*a* *vb.* to have one's fill, to have enough
schi /ski/ — sch*i*urĭ *N* ski, skiing

s*e*te *F* thirst
somn *N* sleep
a sper*a* *vb.* to hope
a speri*a* *vb.* to frighten
spl*e*ndid, spl*e*ndidă, spl*e*ndizĭ, spl*e*ndide *adj.* splendid
sport — sp*o*rturĭ *N* sport
staţi*u*ne — staţi*u*nĭ *F* (holiday, health) resort
to*a*mna *adv.* in autumn
une*o*rĭ *adv.* sometimes
*u*ra *int.* hurray, hurrah
v*a*le — văi *F* valley
vara *adv.* in summer
vîrf — v*î*rfurĭ *N* top, peak, summit

Phrases

c*a*re e progr*a*mul n*o*stru?	what's our programme, what are our plans, what are we going to do?
c*e* frum*o*s e s*u*s!	how lovely it is up there, high up
echipam*e*nt de m*u*nte	mountaineering equipment
a f*a*ce o ascensi*u*ne	to climb a mountain
frumo*a*sa staţi*u*ne de m*u*nte Sin*a*ia	the beautiful mountain resort of Sinaia
în pl*i*nă v*a*ră	at the height of summer
a lu*a* m*a*sa	to lunch, to dine, to have a meal
m-am sătur*a*t de hot*e*lurĭ	I'm fed up with (staying at) hotels
mai b*i*ne z*i*s	or rather (*lit.* better said)
mi-e /mi̯e/ fo*a*me	I'm hungry
mi-e s*e*te	I'm thirsty
mi-e s*o*mn	I'm sleepy
m*u*nţii Buc*e*gĭ	the Bucegi mountains
n*u* ne speri*a* pri*e*tenii	don't frighten our friends
pe c*î*t(e) şt*i*u	as far as I know
st*a*i să-mi amint*e*sc	stop, let me try to remember

o staț*iu*ne de m*u*nte	a mountain resort
p*o*imîine și r*ă*sp*o*imîine	the day after tomorrow and the day after that, the next day and the day after
v*a*lea Pr*a*hovei	the Prahova valley

30.2 O plimbare la munte

P: Ce zi e mîine, Ana?
A: Mîine e duminică.
P: Și care e programul nostru pentru mîine?
A: Mîine, poimîine și răspoimîine mergem la munte.
P: Stai să-mi amintesc. Urcăm pe valea Prahovei pînă la frumoasa stațiune de munte Sinaia, și ajungem în munții Bucegi. Ce facem acolo, Sandule? Facem vreo ascensiune?
S: Cum vreți voi. În mașină putem să ne luăm echipament de munte și pardesiu de ploaie, așa că facem, dacă vreți, și o ascensiune, bineînțeles pe unul din vîrfurile mai mici.
P: Ah, ce frumos e sus, pe un vîrf de munte, de unde poți privi în jur numai creste înalte și coaste acoperite de păduri, în timp ce jos prin văile dintre munți curg rîuri repezi!
A: Splendid, Patricia!
W: Și în acest decor minunat, sper că vom dormi la cabane, sus pe munte. M-am săturat de hoteluri ori de cîte ori călătorim.
S: Desigur. Două nopți dormim la cabane. Mașina o lăsăm jos în vale și noi mergem pe creste.
A: Să sperăm că nu plouă, mai bine zis, că nu plouă prea mult. La munte plouă adesea. Uneori chiar și ninge în plină vară.
S: Nu ne speria prietenii, dragă! Au să creadă că e și ger vara în Bucegi. Asta se întîmplă iarna și uneori și primăvara, dar nu vara. Chiar și toamna avem vreme frumoasă la munte.

P: Păcat că nu am venit iarna în România. Am putea face schi la munte.

A: Şi patinaj la Bucureşti.

W: Dragele mele, să lăsăm acum sporturile de iarnă. Mie mi-e foame, mi-e sete şi mi-e somn, şi pe cîte ştiu, astă-seară luăm masa la restaurant. Ar fi bine să plecăm de acasă mai repede şi să nu ne culcăm prea tîrziu, fiindcă mîine ne sculăm devreme şi pornim la munte.

P: Ura!

30.3 Grammar

30.3/1 Nouns

(*a*) The full forms of *femeie* 'woman' are as follows:

o fem*e*ie /fe-m*e*-i̯e/ → unei fem*e*i
fem*e*ia /fe-m*e*-i̯a/ → fem*e*ii /fe-m*e*-(i̯)i/
fem*e*i /fe-m*e*i̯/ → unor fem*e*i
fem*e*ile /fe-m*e*-i-le/ → fem*e*ilor /fe-m*e*-i-lor/

(*b*) *Compounds with* de

The word *de* is used in many functions, one of which is to link two nouns to form a compound, as we saw in 19.3/2 (*a*):

o masă de lemn	a wooden table
o sănătate de fier	a strong constitution
o staţiune de munte	a mountain resort
echipament de munte	mountaineering equipment
sporturi de iarnă	winter sports
un pardesiu de ploaie	a raincoat, mackintosh
nori de ploaie	rain-clouds
o durere de cap	a headache

Make a list of a few more.

30.3/2 Noun-Phrase Word-Order

It was mentioned in 20.3/1 that in a structure comprising the definite article, an adjective and a noun whichever comes first, the adjective or the noun, takes the article and C-form suffixes:

staţiunea frumoasă frumoasa staţiune	the beautiful resort
staţiunii frumoase frumoasei staţiuni	of the beautiful resort
staţiunile frumoase frumoasele staţiuni	the beautiful resorts
staţiunilor frumoase frumoaselor staţiuni	of the beautiful resorts

The adjective generally follows the noun, but it may precede, for instance, when modifying the first element in a compound, as in:

frumoasa staţiune de munte	the beautiful mountain resort
diferitele feluri de medicamente	the various kinds of drugs

When we have a noun phrase that includes both a possessive determiner and an adjective, the elements may be ordered in two different ways:

(1) adj. + article suffix—poss. det.—noun.

(2) noun + article suffix—poss. det.—*cel*—adj.

The second method lays stress on the adjective and is the more common. For 'your new car' we may say, then, either:

noua ta maşină

or:

maşina ta cea nouă

Turning these into the plural:

noile tale maşinĭ maşinile tale cele noi	your new cars

As we are dealing here with an F-noun, plural forms will be used in both singular and plural C-forms:

noii /noi̯i/ tale maşinĭ maşinii tale celei noi	of your new car
noilor /noilor/ tale maşinĭ maşinilor tale celor noi	of your new cars

Example:

*ca*re e culo*a*rea (*F*) n*o*ii t*a*le maş*i*ni? care e culoarea maşinii tale celei noi?	what's the colour of, what colour's your new car?

Note the forms of *cel* in the above examples.

30.4 Exercises

*1. Rewrite the following sentences changing the tense of the verbs into:

(*a*) the imperfect,
(*b*) the perfect,
(*c*) the *voi*-future,
and (*d*) the *am să*-future.

(1) Ne culcăm devreme şi ne sculăm devreme.
(2) Plouă şi ninge în fiecare zi la munte.
(3) E frumoasă toamna la Sinaia.
(4) Mă gîndesc adesea la voi.
(5) Prietenii noştri se plimbă prin pădure la munte.
(6) Vă e foame şi sete după atîta plimbare, nu?

*2. Complete the following tables yourself with the types of words suggested. Compare your answers with those suggested in the Key, then read off again a number of sentences in each.

(*a*) Insert verbs or verbal phrases in the last column that say something about the weather:

nu	-mi -ți -i ne vă le	place cînd	

(*b*) Insert nouns in the second column that say where you suggest we take a walk:

să ne plimbăm prin	

(*c*) Insert verbs (first person plural present-tense forms) in the third column:

vrem sperăm ne gîndim ne-am hotărît	să		la	mare munte București Mamaia

*3. Translate:

It took us a long time to decide (*ne-a trebuit mult pînă cînd ne-am hotărît*) where to (*unde să*) go first. Some of us wanted (*imperfect tense*) to go to the mountains (*la munte*), others to the sea. Some wanted to climb up (*să urce pe*) the mountains, others wanted to stay down in the valley. Some of us wanted to sleep at the chalets, others wanted (to sleep) at the hotel, where there are large rooms, (a) bath and hot water all day, and you don't (*trans.* one doesn't) have to wash often in (*cu*) cold water. Then up on the peaks and ridges the wind blows very hard and it rains a lot—sometimes there's even snow (*chiar ninge*).

As you see, it wasn't (*perfect tense*) so (*prea*) easy to decide what to do, but in the end we had to (*perfect tense*) agree, because otherwise we would never have started (*nu mai plecam*) for the mountains.

30.5 Supplementary Dialogue

Vocabulary

abi*a* *adv.* hardly, only (. . . up to now)
a apr*i*nde *vb.* to light, to switch on (the light)
a asc*u*nde *vb.* to hide
brich*e*tă — brich*e*te *F* lighter
a se căsător*i* *vb.* to marry, to get married
de cînd *conj.* since
a iub*i* *vb.* to love
pe at*u*ncĭ *adv.* then, at that time
a prom*i*te *vb.* to promise
a st*i*nge *vb.* to put out, to switch off
a tr*e*ia the third
o ţig*a*ră de f*o*i a cigar

Ea: Iar ai aprins o ţigară! Te rog s-o stingi!
El: Dar e abia a treia azi după-masă.
Ea: Ştii că nu-mi place cînd fumezi. Apropo, unde ai găsit chibriturile? Credeam că le-am ascuns bine.
El: N-am găsit chibriturile. Mi-am cumpărat însă o brichetă.
Ea: Vezi, înainte de a ne căsători mi-ai promis că n-ai să mai fumezi. Pe atunci mă iubeai.
El: Te iubesc şi acum, dar pe atunci fumam ţigări de foi şi de cînd ne-am căsătorit nu mai fumez ţigări de foi.

Lesson 31

31.1 Vocabulary

alb*a*stru, alb*a*stră, alb*a*ştri, alb*a*stre *adj.* blue

a al*e*ge *vb.* to choose, to select

al*e*s *past part.* chosen, selected

bătr*î*n, bătr*î*nă, bătr*î*nĭ, bătr*î*ne *adj.* old

bătr*î*n — bătr*î*nĭ *M* old man

bătr*î*nă — bătr*î*ne *F* old woman

culo*a*re — cul*o*rĭ *F* colour

deş*i* *conj.* although

drăg*u*ţ, drăg*u*ţă, drăg*u*ţĭ, drăg*u*ţe *adj.* nice, cute, sweet

ex*e*mplu — ex*e*mple *N* example

a folos*i* *vb.* to use

g*a*lben, g*a*lbenă, g*a*lbenĭ, g*a*lbene *adj.* yellow

gînd — g*î*ndurĭ *N* thought

gol, go*a*lă, goi, go*a*le *adj.* empty

gras, gr*a*să, graşĭ, gr*a*se *adj.* fat

gri, gri, gri, gri *adj.* grey

h*a*ină — h*a*ine *F* coat, (*pl.*) coats, clothes

h*a*rnic, h*a*rnică, h*a*rnicĭ, h*a*rnice *adj.* hard-working, industrious

import*a*nt, import*a*ntă, import*a*nţĭ, import*a*nte *adj.* important

a îmbogăţ*i* *vb.* to enrich

încep*u*t — încep*u*turĭ *N* beginning, start

literat*u*ră — literat*u*rĭ *F* literature

lung, l*u*ngă, lungĭ, lungĭ *adj.* long

neplăc*u*t, neplăc*u*tă, neplăc*u*ţĭ, neplăc*u*te *adj.* unpleasant, nasty

obos*i*t, obos*i*tă, obos*i*ţĭ, obos*i*te *adj.* tired

a om*i*te *vb.* to omit

pant*o*f — pant*o*fĭ *M* shoe

a povest*i* *vb.* to relate, to tell, to narrate

povest*i*re — povest*i*rĭ *N* story, anecdote

r*a*dio /r*a*-di-o/ — radi*o*urĭ /ra-di-*o*-urĭ/ *N* radio, wireless

a răsfo*i* *vb.* to look, to glance, to skim

r*o*chie — r*o*chii *F* dress

roşu, roşie, roşii, roşii *adj.* red

săr*a*c, săr*a*că, săr*a*cĭ, săr*a*ce *adj.* poor
sc*u*rt, sc*u*rtă, scurţĭ, sc*u*rte *adj.* short
a se sfîrş*i* *vb.* to end, to come to an end
slab, sl*a*bă, slabĭ, sl*a*be *adj.* thin, weak
televiz*o*r — televizo*a*re *N* television-set
a trad*u*ce *vb.* to translate
*u*ltimul, *u*ltima, *u*ltimii /-mi/, *u*ltimele *adj.* the last
ur*î*t, ur*î*tă, ur*î*ţĭ, ur*î*te *adj.* ugly, nasty
vi*a*ţă /vi̯*a*-tsă/ — vieţĭ /vi̯etsĭ/ *F* life

Phrases

*a*m să vă d*a*u să adăug*a*ţĭ pr*i*ntre l*e*cţii l*i*stele m*e*le	I'll give you my lists to put between the lessons
ca citit*o*rii noştri să po*a*tă...	for our readers to be able to ...
ca rom*â*nii	like (the) Romanians
de ac*u*m	from now on
dintr-*o* l*i*mbă într-*a*lta	from one language into another, the other
dr*a*gă W*i*lliam	my dear William, William old boy
f*ă*ră să vr*e*m	without wanting to
n-av*e*m c*e* f*a*ce	we can't help it, we can't do anything about it, we have no choice
ne er*a* g*î*ndul la ...	we were thinking of ...
ne lips*e*sc *î*ncă o mulţ*i*me de cuv*i*nte	a lot of words are still missing, there are a lot of words we haven't put in yet
pe de *a*ltă p*a*rte	on the other hand
s*i*ngurĭ	on our own, by ourselves
viaţa	life (*lit.* the life)

31.2 Ultima lecţie

W: Ştii ceva, Sandule. Ne lipsesc încă o mulţime de cuvinte româneşti ca să putem vorbi ca românii.

S: Ştiu, dragă William, dar n-avem ce face. Nu puteam folosi prea multe cuvinte în lecţiile noastre. De aceea le-am ales. Am omis de exemplu, fără să vrem, unele cuvinte ca: *obosit*, *urît*, *sărac*, *gras*, *slab*, *scurt*, *gol*, fiindcă nouă ne era gîndul numai la lucruri plăcute, deşi sînt şi destule lucruri neplăcute în viaţă.

A: Da, dar răsfoind prin carte vedem că nu găsim toate cuvintele importante. Unde sînt de pildă: *drăguţ*, *lung*, *harnic*, *bătrîn?* Unde sînt culorile: *albastru*, *galben*, *gri*, *roşu?* Pe de altă parte nu credeţi că e important ca cititorii noştri să poată povesti uşor ceva sau să traducă o povestire dintr-o limbă într-alta sau să citească puţină literatură română?

P: Cuvintele pe care le-ai spus sînt de acum aici şi le vom putea învăţa! Dar să nu uităm că ne-am îmbogăţit vocabularul şi singuri. Crezi că ascultînd la radio, privind la televizor sau mergînd prin prăvălii nu am învăţat destule? Am să vă dau să adăugaţi printre lecţii listele mele de cuvinte în care găsiţi: *haine*, *rochii*, *pantofi*. . . .

W: Stai, Patricia, mai încet. Nu trebuie să te grăbeşti aşa în viaţă, fiindcă atunci viaţa se sfîrşeşte prea repede. Cartea noastră e numai un început în învăţarea limbii române.

31.3 Grammar

31.3/1 Adjectives

(*a*) Some adjectives are invariable, that is, they do not change their form or take any endings for gender or number. Examples are: *gri* 'grey', *maro* 'brown', *şic* 'smart', 'elegant', 'chic'. Thus we say:

o haină gri	a grey coat
nişte pantofi gri	some grey shoes
un pardesiu gri	a grey overcoat
două rochii gri	two grey dresses

They normally always follow the noun they modify.

(*b*) Before names (in the vocative) the M-form *drag* 'dear' is replaced by the F-form *dragă*:

dragă William   dragă Sandule   dragă Patricia

This adjective is regularly used between men as between women and between women and men, so that *dragă William* can be variously translated as 'dear William', 'my dear William', 'William old chap', 'William dear', etc. On the other hand, if we address William simply as 'my dear', we may say *dragul meu* (pl. *dragii mei* 'my dears').

31.3/2 *Să*-Clauses

Note the uses of *ca* + *să*. First, *ca să* in the sense of 'in order that', 'so that' (see 23.3/5):

am avut nevoie de mult timp ca să învăţ englezeşte	I needed a lot of time, it took me a long time to learn English
ca să fiu mai exact, e şase şi douăzeci	more precisely, to be precise it's 6.20
ne lipsesc o mulţime de cuvinte romaneşti ca să putem vorbi ca românii	we need to know a lot more words before we can speak, in order to speak like Romanians

Secondly, *ca* . . . *să* with a noun-subject in between:

totul e numai ca vînzătorii să nu fie ocupaţi cu clienţii	provided that the shop-assistants aren't occupied with the customers
e important ca cititorii noştri să poată povesti uşor ceva	it's important for our readers to be able to relate, tell something without too much difficulty, easily

Note the position of the noun-subject in these two examples, viz. between *ca* and *să* (cf. the English 'for . . . to . . .'). This is the rule when you want a noun-subject to precede the verb in a *să*-clause (*ca* + noun + *să* + verb). Thus we may say:

vreau ca Sandu să plece la Londra	I want Sandu to leave for, go to London

Alternatively:

vreau să plece Sandu la Londra	I want Sandu (and no one else) to go to London
Sandu vreau să plece la Londra	It's Sandu I want to go to London (he's the one I meant)

We already had an example of the first alternative in Lesson 29:

vrei să spună cititorii noştri . . .	do you want our readers to say . . .

31.4 Exercises

*1. In each of the following substitution tables one column has been left blank for your own insertions. Examples of possible insertions will be found in the Key; compare your own with these, then recite as many of the examples as you can from memory.

(*a*) Insert five colour-adjectives:

am	cumpărat văzut primit	o	haină rochie umbrelă pălărie	

(*b*) Insert ten adjectives:

care e mai		dintre noi	doi? patru? toţi?

(*c*) Insert five adjectives:

L*u*cia /l*u*čiịa/ Mar*i*a Di*a*na Rox*a*na sora mea	e	

(*d*) Insert five adjectives:

drumul pînă la	Sinaia Braşov	e		pe	aici acolo

(*pe aici* 'this way', 'along here')

(*e*) Insert five adjectives:

vreau să	-ţi vă -i le	spun povestesc	ceva	

(*f*) Insert five N-nouns and five F-nouns:

aş am	vrea să	mergem ne ducem mergeţi vă duceţi	diseară mîine seara sîmbăta viitoare într-o seară	la	un	
					o	

*2. Insert the adjectives in their correct form:

(1) Cît costă haina aceea ——? (negru)
(2) Care e preţul rochiei ——? (roşu)
(3) Care e preţul acelor pantofi ——? (alb)
(4) Vreau o umbrelă ——. (gri)
(5) Apa mării e ——. (albastru)
(6) Şi cerul e ——. (albastru)
(7) Norii nu sînt ——. (negru)
(8) Iarba trebuie să fie —— ca să fie ——. (verde, frumos)
(9) Blocurile —— sînt foarte ——. (modern, înalt)
(10) Cabanele sînt în general ——. (mic)
(11) Care e culoarea —— dvs. maşini? (nou)
(12) Soţiile noastre sînt foarte ——. (drăguţ)

*3. Translate:

When we go to (*trans.* into) a foreign country it is good to (*să*) be able to speak a little of the language (*trans.* a little the language) of that country. Only in that way (*aşa*) may (*trans.* can) we find a hotel easily. We can agree (*trans.* understand each other) about (*în privinţa* + gen.) the room: whether (*trans.* if) it should have (*trans.* has) one bed or two, whether it should have (a) bathroom or not, whether it should cost a lot or a little. Then, when we go to a (*trans.* the) restaurant, we have to be able to understand at least a few of (*din*) the names of the dishes (*mîncărurilor*) on (*de pe*) the menu.

When we go round (*prin*) the shops we must know what (*ce să*) to ask for, understand the prices (*trans.* which is the price) of articles and things (*trans.* the things and articles), and where we (should) pay. We must be able to ask where the railway station is, where the airport is, where we (may) find a taxi or which (*trans.* what) buses or trolleybuses go to the station or airport. And there are many other (*trans.* and more are still many) things (which we ought) to mention (*de* + past part.) but we cannot mention them all (*pe toate*) here now.

31.5 Supplementary Dialogue

Vocabulary

a afl*a* *vb.* to hear (of, about)
br*i*dge /brigĭ/ *N* bridge, a game of bridge
a cîştig*a* *vb.* to win, to earn, to gain
f*o*tbal *N* football (= the game)
a se juc*a* *vb.* to play
meci /mečĭ/ — m*e*ciurĭ *N* match, game
m*i*nge — mingĭ *F* ball
rezult*a*t — rezult*a*te *N* result

R*o*ma	Rome
ai n*o*ştri	ours, our side
ce-*a*r f*i* să invit*ă*m	how would it be if we invited, how about inviting

cu d*o*i la z*e*ro — two nil
a f*a*ce un br*i*dge — to have a game of bridge
s-a făc*u*t — done, settled, agreed, right, fine
fi*i*ndcă ven*i* v*o*rba de — talking about

El: Unde sînt copiii?
Ea: Se joacă cu mingea în grădină.
El: Apropo, ai aflat rezultatul meciului de fotbal de la Roma?
Ea: Nu. Au cîştigat ai noştri?
El: Da. Cu doi la zero.
Ea: Fiindcă veni vorba de 'a juca': n-am mai jucat de mult bridge. Ce-ar fi să invităm nişte prieteni şi să facem mîine seară un bridge?
El: S-a făcut.

Lesson 32

32.1 Vocabulary

a se acoper*i* *vb.* to cover oneself, to become overcast
se acoper*i*se *vb.* (it) had become overcast
activit*a*te — activit*ă*ţĭ *F* activity.
a se anunţ*a* *vb.* to announce oneself, to be announced
se anunţ*a*se *vb.* (he, she, it) had been announced
a (se) arunc*a* *vb.* to throw (oneself)
baz*i*n de în*o*t — baz*i*ne de în*o*t *N* swimming-pool
bucur*o*s, bucuro*a*să, bucur*o*şĭ, bucuro*a*se *adj.* glad
c*î*te un, c*î*te o *det.* some (. . . or other), a
conc*e*diu — conc*e*dii *N* holiday, leave
de as*e*menĭ *adv.* also, too, likewise
dec*u*rs *N* course
a desch*i*de *vb.* to open, to arouse, to give
a se despărţ*i* *vb.* to separate, to part, to say goodbye
a deven*i* *vb.* to become
din n*o*u *adv.* anew, again, once more
dor — d*o*rurĭ *N* longing, love
drag *N* love, affection
dr*a*goste — dr*a*goste *F* love
a exist*a* *vb.* to exist
feric*i*t, feric*i*tă, feric*i*ţĭ, feric*i*te *adj.* happy
furt*u*nă — furt*u*nĭ *F* storm
fus*e*se *vb.* (he, she, it) had been
impr*e*sie — impr*e*sii *F* impression
împre*u*nă *adv.* together
în f*i*ne *adv.* in fine, in short; at last, finally
în străinăt*a*te *adv.* abroad
în urma (+ *gen.*) *prep.* after, following, as a result of, behind
înapoi*e*re — înapoi*e*rĭ *F* return
a se încălz*i* *vb.* to warm (up), to get warm
întîmpl*a*re — întîmpl*ă*rĭ *F* happening, occurrence, chance
a înto*a*rce *vb.* to return
(în)totdea*u*na *adv.* always
a se învăţ*a* cu *vb.* to get used to, to get to know
învăţ*a*serăm *vb.* (we) had got used

a lips*i* *vb.* to be missed by
mînc*a*re — mînc*ă*rurĭ *F* food, dish
nerăbd*a*re — nerăbd*ă*rĭ *F* impatience
pe a*i*cĭ *adv.* this way, over here
plou*a*se *vb.* it had rained
p*o*ftă de mînc*a*re — p*o*fte de mînc*a*re *F* appetite
pr*a*ctică — pr*a*cticĭ *F* practice
a relu*a* *vb.* to resume, to take up again
a reuş*i* *vb.* to succeed, to manage
schimb*a*re — schimb*ă*rĭ *F* change
t*î*năr, t*î*nără, t*i*nerĭ, t*i*nere *adj.* young
trec*u*se *vb.* (he, she it) had passed, had gone past
a se usc*a* *vb.* to dry, to get dry, to dry oneself
se usc*a*seră *vb.* (they) had dried
v*i*zită — v*i*zite *F* visit
z*i*lnic, z*i*lnică, z*i*lnicĭ, z*i*lnice *adj.* daily

Phrases

am călător*i*t b*i*ne la înapoi*e*re	we had a good journey back
căld*u*ra de la Mam*a*ia	the heat at Mamaia
c*î*nd ne înto*a*rcețĭ v*i*zita în *A*nglia?	when are you going to repay our visit and come to England?
cu c*î*tă plăc*e*re	with how much pleasure, how pleased, glad we were to . . ., how lovely it was to . . .
cu m*u*lt d*o*r şi dr*a*g	(with) all our love, best wishes and love
dest*u*l de b*i*ne	(well) enough, quite well, a fair amount (of)
dr*u*mul cel b*u*n	the right road
d*u*pă plăc*u*tul n*o*stru conc*e*diu	after our nice holiday
er*a* de aşteptat aş*a* cev*a*	this was to be expected, such was to be expected

ne gînd*i*m ad*e*sea cu dr*a*g la v*o*i	we're often thinking of you (with affection, fondly)
i*a*tă-ne din n*o*u	here we are again
în dec*u*rsul t*i*mpului petrec*u*t cu v*o*i	during (*lit.* in the course of) the time spent with you
în *u*rma pr*a*cticii făc*u*te în Român*i*a	as a result of the practice we had in Romania
*î*ntr-o z*i* fierb*i*nte de v*a*ră	on a hot summer day
ne învăţ*a*serăm n*u*mai cu plimb*ă*ri	we'd got used to just going for walks
ne-am învăţ*a*t *u*nii cu *a*lţii	we got accustomed to each other, got to know each other very well
la so*a*re	in the sun
ne veţi lips*i*	we shall miss you
şi n*o*i vă vom lips*i* v*o*uă	and you will miss us too
ne-a păr*u*t fo*a*rte r*ă*u	we were very sorry
pe viit*o*r	in the future
am porn*i*t, în f*i*ne, . . .	we've at last started . . .
să ştiţi	we want you to know

32.2 O scrisoare

Londra, 30 august

Dragă Ana şi Sandu,

După plăcutul nostru concediu în România iată-ne din nou acasă. Am călătorit bine la înapoiere, deşi ne-am întîlnit cu ploaie şi furtună. Înainte de a pleca de la Paris cerul se acoperise şi la aeroport se anunţase schimbarea vremii. Fusese o zi foarte caldă aşa că era de aşteptat aşa ceva. Cînd am sosit însă la Londra ploaia trecuse iar străzile se uscaseră deşi plouase şi acolo.

Ne-am reluat activitatea zilnică deşi ne-a fost greu la început, fiindcă ne învăţaserăm numai cu plimbări şi excursii.

Ne gîndim adesea cu drag la voi şi la timpul petrecut în România. Să ştiţi că ne-a părut foarte rău cînd ne-am despărţit, fiindcă în decursul timpului petrecut cu voi am devenit şi mai buni prieteni.

Ne-am învăţat unii cu alţii şi ne veţi lipsi mult pe viitor. Sîntem siguri că şi noi vă vom lipsi vouă.

Avem impresia că am reuşit să învăţăm destul de bine româneşte şi că, în urma practicii făcute în România, am pornit, în fine, pe drumul cel bun pentru învăţarea limbii române.

Ne aducem aminte, cu multă plăcere, de locurile vizitate, de mîncărurile româneşti şi de pofta de mîncare pe care acestea ne-o deschideau.

Ne amintim şi de căldura de la Mamaia. Pe aici nu e niciodată aşa de cald, vara, ca în România. . . . Dar cu cîtă plăcere ne aruncam în apă după ce ne încălzeam la soare, pe plajă, sau chiar la Bucureşti, cînd mergeam la cîte un ştrand sau bazin de înot, într-o zi fierbinte de vară.

Am fost foarte fericiţi în concediul petrecut cu voi şi ne vom aduce întotdeauna aminte cu plăcere de frumoasele zile petrecute împreună.

Cînd ne întoarceţi vizita în Anglia?

Vă aşteptăm cu nerăbdare.

Cu mult dor şi drag,
Patricia şi William

32.3 Grammar

32.3/1 Prepositions

(*a*) A noun or pronoun following a preposition is normally in the accusative case (B-form noun). However, a small number of prepositions and preposition-like phrases require the noun or pronoun to be in the genitive case, which means that a noun is in its C-form, while in the case of a pronoun the corresponding possessive determiner is used. Such prepositions and the heads of preposition-like phrases are treated as F-nouns if they end in *-a*, while *jur* in *în jurul* and *spate* in *în spatele* are N-nouns. Examples:

c*o*ntra	against
deas*u*pra	above, over

dina*i*ntea	before
împotr*i*va	against, versus
îna*i*ntea	before, in front of
în dre*a*pta	to, on the right of
în f*a*ţa	in front of
în st*î*nga	to, on the left of
în *u*rma	after, behind
în j*u*rul	round
în sp*a*tele	behind, at the back of

Examples:

deasupra în dreapta în fata în spatele în stînga	casei hotelului grădinii masinilor nostru

contra împotriva în dreapta	mea lui ei lor fratilor săi noastră

în jurul în spatele	meu ei nostru vostru

(*b*) A few prepositions govern the dative case (C-forms in the case of nouns):

dator*i*tă	owing to, because of
gr*a*ţie	owing to, thanks to
mulţum*i*tă	thanks to

Examples:

datorită grație mulțumită	lui ție acestui om fratelui meu doamnei Soare	am reușit am găsit casa aceasta

(*c*) The prepositions *în* 'in', *din* (= *de* + *în*) 'from', *prin* (= *pe* + *în*) 'through' are replaced by *dintr-*, *într-*, *printr-* before the indefinite article:

locuiesc	în acest într-un	sat oraș hotel
stau	în această într-o	casă nouă cameră v*i*lă

(v*i*lă-v*i*le *F* villa)

sînt	din acest dintr-un	sat oraș
vin	din această dintr-o	prov*i*ncie bogată țară afric*a*nă

(prov*i*ncie-prov*i*ncii *F* province)

trecem	prin prin acest printr-un	sat oraș
	prin printr-o	pădure grădină

(*d*) As a revision exercise, check that you understand the following phrases and compose suitable contexts for some of them:

1. *Cu*
cu mine; cu mîna; cu fratele meu; cu trenul; cafea cu lapte; o cană cu apă; o sticlă cu bere; cu adevărat; cu plăcere; cu trei la zero.

2. *De*
de lemn; de fier; o haină de iarnă; greu de răspuns; de aceea; timp de; de ajuns; de ce; de altfel; de loc; în loc de; un loc de parcare; de obicei; de pildă; de acum; de cînd; de unde; de mult; de la Mamaia; de la Mamaia la Bucureşti; de la lacuri; de pe listă; tot aşa de; apropo de; a se apropia de; mai mult de.

3. *Din*
din Anglia; din nordul Angliei; din nou; din cauza; din greşeală ('by mistake'); din cînd în cînd.

Note: *din* is frequently used instead of *în* to link an *în*-phrase to a preceding noun; think of it as being equivalent (in this use) to *de* + *în* (cf. *de la*, *de lîngă*, *de pe*, etc.).

4. *În*
în apă; în mai; în aer liber; în dreapta; în glumă ('as a joke', 'in fun'); în schimb; în România; în timp ce; în acelaşi timp; în gît; în urma; în oraş; în felul acesta; în fiecare zi.

5. *La*
la Londra; la munte; la fratele meu; la ei; la ora trei; la 1 mai; la anul ('next year'); la timp; la soare; la grătar; la cinema; la nord de; tare la.

6. *Pe*
pe masă; pe litoral; pe cer ('in the sky'); pe stradă; pe aici; pe jos ('on foot'); pe viitor; pe braţ; pe româneşte; pe urmă; pe dreapta; pe dinafară; pe mine.

32.3/2 Verbs: The Pluperfect Tense

The Pluperfect or Past Perfect tense is formed by adding certain endings to a stem which in most cases is the same as the infinitive. The endings are: *-sem*, *-seşĭ*, *-se*, *-serăm*, *-serăţĭ*, *-seră*.

Example:

întreb*a*sem *ce* e de făc*u*t	I had asked what was to be done

Note the place of the stress, which is constant throughout:

(tu) întreb*a*seşĭ	you had asked
(voi) întreb*a*serăţĭ	you had asked

Read off some more from the following table:

(eu)	căut*a* cit*i* cobor*î* cumpăr*a* încerc*a* învăţ*a* locu*i* lu*a* plăt*i* prefer*a* ven*i* vorb*i*	-sem
(tu, d-ta)		-seşĭ
(el, ea)		-se
(noi)		-serăm
(voi, dvs.)		-serăţĭ
(ei, ele)		-seră

The stem of verbs whose infinitives end in *-e* and *-ea* ends in *-u* (cf. the past participle and the past historic stem):

put*u*sem	I had been able
cer*u*sem	I had asked
văz*u*sem	I had seen
vr*u*sem	I had wanted
făc*u*sem	I had made
bă*u*sem	I had drunk
şti*u*sem	I had known
crez*u*sem	I had thought

Note also:

dăd*u*sem	I had given
stăt*u*sem	I had stayed

The stem may end in *-se*:

avus*e*sem (*or* av*u*sem)	I had had
răspuns*e*sem	I had replied
scris*e*sem	I had written
fus*e*sem	I had been
mers*e*sem	I had gone

The use of the pluperfect in Romanian often corresponds to the use of the pluperfect in English. However, it is not used so much in indirect speech; the perfect is generally used instead:

mi s-a spus că aţi cumpărat dicţionarul	I was told you had bought the dictionary
n-am îndrăznit să-i spun Anei ce-mi s-a întîmplat	I didn't dare to tell Ann what had happened to me

Pick out half a dozen uses in the Text.

32.3/3 *Iată*

In our Text we have:

iată-ne din nou acasă	here we are back home again

Some further examples of *iată*:

iată-mă	here I am
iată-l că vine	here he comes, there he is
iată-vă împreună	there you are, together (at last)
iată-i şi în fotografia asta	here they are in this photo too
iată-le cînd erau tinere	here they are when they were young

32.3/4 Letter-Writing

How to write the date is explained in 21.3/1. In private correspondence it is customary to write only the name of the place you are writing from at the top of the page and the full address on the back of the envelope. You begin a letter to a friend with *dragă* plus the Christian name. In a formal letter you use the following adjective:

stim*a*te, stim*a*tă, stim*a*ţĭ, stim*a*te	esteemed, respected, Dear

So you may begin:

Stimate domn	Dear Sir
Stimate / Dragă } domnule profesor	Dear Sir, Dear Mr X, Dear Professor X
Stimate / Dragă } domnule Ion*e*scu /ion*e*sku/	Dear Mr Jones
Stimată doamnă	Dear Madam
Stimată / Dragă } doamnă profesoară	Dear Madam, Dear Mrs X, Dear Professor X

You end a familiar letter with, for example:

cu b*i*ne	yours (ever), cheerio
cele mai b*u*ne ur*ă*rĭ	best wishes
cu dr*a*g / cu d*o*r	love
cu to*a*tă dr*a*gostea	(with) all my, our love

A formal letter with:

cu st*i*mă / cu to*a*tă st*i*ma	yours sincerely, faithfully

On the envelope you use abbreviated C-forms:

D-lui George Stănescu	(to) Mr G. S.
D-nei Maria Stănescu	(to) Mrs M. S.
D-(şoa)rei Ana Stănescu	(to) Miss A. S.

32.3/5 Vocatives

Some distinctive forms exist in the two mediums. Consider the following:

Non-vocative	*Vocative (speech and writing)*
domnul 'the gentleman'	→ domnule! 'sir!'
doamna 'the lady'	→ doamnă! 'madam!'
domnişoara 'the young lady'	→ domnişoară! 'miss!'

Non-vocative	*Vocative*	
	Speech	*Writing*
domnul Ionescu 'Mr Jones'	→ domnul Ionescu!	domnule Ionescu!
doamna Ionescu 'Mrs Jones'	→ doamna Ionescu!	doamnă Ionescu!
domnişoara Ionescu 'Miss Jones'	→ domnişoara Ionescu!	domnişoară Ionescu!

32.4 Exercises

1. Copy out the Text of the Lesson and read it aloud.

*2. Insert words and phrases into the following substitution tables and read off some of the completed sentences or phrases. (Sample insertions in the Key.)

(*a*) Insert five or six human nouns or noun phrases:

cînd	am	ajuns	acasă		tocmai	plecase
	aţi	sosit	la Sinaia		încă nu	venise

(*b*) Insert three or four verbs in the pluperfect tense:

(el) nu		niciodată mai înainte totdeauna	acolo la munte la mare la Mamaia în străinătate

*3. Convert the tense of all the verbs in the following sentences into the pluperfect:

(1) Am terminat de citit cartea ('I've finished reading the book').
(2) Ne-am dus la plimbare în parc.
(3) Credeam că n-ai dreptate.

(4) Nu s-au văzut de-o lună.
(5) Mama a primit de mult scrisoarea mea.
(6) Nimeni nu a ajutat-o.
(7) Copiii nu au venit încă acasă.

4. Go through the Text once more, and note the uses of different tense forms in the verbs.

*5. Insert the correct form of *acest*(*a*) in the blanks:

(1) —— stilou e al meu.
(2) Al cui e stiloul ——?
(3) Cine sînt oamenii ——?
(4) Am citit şi eu povestea ——.
(5) Oaspeţii sînt aici, în —— sală. (o*a*spete — o*a*speţĭ *M* guest)
(6) I l-am dat —— om.
(7) Fetelor —— le place cel mai mult îngheţata.

*6. Insert the correct form of *acel*(*a*) in the blanks:

(1) Cine e —— doamnă?
(2) —— e maşina mea.
(3) —— e fratele meu.
(4) —— sînt vecinii mei. (vec*i*n — vec*i*nĭ *M* neighbour)
(5) Cine e —— tînăr?
(6) Numele soţiei —— om e Maria.
(7) —— fete le place cel mai mult îngheţata.

*7. Translate:

Bucharest, 11th September.

Dear Patricia and William,

Many thanks for (*trans.* we received) your kind (*frumoasa*) letter, which reminded (*a reamintit*) us too of the nice days we spent together here last month.

We are glad (*bucuroşi*) your visit to Romania helped you a lot (*trans.* very much) with (*în*) the learning of Romanian, but all (*tot ceea ce*) you have to do now is to (*să*) read a lot of Romanian and speak Romanian to each other (*unul cu altul*) at home. Listen, too (*de asemeni*), to Radio (*radio*) Bucharest and write us long letters in Romanian. Next year (*la anul*) when we'll (*vom*) return your visit and come to England, we want to find you speaking (*vorbind*) our language like us.

We'll write you another, longer letter soon, as we are leaving Bucharest today (*chiar azi*) for a few days (*trans.* for a few days, today).

All our love,
Ana and Sandu

8. Write another letter, longer than the one above, from Ana and Sandu to Patricia and William. Don't be too ambitious—as far as possible use only phrases that you *know* are right or which you can at least check somewhere in the book.

32.5 Supplementary Dialogue

El: Cum să terminăm cartea?
Ea: Cu un dialog.
El: De ce?
Ea: E mult mai plăcut.
El: Bine. Fie cum vrei. Să începem atunci.
Ea: Să începem.
El: Ce-ai vrea să facem mîine?
Ea: Să mergem la Snagov.
El: Unde e Snagovul?
Ea: Cum? Nu ştii? Nu departe de Bucureşti.
El: Şi cum ne ducem acolo?
Ea: Cu maşina ta fiindcă cu autobuzul se merge (*it takes*) o oră.
El: Şi ce putem face la Snagov?
Ea: Numai lucruri minunate. Ne plimbăm prin pădure. Ne culcăm pe iarbă, privim la flori şi sus printre pomi la cerul albastru. Putem sta la soare — fiindcă sperăm să fie soare ca azi — şi putem înota în lac, iar seara luăm masa la restaurantul de la Snagov.
El: Minunat. Excelent. Şi cum în lac e peşte servim (*we'll have*) o ciorbă de peşte şi peşte prăjit.
Ea: Poate vrei şi o prăjitură de peşte? Ce bine (*thank*

goodness) că aşa ceva nu există în limba română, aşa că te opreşti numai la primele două feluri de mîncare de peşte!

Notes on the Text

1. The use of *să* in *cum să terminăm cartea?* implies that the speaker is asking for suggestions rather than known facts:

'how shall we end the book?', 'how do you suggest we should end the book?'

Contrast:

cum terminăm cartea?	how do we finish the book?

Further examples:

ce să vă dau?	what shall I give you?
unde să mă duc?	where shall, should I go?
cînd să mă întorc?	when shall I return?
ce să facem?	what shall we do?
nu ştiu ce să fac	I don't know what to do, what I should do

2. Geographical names of M-gender usually take the definite article when not preceded by a preposition, that is, when, for example, they are used as the subject of a clause. Thus we say:

	să mergem la Snagov	let's go to Snagov
But:	unde e Snagovul?	where is Snagov?
	acest rîu se varsă în Olt	this river flows into the Olt
But:	Oltul e un rîu mare	the Olt is a big river
	sînt din Braşov	I'm from Brasov
But:	acesta e Braşovul	this is Brasov
	vin de la Bucureşti	I come from Bucharest
But:	îmi place Bucureştiul	I like Bucharest
And:	Bucureştiul e cel mai atrăgător primăvara	Bucharest is nicest in spring

Geographical names of F-gender do not change (e.g. *Prahova*, *Constanţa*, *Anglia*).

3. The plural forms of *primul*, *prima* are *primii* /primi/ (*M*), *primele* (*N*/*F*):

primele două feluri de mîncare	the first two kinds of food
primii băieţi care să sosească	the first boys to arrive

(Cf. *ultimul*, *ultima*, *ultimii*, *ultimele* 'the last'.)

APPENDIX 1

Alphabet and Pronunciation

1. THE ALPHABET

The standard graphemes or letters and their names are as follows:

Letter	*Pronunciation of Name*	*Letter*	*Pronunciation of Name*
A a	/a/	N n	/ne/
Ă ă	/ă/	O o	/o/
Â â	/î/	P p	/pe/
B b	/be/	Q q	/ki̯u/
C c	/če/	R r	/re/
D d	/de/	S s	/se/
E e	/e/	Ş ş	/she/
F f	/fe/	T t	/te/
G g	/ge/	Ţ ţ	/tse/
H h	/ha/	U u	/u/
I i	/i/	V v	/ve/
Î î	/î/	W w	/d*u*blu ve/
J j	/zhe/	X x	/iks/
K k	/ka/	Y y	/*i*grec/
L l	/le/	Z z	/ze/
M m	/me/		

Notes

(1) *Â â* and *Î î* are both equivalent to /î/; *Â â* is only used today in proper names and in the word *român* and its derivatives (*România*, *românesc*, etc.).

(2) *K k*, *Q q*, *W w* and *Y y* only occur in proper names and in certain recent borrowings from other languages (e.g. *kilogram*, *whisky*).

2. THE SOUND-SYSTEM

2.1 Vowels (see Lessons 1 and 2)

Phonemes and graphemes:

	Front	*Central*	*Back (rounded)*
Close	/i/ *i* (*mic*)	/î/ *î*, *â* (*cît*, *român*)	/u/ *u* (*nu*)
Half-open	/e/ *e* (*des*)	/ă/ *ă* (*măr*)	/o/ *o* (*loc*)
Open		/a/ *a* (*lac*)	

2.2 Pseudo-Vowel (Lesson 2)

/ĭ/ *i* (*bani*)

/ĭ/ may be regarded as a symbol indicating palatalization of the preceding consonant. Considered as a separate sound, it is voiceless and non-syllabic. It is dropped or replaced by /i/ when a (second) suffix or an enclitic is added: /pomĭ/ (*pomi*), /pomi/ (*pomii*), /străzĭ/ (*străzi*), /străzile/ (*străzile*), /datsĭ/ (*dați*), /datsimĭ/ (*dați-mi*).

2.3 Semi-Vowels (Lessons 2–5)

	Front	*Back*
Close	/i̯/[1] *i*, zero (*iar*, *el*)	/u̯/[2] *u* (*lua*)
Half-open	/e̯/ *e* (*deal*)	/o̯/ *o* (*foame*)

With the addition of a suffix or enclitic a semi-vowel may be replaced by the corresponding vowel: /leu̯/ (*leu*), /leu(l)/ (*leul*), /kofetării̯/ (*cofetării*), /kofetăriile/ (*cofetăriile*).

2.4 Vowel Glides (Lessons 2–5 and 27)

Examples:

Rising diphthongs

/i̯e/ *ie*, *e*[3] (*ieri*, *el*)

/i̯a/ *ia*[3] (*iar*) /e̯a/ *ea* (*deal*)

[1] Cf. Eng. *y* in *yet*.

[2] Cf. Eng. *w* in *wet*.

[3] Also *e*, *a* after a syllabic /i/ in a word, as in *prieten* /pri-i̯e-ten/, *România* /ro-mî-ni-i̯a/.

/i̯u/ *iu* (*iute*)
/i̯o/ *io* (*ghiol*) /e̯o/ *eo* (*vreo*)
/u̯ă/ *uă* (*luăm*)
/u̯a/ *ua* (*luaţi*) /o̯a/ *oa* (*soare*)

Falling diphthongs

— glides to /i̯/:	— glides to /u̯/:
/ii̯/ *ii* (*fii*)	/iu̯/ *iu* (*ştiu*)
/ei̯/ *ei* (*lei*)	/eu̯/ *eu* (*leu*)
/îi̯/ *îi* (*pîine*)	/îu̯/ *îu* (*rîu*)
/ăi̯/ *ăi* (*tăi*)	/ău̯/ *ău* (*rău*)
/ai̯/ *ai* (*ai*)	/au̯/ *au* (*au*)
/ui̯/ *ui* (*lui*)	/uu̯/ *uu* (*continuu* 'continuous')
/oi̯/ *oi* (*doi*)	/ou̯/ *ou* (*birou*)

Triphthongs

/i̯ei̯/ *iei, ei*[1] (*miei* 'lambs', *ei*)
/i̯eu̯/ *eu* (*eu*)
/i̯ai̯/ *i-ai*[1] (*i-ai*)
/i̯au̯/ *iau* (*iau*)
/i̯o̯a/ *ioa* (*creioane*)
/e̯ai̯/ *eai* (*beai*)
/e̯au̯/ *eau* (*beau*)
/o̯ai̯/ *oai* (*englezoaică* 'English woman')
/u̯ai̯/ *uai* (*luai*)

Other vowel glides arise in fast speech, especially across word-boundaries. Many speakers use an on-glide before vowels in word-initial position, e.g. *om* /u̯om/, *un* /u̯un/; such pronunciations are regarded as non-standard.

[1] Also *ei, ai* after a syllabic /i/ in a word, as in *cofetăriei* /kofetării̯ei̯/, *speriai* /sperii̯ai̯/. A semi-vowel often occurs between other sequences of two vowels, especially when the second is stressed, e.g. in *Izrael* /izrai̯el/.

Notes

(1) The letter *i* and the group *ii* represent various sounds:

i = /ĭ/ (*străzi*)
i = /i/ (*inel*, *metri* 'metres', *străzile*)
i = /i̯/ (*apoi*)
i = zero (*ciocolată*)
i (+ *e*, *a*) = /ii̯ (e, a)/ (*prieten*, *speria*)
ii = /i/ (*pomii*, *metrii*)
ii = /ii̯/ (*cofetării*, *copii*)
ii = /i-i/ (*cofetăriile*)

A single final -*i* after consonants is pronounced /ĭ/ unless stressed or preceded by the group consonant + *l*, *r* (after which both -*i* and -*i̦i* (= -*i* + article suffix, not pl. suffix) are pronounced /i/).

Note also: *copiii* /kop*i*(i̯)i/.

(2) Note the following:

car ('cart') /kar/
chiar /ki̯ar/ (where /ki̯/ indicates a palatal /k/)
ceai /čai̯/
Grecia /grečii̯a/
geamantan /ğamant*a*n/
geografie /ğeograf*i*i̯e/ (= /ğe-o-gra-f*i*-i̯e/)
regiune /reğiune/

(3) The symbols used in this book for the vowel phonemes are the same as those of the alphabet, with the addition of diacritics for the pseudo-vowel and semi-vowels. î and ă correspond to the symbols ɨ and ə of the International Phonetic Association; for the symbol suggested by the IPA for showing palatalization, viz. j, we use ĭ (in a broader transcription, showing morpheme boundaries, j or y can be used for both /ĭ/ and /i̯/).

2.5 Consonants (Lessons 1–4)

The twenty consonant phonemes are as follows:

	Place of articulation					
Manner of articulation	Bilabial	Labio-dental	Dental	Palato-alveolar	Palatal/Velar	Glottal
plosives	p, b		t, d		k, g	
affricates			ts	č, ğ		
fricatives		f, v	s, z	sh, zh		h
nasals	m		n			
lateral			l			
trill			r			

Where a pair of symbols occurs in the same box, the first represents a voiceless consonant, the second its voiced counterpart.

The graphemes used are the following:

/p/ *p* (*pun*)
/b/ *b* (*bun*)
/t/ *t* (*ta*)
/d/ *d* (*da*)
/k, g/ are palatals ([c, ɟ]) before front vowels and /ĭ/; the occurrence of [c, ɟ] before central and back vowels is shown by the insertion of a front semi-vowel:
palatal /k/ (+ front semi-vowel) *ch*, *k* (+ *i*, *e*) (*chem* /kem/, *chiar* /ki̯ar/, *kilogram*, the second *k* in *kaki* /kaki/ 'khaki')
velar /k/ *c*, *k* (+ *î*, *ă*, *a*, *u*, *o*) (*caz*, *car*, the first *k* in *kaki*)
palatal /g/ (+ front semi-vowel) *gh* (+ *i*, *e*) (*ghem* 'ball (of wool, string)', *ghiol* /gi̯ol/)
velar /g/ *g* (+ *î*, *ă*, *a*, *u*, *o*) (*gaz* 'gas', *gol* 'gap')
/ts/[1] *ț* (*țară*)
/č/ *c* (+ *i*, *e*) (*cer*)
/ğ/ *g* (+ *i*, *e*) (*ger*)

[1] The distribution of the sequence /d/+/z/ is limited and is not regarded as constituting a single voiced phoneme corresponding to voiceless /ts/.

/f/ *f* (*fin* 'fine')
/v/ *v* (*vin*)
/s/ *s* (*sac* 'bag')
/z/ *z* (*zac* 'I lie')
/sh/ *ş* (*şoc* 'shock')
/zh/ *j* (*joc* 'game')
/h/ *h* (*hol*, *şah* 'chess')
/m/ *m* (*muc* 'wick')
/n/ *n* (*nuc* 'walnut tree')
/l/ *l* (*lac*)
/r/ *r* (*rac* 'crayfish')

Notes

(1) Unlike English /h/, Romanian /h/ occurs finally in syllables, as in *şah*. It is strongly pronounced and may have some supra-glottal friction and be voiced. /h/ does not occur after a consonant (in the same word), but *h* occurs in the diagraphs *ch*, *gh* in the orthography, and h occurs in our notation in sh and zh.

(2) The sound [ŋ] (as *ng* in Eng. *sing*) occurs only as a conditioned variant of /n/ before /k, g/. A final /g/ *g* is always pronounced [g], thus *lung* /lung/ = [luŋg] (and not [luŋ]).

(3) Final plosives are fully released and frequently aspirated; initial plosives on the other hand are not aspirated (this is the reverse of the realization of the corresponding English plosives).

(4) The symbols used in this book for the consonants are the same as those of the IPA with the exception of č, ğ, sh and zh (IPA tʃ, dʒ, ʃ and ʒ). For these four tš, dž, š and ž could also be used.

2.6 Regular Sound Changes (Lessons 5 and 6)

Many different kinds of sound alternations occur in the roots of Romanian words with the addition of suffixes and/or when the stress shifts from one syllable to another. You will have noticed, for example, how a stressed /a/ in a word may become /ă/ when the stress changes: /las/ 'I let', /lăs*a*tsĭ/ 'you let'. Similarly: /pot/ 'I can', /put*e*m/ 'we can'. A final /i/, /ĭ/, /e/ or /ă/ may cause a change to a preceding vowel and/or consonant: /f*a*tă/ — /f*e*te/, /str*a*dă/ — /str*ă*zĭ/, /kuv*î*nt/ — /kuv*i*nte/. Vowels may alternate with diphthongs: /într*e*b/ — /între̯*a*bă/, /n*e*gru/ — /ne̯*a*gră/, /frum*o*s/ — /frumo̯*a*să/, /flori/ — /flo̯*a*re/. Consonants alone may change: /merg/ — /merğĭ/, /vorb*e*sk/ — /vorb*e*shte/, /asht*e*pt/ — /asht*e*ptsĭ/, and (optionally) /engl*e*z/ — /engl*e*zhĭ/. Not all such changes apply to the whole corpus of the Romanian vocabulary, so that one can only note the changes that do occur and try to remember them. The most regular ones are easily assimilated (e.g. *-s*(*t*) + *-i* → *-ş*(*t*)*i*, *-d* + *-i* → *-zi*, etc.).

2.7 Connected Speech

2.7/1 Vowels and Consonants (e.g. Lesson 18)

Vowels across word- (or morpheme-) boundaries in close-knit phrases may be reduced or form diphthongs and triphthongs, usually with the loss of a syllable: /č*a*u̯ sp*u*s/ (*ce-au spus?*), /*u*nde̯atsĭ f*o*st/ (*unde-aţi fost?*). The vowels /i, e, u, o/ are commonly reduced to /i̯, e̯, u̯, o̯/. Regular syllable reductions may be shown in writing by means of a hyphen, as in *ce-au spus?*, *nu-i aşa?* (/nui̯/ from /n*u*i̯e/; in this case the vowel grapheme is also changed). Also certain vowel *elisions* are regularly made, for instance, in pronoun combinations (*ni-l* from *ni* + *îl*). But sometimes (e.g. in imperative + enclitic pronoun constructions) an elision occasions an addition, so that the original number of syllables is retained or increased: /d*a*-tsimĭ/ (*daţi-mi*) from /datsĭ/ + /îmĭ/, /d*a*tsimă/ from /datsĭ/ + /mă/. Note the omission of initial and final vowels in the following: *parc-a şi-nceput să-mi fie mai bine*. Regular omissions in Standard Romanian are indicated in writing by means of a hyphen, but other omissions, especially those of consonants, and which do not necessarily result in word coalescences, are generally shown by means of an apostrophe (e.g. *da'* = *dar*). The definite article suffix *-ul* is written thus but is usually pronounced /u/.

Just as in English, adjacent consonants in close-knit phrases frequently change one of their features. In English, it is generally the place of articulation that is affected, so that, for example, *shot-gun* may sound like *shock-gun*. In Romanian, it is the *voicing* that is regularly affected, so that /p/ and /b/, /t/ and /d/, /č/ and /ğ/, etc., may interchange: /obzečĭ/ (*optzeci*), /l(u)u̯adzĭ biletu(l)/[1] (*luaţi biletul*), /vă rok sămĭ datsĭ lista/ (*vă rog să-mi daţi lista*). Note that this kind of assimilation is *regressive*: a consonant affects a *preceding* consonant, not vice versa. As a rule, we may say that voiceless consonants are only preceded by voiceless consonants (or by vowels), while in the case of voiced consonants the assimilation is optional (thus either /opzečĭ/ or /obzečĭ/). If a pause intervenes between the two or more consonants in question, assimilation does not take place (e.g. in slow counting: /opt/ . . . /zečĭ/ . . . /doi̯shpe/).

2.7/2 Accentuation (see especially Lessons 1, 16 and 19)

As in English, certain words in an utterance are more prominent than others. Such words are accented or stressed on a particular syllable—their stressed syllable. Non-prominent words, on the other hand, may lose the stress they have in isolation or when accented. However, the distinction between strong and weak syllables is much less marked in Romanian than in English, and unstressed syllables usually maintain their quality whatever the speed of delivery. (In this respect it is difficult to distinguish between style and dialect, e.g. the alternation between certain unstressed vowels, especially between /e/ and /ă/, may be more stylistic than dialectal:

[1] Note how the pseudo-vowel does not operate as an intervening sound segment.

/k*e*lner/ — /k*e*lnăr/ (*chelner*), /doṷă(ze)zhd*o*i̯/ — /doṷă(ză)zhd*o*i/ (*douăzeci şi doi*), /d*e*unăzĭ/ — /dă*u*năzĭ/ (*deunăzi*).) If you are uncertain of the stress of a word, give each syllable equal prominence and you will invariably be understood.

A change in word-order or the addition of certain words, with or without a resulting change in accentuation, often corresponds only to a variation in accentuation in English (see the paragraphs on Word-Order).

2.7/3 Intonation (Lessons 1, 3–5, 15, 19, 26)

Not much is formally known about the intonation of Romanian, but certain features are clear. As in English, a rising tone (↑) indicates an incomplete utterance or raises a query ('it's true (if) . . .', 'it might be true', 'is it true?', etc.):

are o ↑ c*a*rte?

This contrasts with:

are o ↓ c*a*rte,

which would most frequently fill a context requiring a statement or assertion. In such short questions, especially, the object and verb may be reversed:

o ↑ c*a*rte av*e*ţi? o ↓ c*a*rte ↑ av*e*ţi?	have you got a ↑ book?[1]

More subtly, these contrast with:

o c*a*rte ↑ av*e*ţi?	you've (actually) ↑ got a book?

Non-polarity questions (clauses beginning with *care*, *cine*, *ce*, etc.) generally have a falling tone:

pe ↓ c*i*ne aţi văz*u*t?	who did you ↓ see? who did you ↑ see?
pe c*i*ne aţi ↑ văz*u*t?	↓ who did you ↑ see? ↑ who did you see? ↑ who did you say you saw?

[1]With a strong accent querying 'book'.

Note these last examples. In English, '↓ who did you see?' sounds impatient or disbelieving, whereas the same kind of intonation used with the Romanian utterance may not, and may therefore be equivalent to a different kind of intonation and/or voice quality in English. It is at this point that the comparison begins to get a little complicated and technical. In the long run, it is more profitable and quicker to rely on your ear: listen to as much Romanian as you can and try to *mimic* Romanian voices.

APPENDIX 2

Verb List

Note carefully:

(1) The *Infinitives* are listed in alphabetical order, together with their central meanings.

(2) The *Present Indicative* is given in full. Where a single form appears it is either the third person singular (e.g. *plouă*) or the sole form used for each person (e.g. *trebuie*). Where two forms appear, the first is the third person singular and the second is the third person plural. In the second person singular the final *-i* may be pronounced /i/, /i̯/, or /ĭ/: preceded by a vowel it is pronounced /i̯/ (e.g. *spui*); preceded by a consonant + *l*, *r* it is pronounced /i/ (e.g. *intri*); in other cases it is pronounced /ĭ/ and written -ĭ in this List.

(3) The second person plural positive and negative forms of the *Imperative* (*Imp.*) are identical with the corresponding present indicative forms (e.g. *spuneţi, nu spuneţi*). The second person singular negative is identical in form with the infinitive (e.g. *nu spune*), with the same stress pattern but without the infinitive marker *a*. The second person singular positive is in most cases identical with either the second person or the third person singular form of the present indicative (see 15.3/4); in some cases the form varies according to whether the verb is being used transitively or intransitively. In this List the usual (or more frequently occurring) form of the second person singular positive is given; remember that it is a singular and positive form only. Some verbs have no imperative form.

(4) Except in the case of *a fi*, the forms of the finite verb in a *să*-clause differ from the present indicative in only one respect: the third person singular and plural employ an identical form which is regularly different from the form(s) used for these persons in the present indicative. Thus the *Subjunctive* (*Subj.*) form given in

this List is that used for the third person singular and plural.

(5) The *Past Participle* (*Pp.*) is used in the formation of the Present Perfect, the Conditional Past, the Subjunctive Past, and the Passive Voice (the subjunctive past, e.g. *să fi spus* (for all persons), is not introduced in this work).[1] Many past participles are also used as adjectives.

(6) *Omissions.* You will notice that many verbs (of different roots) follow similar patterns in their conjugations. We have listed the forms in full, however, to facilitate learning. It is a simple matter to conjugate the few verbs we *have* left out, e.g. *a deveni* (conjugated in the same way as *a veni*), *a relua* (as *a lua*), *a închide* (as *a deschide*), *a apărea* (as *a părea*), and so on. Verbs are only given in their *Reflexive* form if this is the sole form introduced. Note that in many of the uses of the verbs an accusative or dative reflexive pronoun is required.

(7) *Traditional Classification.* On a basis of differences in the endings of the infinitives and present indicative conjugations, Romanian (cf. Latin) verbs are traditionally grouped into four classes: I infinitives in *-a*, II infinitives in *-ea*, III infinitives in *-e*, IV infinitives in *-i* and *-î*. A useful exercise, as an aid to memory, would be for you to re-group them in this way, on paper or mentally, noting any root changes as you go, and then to sub-group them (e.g. Class I: (*a*) root + ending, (*b*) root + *-ez-* + ending; Class IV: (*a*) root + ending, (*b*) root + *-esc/ăsc-* + ending; etc.); alternatively, sub-group them on other bases (e.g. Group A_1: first person singular = third person plural, Group A_2: third person singular = third person plural; Group B_1: root vowel change, Group B_2: no root vowel change; Group C_1: verbs used transitively (in the Lessons), Group C_2: verbs used intransitively; etc.).

[1] One example:

să fi spus eu asta, cum te-ai fi supărat!	had I said that, how cross you'd have been!

a acoper*i*: ac*o*păr, ac*o*perĭ, ac*o*peră, acoper*i*m, acoper*i*ţĭ, ac*o*peră
'to cover' *Imp*. ac*o*peră *Subj*. să ac*o*pere *Pp*. acoper*i*t

a adăug*a*: ad*a*ug, ad*a*ugĭ, ad*a*ugă, adăug*ă*m, adăug*a*ţĭ, ad*a*ugă
'to add' *Imp*. ad*a*ugă *Subj*. să ad*a*uge *Pp*. adăug*a*t

a adres*a*: adres*e*z, adres*e*zĭ, adrese*a*ză, adres*ă*m, adres*a*ţĭ, adrese*a*ză
'to address' *Imp*. adrese*a*ză *Subj*. să adres*e*ze *Pp*. adres*a*t

a ad*u*ce: ad*u*c, ad*u*cĭ, ad*u*ce, ad*u*cem, ad*u*ceţĭ, ad*u*c
'to bring' *Imp*. *a*du (*a*dă) *Subj*. să ad*u*că *Pp*. ad*u*s

a afl*a*: *a*flu, *a*fli, *a*flă, afl*ă*m, afl*a*ţĭ, *a*flă
'to hear' *Imp*. *a*flă *Subj*. să *a*fle *Pp*. afl*a*t

a aj*u*nge: aj*u*ng, aj*u*ngĭ, aj*u*nge, aj*u*ngem, aj*u*ngeţĭ, aj*u*ng
'to arrive' *Subj*. să aj*u*ngă *Pp*. aj*u*ns

a ajut*a*: aj*u*t, aj*u*ţĭ, aj*u*tă, ajut*ă*m, ajut*a*ţĭ, aj*u*tă
'to help' *Imp*. aj*u*tă *Subj*. să aj*u*te *Pp*. ajut*a*t

a al*e*ge: al*e*g, al*e*gĭ, al*e*ge, al*e*gem, al*e*geţĭ, al*e*g
'to choose' *Imp*. al*e*ge *Subj*. să ale*a*gă *Pp*. al*e*s

a ameninţ*a*: am*e*ninţ, am*e*ninţĭ, am*e*ninţă, ameninţ*ă*m, ameninţ*a*ţĭ, am*e*ninţă
'to threaten' *Imp*. am*e*ninţă *Subj*. să am*e*ninţe *Pp*. ameninţ*a*t

a aminti: aminte*s*c, amint*e*ştĭ, amint*e*şte, amint*i*m, amint*i*ţĭ, amint*e*sc
'to remind' *Imp*. amint*e*şte *Subj*. să aminte*a*scă *Pp*. amint*i*t

a anunţ*a*: an*u*nţ, an*u*nţĭ, an*u*nţă, anunţ*ă*m, anunţ*a*ţĭ, an*u*nţă
'to announce' *Imp*. an*u*nţă *Subj*. să an*u*nţe *Pp*. anunţ*a*t

a aplic*a*: apl*i*c, apl*i*cĭ, apl*i*că, aplic*ă*m, aplic*a*ţĭ, apl*i*că
'to apply' *Imp*. apl*i*că *Subj*. să apl*i*ce *Pp*. aplic*a*t

a apr*i*nde: apr*i*nd, apr*i*nzĭ, apr*i*nde, apr*i*ndem, apr*i*ndeţĭ, apr*i*nd
'to light' *Imp*. apr*i*nde *Subj*. să apr*i*ndă *Pp*. apr*i*ns

a se apropi*a*: mă apr*o*pii /-pii̯/, te apr*o*pii, se apr*o*pie, ne apropi*e*m, vă apropi*a*ţĭ, se apr*o*pie
'to approach' *Imp*. apr*o*pie-te *Subj*. să se apr*o*pie *Pp*. apropi*a*t

a arăt*a*: ar*ă*t, ar*ă*ţĭ, ar*a*tă, arăt*ă*m, arăt*a*ţĭ, ar*a*tă
'to show' *Imp*. ar*a*tă *Subj*. să ar*a*te *Pp*. arăt*a*t

a arunc*a*: ar*u*nc, ar*u*ncĭ, ar*u*ncă, arunc*ă*m, arunc*a*ţĭ, ar*u*ncă
'to throw' *Imp*. ar*u*ncă *Subj*. să ar*u*nce *Pp*. arunc*a*t

a ascult*a*: asc*u*lt, asc*u*lţĭ, asc*u*ltă, ascult*ă*m, ascult*a*ţĭ, asc*u*ltă
'to listen' *Imp*. asc*u*ltă *Subj*. să asc*u*lte *Pp*. ascult*a*t

a asc*u*nde: asc*u*nd, asc*u*nzĭ, asc*u*nde, asc*u*ndem, asc*u*ndeţĭ, asc*u*nd
'to hide' *Imp*. asc*u*nde *Subj*. să asc*u*ndă *Pp*. asc*u*ns

a aştept*a*: aşt*e*pt, aşt*e*pţĭ, aşte*a*ptă, aştept*ă*m, aştept*a*ţĭ, aşte*a*ptă
'to wait' *Imp*. aşte*a*ptă *Subj*. să aşt*e*pte *Pp*. aştept*a*t

a atr*a*ge: atr*a*g, atr*a*gĭ, atr*a*ge, atr*a*gem, atr*a*geţĭ, atr*a*g
'to attract' *Imp*. atr*a*ge *Subj*. să atr*a*gă *Pp*. atr*a*s

a auz*i*: a*u*d, a*u*zĭ, a*u*de, auz*i*m, auz*i*ţĭ, a*u*d
'to hear' *Imp*. auzĭ *Subj*. să a*u*dă *Pp*. auz*i*t

a ave*a*: am, ai, *a*re, av*e*m, av*e*ţĭ, au
'to have' *Imp*. ai *Subj*. să *a*ibă *Pp*. av*u*t

a b*a*te: bat, baţĭ, b*a*te, b*a*tem, b*a*teţĭ, bat
'to beat' *Imp*. b*a*te *Subj*. să b*a*tă *Pp*. băt*u*t

a be*a*: beau /bẹau̯/, bei, bea, bem, beţĭ, beau
'to drink' *Imp*. bea /bẹa/ *Subj*. să bea *Pp*. bă*u*t

a se căsător*i*: mă căsător*e*sc, te căsător*e*ştĭ, se căsător*e*şte, ne căsător*i*m, vă căsător*i*ţĭ, se căsător*e*sc
'to marry' *Imp*. căsător*e*şte-te *Subj*. să se căsătore*a*scă *Pp*. căsător*i*t

a căut*a*: c*a*ut, c*a*uţĭ, c*a*ută, căut*ă*m, căut*a*ţĭ, c*a*ută
'to look for' *Imp*. c*a*ută *Subj*. să c*a*ute *Pp*. căut*a*t

a c*e*re: cer, cerĭ, c*e*re, c*e*rem, c*e*reţĭ, cer
'to ask' *Imp*. c*e*re *Subj*. să ce*a*ră *Pp*. cer*u*t

a cheltu*i*: cheltui*e*sc, cheltui*e*ştĭ, cheltui*e*şte, cheltu*i*m, cheltu*i*ţĭ, cheltui*e*sc
'to spend' *Imp*. cheltui*e*şte *Subj*. să cheltui*a*scă *Pp*. cheltu*i*t

a chem*a*: chem, chemĭ, che*a*mă, chem*ă*m, chem*a*ţĭ, che*a*mă
'to call' *Imp*. che*a*mă *Subj*. să ch*e*me *Pp*. chem*a*t

a circul*a*: c*i*rcul, c*i*rculĭ, c*i*rculă, circul*ă*m, circul*a*ţĭ, c*i*rculă
'to circulate' *Imp*. c*i*rculă *Subj*. să c*i*rcule *Pp*. circul*a*t

a cit*i*: cit*e*sc, cit*e*ştĭ, cit*e*şte, cit*i*m, cit*i*ţĭ, cit*e*sc
'to read' *Imp.* cit*e*şte *Subj.* să cite*a*scă *Pp.* cit*i*t

a cîştig*a*: cîşt*i*g, cîşt*i*gĭ, cîşt*i*gă, cîştig*ă*m, cîştig*a*ţĭ, cîşt*i*gă
'to win' *Imp.* cîşt*i*gă *Subj.* să cîşt*i*ge *Pp.* cîştig*a*t

a se coaf*a*: mă coaf*e*z, te coaf*e*zĭ, se coafe*a*ză, ne coaf*ă*m, vă coaf*a*ţĭ, se coafe*a*ză
'to do one's hair' *Imp.* coafe*a*ză-te *Subj.* să se coaf*e*ze *Pp.* coaf*a*t

a cobor*î*: cob*o*r, cob*o*rĭ, cobo*a*ră, cobor*î*m, cobor*î*ţĭ, cobo*a*ră
'to get off' *Imp.* cobo*a*ră *Subj.* să cobo*a*re *Pp.* cobor*î*t

a constat*a*: const*a*t, const*a*ţĭ, const*a*tă, constat*ă*m, constat*a*ţĭ, const*a*tă
'to find out' *Imp.* const*a*tă *Subj.* să const*a*te *Pp.* constat*a*t

a constru*i*: construi*e*sc, construi*e*ştĭ, construi*e*şte, constru*i*m, constru*i*ţĭ, construi*e*sc
'to construct' *Imp.* construi*e*şte *Subj.* să construi*a*scă *Pp.* constru*i*t

a continu*a*: cont*i*nui, cont*i*nui, cont*i*nuă, continu*ă*m, continu*a*ţĭ, cont*i*nuă
'to continue' *Imp.* cont*i*nuă *Subj.* să cont*i*nue *Pp.* continu*a*t

a cost*a*: cost, c*o*ştĭ, c*o*stă, cost*ă*m, cost*a*ţĭ, c*o*stă
'to cost' *Subj.* să c*o*ste *Pp.* cost*a*t

a cr*e*de: cred, crezĭ, cr*e*de, cr*e*dem, cr*e*deţĭ, cred
'to believe' *Imp.* crezĭ *Subj.* să cre*a*dă *Pp.* crez*u*t

a se culc*a*: mă culc, te culcĭ, se c*u*lcă, ne culc*ă*m, vă culc*a*ţĭ, se c*u*lcă
'to go to bed' *Imp.* c*u*lcă-te *Subj.* să se c*u*lce *Pp.* culc*a*t

a cumpăr*a*: *cu*mpăr, *cu*mperĭ, *cu*mpără, cumpăr*ă*m, cumpăr*a*ţĭ, *cu*mpără
'to buy' *Imp.* *cu*mpără *Subj.* să *cu*mpere *Pp.* cumpăr*a*t

a cuno*a*şte: cun*o*sc, cun*o*ştĭ, cuno*a*şte, cuno*a*ştem, cuno*a*şteţĭ, cun*o*sc
'to know' *Imp.* cuno*a*şte *Subj.* să cuno*a*scă *Pp.* cunosc*u*t

a c*u*rge: c*u*rge, curg
'to flow' *Subj.* să c*u*rgă *Pp.* curs

a da: dau, dai, dă, dăm, daţĭ, dau
'to give' *Imp.* dă *Subj.* să dea /dęa/ *Pp.* dat

a dep*i*nde: dep*i*nd, dep*i*nzĭ, dep*i*nde, dep*i*ndem, dep*i*ndeţĭ, dep*i*nd
'to depend' *Subj.* să dep*i*ndă *Pp.* dep*i*ns

a desch*i*de: desch*i*d, desch*i*zĭ, desch*i*de, desch*i*dem, desch*i*deţĭ, desch*i*d
'to open' *Imp.* desch*i*de *Subj.* să desch*i*dă *Pp.* desch*i*s

a despărţ*i*: desp*a*rt, desp*a*rţĭ, desp*a*rte, despărţ*i*m, despărţ*i*ţĭ, desp*a*rt
'to separate' *Imp.* desp*a*rte *Subj.* să desp*a*rtă *Pp.* despărţ*i*t

a dori: dor*e*sc, dor*e*ştĭ, dor*e*şte, dor*i*m, dor*i*ţĭ, dor*e*sc
'to wish' *Imp.* dor*e*şte *Subj.* să dore*a*scă *Pp.* dor*i*t

a dorm*i*: dorm, dormĭ, do*a*rme, dorm*i*m, dorm*i*ţĭ, dorm
'to sleep' *Imp.* dormĭ *Subj.* să do*a*rmă *Pp.* dorm*i*t

a d*u*ce: duc, d*u*cĭ, d*u*ce, d*u*cem, d*u*ceţĭ, duc
'to take' *Imp.* du *Subj.* să d*u*că *Pp.* dus

a durea: doare, dor
'to hurt' *Subj.* să doară *Pp.* durut

a exista: exist, exiştĭ, există, existăm, existaţĭ, există
'to exist' *Subj.* să existe *Pp.* existat

a face: fac, facĭ, face, facem, faceţĭ, fac
'to do' *Imp.* fă *Subj.* să facă *Pp.* făcut

a fi: sînt, eştĭ, este, sîntem, sînteţĭ, sînt
'to be' *Imp.* fii *Subj.* să fiu, să fii, să fie, să fim, să fiţĭ, să fie *Pp.* fost

a folosi: folosesc, foloseştĭ, foloseşte, folosim, folosiţĭ, folosesc
'to use' *Imp.* foloseşte *Subj.* să folosească *Pp.* folosit

a forma: formez, formezĭ, formează, formăm, formaţĭ, formează
'to form' *Imp.* formează *Subj.* să formeze *Pp.* format

a fuma: fumez, fumezĭ, fumează, fumăm, fumaţĭ, fumează
'to smoke' *Imp.* fumează *Subj.* să fumeze *Pp.* fumat

a fura: fur, furĭ, fură, furăm, furaţĭ, fură
'to steal' *Imp.* fură *Subj.* să fure *Pp.* furat

a găsi: găsesc, găseştĭ, găseşte, găsim, găsiţĭ, găsesc
'to find' *Imp.* găseşte *Subj.* să găsească *Pp.* găsit

a ghic*i*: ghic*e*sc, ghic*e*ştĭ, ghic*e*şte, ghic*i*m, ghic*i*ţĭ, ghic*e*sc
'to guess' *Imp*. ghicĭ *Subj*. să ghice*a*scă *Pp*. ghic*i*t

a se gînd*i*: mă gînd*e*sc, te gînd*e*ştĭ, se gînd*e*şte, ne gînd*i*m, vă gînd*i*ţĭ, se gînd*e*sc
'to think' *Imp*. gînd*e*şte-te *Subj*. să se gînde*a*scă *Pp*. gînd*i*t

a se grăb*i*: mă grăb*e*sc, te grăb*e*ştĭ, se grăb*e*şte, ne grăb*i*m, vă grăb*i*ţĭ, se grăb*e*sc
'to hurry' *Imp*. grăb*e*şte-te *Subj*. să se grăbe*a*scă *Pp*. grăb*i*t

a hotăr*î*: hotăr*ă*sc, hotăr*ă*ştĭ, hotăr*ă*şte, hotăr*î*m, hotăr*î*ţĭ, hotăr*ă*sc
'to decide' *Imp*. hotăr*ă*şte *Subj*. să hotăr*a*scă *Pp*. hotăr*î*t

a ieş*i*: ies, ieşĭ, i*e*se, ieş*i*m, ieş*i*ţĭ, ies
'to go out' *Imp*. ieşĭ *Subj*. să i*a*să *Pp*. ieş*i*t

a impresion*a*: impresion*e*z, impresion*e*zĭ, impresione*a*ză, impresion*ă*m, impresion*a*ţĭ, impresione*a*ză
'to impress' *Imp*. impresione*a*ză *Subj*. să impresion*e*ze *Pp*. impresion*a*t

a intr*a*: *i*ntru, *i*ntri, *i*ntră, intr*ă*m, intr*a*ţĭ, *i*ntră
'to enter' *Imp*. *i*ntră *Subj*. să *i*ntre *Pp*. intr*a*t

a invit*a*: inv*i*t, inv*i*ţĭ, inv*i*tă, invit*ă*m, invit*a*ţĭ, inv*i*tă
'to invite' *Imp*. inv*i*tă *Subj*. să inv*i*te *Pp*. invit*a*t

a iub*i*: iub*e*sc, iub*e*ştĭ, iub*e*şte, iub*i*m, iub*i*ţĭ, iub*e*sc
'to love' *Imp*. iub*e*şte *Subj*. să iube*a*scă *Pp*. iub*i*t

a izvorî: izvor*ă*şte, îzvor*ă*sc
'to rise' *Subj.* să izvor*a*scă *Pp.* izvorît

a îmbogăţ*i*: îmbogăţ*e*sc, îmbogăţ*e*ştĭ, îmbogăţ*e*şte, îmbogăţ*i*m, îmbogăţ*i*ţĭ, îmbogăţ*e*sc
'to enrich' *Imp.* îmbogăţ*e*şte *Subj.* să îmbogăţe*a*scă *Pp.* îmbogăţ*i*t

a se îmbolnăv*i*: mă îmbolnăv*e*sc, te îmbolnăv*e*ştĭ, se îmbolnăv*e*şte, ne îmbolnăv*i*m, vă îmbolnăv*i*ţĭ, se îmbolnăv*e*sc
'to get ill' *Imp.* îmbolnăv*e*şte-te *Subj.* să se îmbolnăve*a*scă *Pp.* îmbolnăv*i*t

a se îmbrăc*a*: mă îmbr*a*c, te îmbr*a*cĭ, se îmbr*a*că, ne îmbrăc*ă*m, vă îmbrăc*a*ţĭ, se îmbr*a*că
'to dress' *Imp.* îmbr*a*că-te *Subj.* să se îmbr*a*ce *Pp.* îmbrăc*a*t

a se îmbrăţiş*a*: ne îmbrăţiş*ă*m, vă îmbrăţiş*a*ţĭ, se îmbrăţişe*a*ză
'to hug each other' *Subj.* să se îmbrăţiş*e*ze *Pp.* îmbrăţiş*a*t

a înălţ*a*: în*a*lţ, în*a*lţĭ, în*a*lţă, înălţ*ă*m, înălţ*a*ţĭ, în*a*lţă
'to raise' *Imp.* în*a*lţă *Subj.* să în*a*lţe *Pp.* înălţ*a*t

a încălz*i*: încălz*e*sc, încălz*e*ştĭ, încălz*e*şte, încălz*i*m, încălz*i*ţĭ, încălz*e*sc
'to warm' *Imp.* încălz*e*şte *Subj.* să încălze*a*scă *Pp.* încălz*i*t

a înc*e*pe: înc*e*p, înc*e*pĭ, înc*e*pe, înc*e*pem, înc*e*peţĭ, înc*e*p
'to begin' *Imp.* înc*e*pe *Subj.* să înce*a*pă *Pp.* încep*u*t

a încerc*a*: înc*e*rc, înc*e*rcĭ, înce*a*rcă, încerc*ă*m, încerc*a*ţĭ, înce*a*rcă
'to try' *Imp.* înce*a*rcă *Subj.* să înc*e*rce *Pp.* încerc*a*t

a încurc*a*: înc*u*rc, înc*u*rcĭ, înc*u*rcă, încurc*ă*m, încurc*a*ţĭ, înc*u*rcă
'to mix up' *Imp*. înc*u*rcă *Subj*. să înc*u*rce *Pp*. încurc*a*t

a îndrăzn*i*: îndrăzn*e*sc, îndrăzn*e*ştĭ, îndrăzn*e*şte, îndrăzn*i*m, îndrăzn*i*ţĭ, îndrăzn*e*sc
'to dare' *Imp*. îndrăzn*e*şte *Subj*. să îndrăzne*a*scă *Pp*. îndrăzn*i*t

a îngrij*i*: îngrij*e*sc, îngrij*e*ştĭ, îngrij*e*şte, îngrij*i*m, îngrij*i*ţĭ, îngrij*e*sc
'to look after' *Imp*. îngrij*e*şte *Subj*. să îngrije*a*scă *Pp*. îngrij*i*t

a înot*a*: înot, în*o*ţĭ, îno*a*tă, înot*ă*m, înot*a*ţĭ, îno*a*tă
'to swim' *Imp*. îno*a*tă *Subj*. să îno*a*te *Pp*. înot*a*t

a însemn*a*: îns*e*mn, îns*e*mnĭ, îns*ea*mnă, însemn*ă*m, însemn*a*ţĭ, îns*ea*mnă
'to mean' *Imp*. îns*ea*mnă *Subj*. să îns*e*mne *Pp*. însemn*a*t

a înştiinţ*a*: înştiinţ*ez*, înştiinţ*ez*ĭ, înştiinţ*ea*ză, înştiinţ*ă*m, înştiinţ*a*ţĭ, înştiinţ*ea*ză
'to inform' *Imp*. înştiinţ*ea*ză *Subj*. să înştiinţ*e*ze *Pp*. înştiinţ*a*t

a se întâmpl*a*: se înt*î*mplă
'to occur' *Subj*. să se înt*î*mple *Pp*. întâmpl*a*t

a se întâln*i*: mă întâln*e*sc, te întâln*e*ştĭ, se întâln*e*şte, ne întâln*i*m, vă întâln*i*ţĭ, se întâln*e*sc
'to meet' *Imp*. întâln*e*şte-te *Subj*. să se întâlne*a*scă *Pp*. întâln*i*t

a înto*a*rce: înt*o*rc, înt*o*rcĭ, înto*a*rce, înto*a*rcem, înto*a*rceţĭ, înt*o*rc
'to return' *Imp*. înto*a*rce *Subj*. să înto*a*rcă *Pp*. înt*o*rs

a întreb*a*: într*e*b, într*e*bĭ, într*ea*bă, întreb*ă*m, întreb*a*ţĭ, într*ea*bă
'to ask' *Imp*. într*ea*bă *Subj*. să într*e*be *Pp*. întreb*a*t

a înţel*e*ge: înţel*e*g, înţel*e*gĭ, înţel*e*ge, înţel*e*gem, înţel*e*geţĭ, înţel*e*g
'to understand' *Imp*. înţel*e*ge *Subj*. să înţele*a*gă *Pp*. înţel*e*s

a învăţ*a*: înv*ă*ţ, înv*e*ţĭ, înv*a*ţă, învăţ*ă*m, învăţ*a*ţĭ, înv*a*ţă
'to learn' *Imp*. înv*a*ţă *Subj*. să înv*e*ţe *Pp*. învăţ*a*t

a înv*i*nge: înv*i*ng, înv*i*ngĭ, înv*i*nge, înv*i*ngem, înv*i*ngeţĭ, înv*i*ng
'to defeat' *Imp*. înv*i*nge *Subj*. să înv*i*ngă *Pp*. înv*i*ns

a juc*a*: joc, jocĭ, jo*a*că, juc*ă*m, juc*a*ţĭ, jo*a*că
'to play' *Imp*. jo*a*că *Subj*. să jo*a*ce *Pp*. juc*a*t

a lăs*a*: las, l*a*şĭ, l*a*să, lăs*ă*m, lăs*a*ţĭ, l*a*să
'to leave' *Imp*. l*a*să *Subj*. să l*a*se *Pp*. lăs*a*t

a lips*i*: lips*e*sc, lips*e*ştĭ, lips*e*şte, lips*i*m, lips*i*ţĭ, lips*e*sc
'to be missed' *Subj*. să lipse*a*scă *Pp*. lips*i*t

a locu*i*: locui*e*sc, locui*e*ştĭ, locui*e*şte, locu*i*m, locu*i*ţĭ, locui*e*sc
'to live' *Imp*. locui*e*şte *Subj*. să locui*a*scă *Pp*. locu*i*t

a lu*a*: iau /i̯au̯/, iei /i̯ei̯/, ia /i̯a/, lu*ă*m, lu*a*ţĭ, iau
'to take' *Imp*. ia *Subj*. să ia *Pp*. lu*a*t

a lucr*a*: lucr*e*z, lucr*e*zĭ, lucre*a*ză, lucr*ă*m, lucr*a*ţĭ, lucre*a*ză
'to work' *Imp*. lucre*a*ză *Subj*. să lucr*e*ze *Pp*. lucr*a*t

a lupt*a*: lupt, lupţĭ, l*u*ptă, lupt*ă*m, lupt*a*ţĭ, l*u*ptă
'to fight' *Imp*. l*u*ptă *Subj*. să l*u*pte *Pp*. lupt*a*t

a menţion*a*: menţion*e*z, menţion*e*zĭ, menţion*ea*ză, menţion*ă*m, menţion*a*ţĭ, menţion*ea*ză
'to mention' *Imp*. menţion*ea*ză *Subj*. să menţion*e*ze *Pp*. menţion*a*t

a m*e*rge: merg, mergĭ, m*e*rge, m*e*rgem, m*e*rgeţĭ, merg
'to go' *Imp*. mergĭ *Subj*. să me*a*rgă *Pp*. mers

a merit*a*: m*e*rit, m*e*riţĭ, m*e*rită, merit*ă*m, merit*a*ţĭ, m*e*rită
'to be worth' *Subj*. să m*e*rite *Pp*. merit*a*t

a mulţum*i*: mulţum*e*sc, mulţum*e*ştĭ, mulţum*e*şte, mulţum*i*m, mulţum*i*ţĭ, mulţum*e*sc
'to thank' *Imp*. mulţum*e*şte *Subj*. să mulţume*a*scă *Pp*. mulţum*i*t

a mur*i*: mor, morĭ, mo*a*re, mur*i*m, mur*i*ţĭ, mor
'to die' *Imp*. morĭ *Subj*. să mo*a*ră *Pp*. mur*i*t

a n*i*nge: n*i*nge
'to snow' *Subj*. să n*i*ngă *Pp*. nins

a not*a*: not*e*z, not*e*zĭ, note*a*ză, not*ă*m, not*a*ţĭ, note*a*ză
'to note' *Imp*. note*a*ză *Subj*. să not*e*ze *Pp*. not*a*t

a număr*a*: n*u*măr, n*u*merĭ, n*u*mără, număr*ă*m, număr*a*ţĭ, n*u*mără
'to count' *Imp*. n*u*mără *Subj*. să n*u*mere *Pp*. număr*a*t

a ofer*i*: of*e*r, of*e*rĭ, of*e*ră, ofer*i*m, ofer*i*ţĭ, of*e*ră
'to offer' *Imp*. of*e*ră *Subj*. să of*e*re *Pp*. ofer*i*t

a om*i*te: om*i*t, om*i*ţĭ, om*i*te, om*i*tem, om*i*teţĭ, om*i*t
'to omit' *Imp*. om*i*te *Subj*. să om*i*tă *Pp*. om*i*s

a opr*i*: opr*e*sc, opr*e*şti, opr*e*şte, opr*i*m, opr*i*ţi, opr*e*sc
'to stop' *Imp*. opr*e*şte *Subj*. să opre*a*scă *Pp*. opr*i*t

a parc*a*: parch*e*z, parch*e*zi, parche*a*ză, parc*ă*m, parc*a*ţi, parche*a*ză
'to park' *Imp*. parche*a*ză *Subj*. să parch*e*ze *Pp*. parc*a*t

a păre*a*: par, pari, p*a*re, păr*e*m, păr*e*ţi, par
'to seem' *Imp*. pari *Subj*. să p*a*ră *Pp*. păr*u*t

a petr*e*ce: petr*e*c, petr*e*ci, petr*e*ce, petr*e*cem, petr*e*ceţi, petr*e*c
'to spend' *Imp*. petr*e*ce *Subj*. să petre*a*că *Pp*. petrec*u*t

a pi*e*rde: pierd, pierzi, pi*e*rde, pi*e*rdem, pi*e*rdeţi, pierd
'to lose' *Imp*. pi*e*rde *Subj*. să pi*a*rdă *Pp*. pierd*u*t

a plăce*a*: plac, placi, pl*a*ce, plăc*e*m, plăc*e*ţi, plac
'to like' *Subj*. să pl*a*că *Pp*. plăc*u*t

a plăt*i*: plăt*e*sc, plăt*e*şti, plăt*e*şte, plăt*i*m, plăt*i*ţi, plăt*e*sc
'to pay' *Imp*. plăt*e*şte *Subj*. să plăte*a*scă *Pp*. plăt*i*t

a plec*a*: plec, pleci, ple*a*că, plec*ă*m, plec*a*ţi, ple*a*că
'to leave' *Imp*. ple*a*că *Subj*. să pl*e*ce *Pp*. plec*a*t

a se plimb*a*: mă plimb, te plimbi, se pl*i*mbă, ne plimb*ă*m, vă plimb*a*ţi, se pl*i*mbă
'to walk' *Imp*. pl*i*mbă-te *Subj*. să se pl*i*mbe *Pp*. plimb*a*t

a plou*a*: pl*o*uă
'to rain' *Subj*. să pl*o*uă *Pp*. plou*a*t

a porn*i*: porn*e*sc, porn*e*ştĭ, porn*e*şte, porn*i*m, porn*i*ţĭ, porn*e*sc
'to start' *Imp*. porn*e*şte *Subj*. să porne*a*scă *Pp*. porn*i*t

a povest*i*: povest*e*sc, povest*e*ştĭ, povest*e*şte, povest*i*m, povest*i*ţĭ, povest*e*sc
'to tell' *Imp*. povest*e*şte *Subj*. să poveste*a*scă *Pp*. povest*i*t

a prefer*a*: pref*e*r, pref*e*rĭ, pref*e*ră, prefer*ă*m, prefer*a*ţĭ, pref*e*ră
'to prefer' *Subj*. să pref*e*re *Pp*. prefer*a*t

a pregăt*i*: pregăt*e*sc, pregăt*e*ştĭ, pregăt*e*şte, pregăt*i*m, pregăt*i*ţĭ, pregăt*e*sc
'to prepare' *Imp*. pregăt*e*şte *Subj*. să pregăte*a*scă *Pp*. pregăt*i*t

a prim*i*: prim*e*sc, prim*e*ştĭ, prim*e*şte, prim*i*m, prim*i*ţĭ, prim*e*sc
'to receive' *Imp*. prim*e*şte *Subj*. să prime*a*scă *Pp*. prim*i*t

a priv*i*: priv*e*sc, priv*e*ştĭ, priv*e*şte, priv*i*m, priv*i*ţĭ, priv*e*sc
'to look' *Imp*. priv*e*şte *Subj*. să prive*a*scă *Pp*. priv*i*t

a prom*i*te: prom*i*t, prom*i*ţĭ, prom*i*te, prom*i*tem, prom*i*teţĭ, prom*i*t
'to promise' *Imp*. prom*i*te *Subj*. să prom*i*tă *Pp*. prom*i*s

a p*u*ne: pun, pui, p*u*ne, p*u*nem, p*u*neţĭ, pun
'to put' *Imp*. p*u*ne *Subj*. să p*u*nă *Pp*. pus

a put*e*a: pot, poţĭ, po*a*te, put*e*m, put*e*ţĭ, pot
'can' *Subj*. să po*a*tă *Pp*. put*u*t

a se rade: mă rad, te razĭ, se r*a*de, ne r*a*dem, vă r*a*deţĭ, se rad
'to shave' *Imp*. r*a*de-te *Subj*. să se r*a*dă *Pp*. ras

a răc*i*: răc*e*sc, răc*e*ştĭ, răc*e*şte, răc*i*m, răc*i*ţĭ, răc*e*sc
'to catch cold' *Imp.* răc*e*şte *Subj.* să răce*a*scă *Pp.* răc*i*t

a răm*î*ne: răm*î*n, răm*î*i, răm*î*ne, răm*î*nem, răm*î*neţĭ, răm*î*n
'to remain' *Imp.* răm*î*i *Subj.* să răm*î*nă *Pp.* răm*a*s

a răsăr*i*: răs*a*r, răs*a*rĭ, răs*a*re, răsăr*i*m, răsăr*i*ţĭ, răs*a*r
'to rise' *Imp.* răs*a*rĭ *Subj.* să răs*a*ră *Pp.* răsăr*i*t

a răsfo*i*: răsfoi*e*sc, răsfoi*e*ştĭ, răsfoi*e*şte, răsfo*i*m, răsfo*i*ţĭ, răsfoi*e*sc
'to skim (through)' *Imp.* răsfoi*e*şte *Subj.* să răsfoi*a*scă *Pp.* răsfo*i*t

a răsp*u*nde: răsp*u*nd, răsp*u*nzĭ, răsp*u*nde, răsp*u*ndem, răsp*u*ndeţĭ, răsp*u*nd
'to answer' *Imp.* răsp*u*nde *Subj.* să răsp*u*ndă *Pp.* răsp*u*ns

a repar*a*: rep*a*r, rep*a*rĭ, rep*a*ră, repar*ă*m, repar*a*ţĭ, rep*a*ră
'to repair' *Imp.* rep*a*ră *Subj.* să rep*a*re *Pp.* repar*a*t

a reuş*i*: reuş*e*sc, reuş*e*ştĭ, reuş*e*şte, reuş*i*m, reuş*i*ţĭ, reuş*e*sc
'to succeed' *Imp.* reuş*e*şte *Subj.* să reuşe*a*scă *Pp.* reuş*i*t

a rezerv*a*: rez*e*rv, rez*e*rvĭ, rez*e*rvă, rezerv*ă*m, rezerv*a*ţĭ, rez*e*rvă
'to reserve' *Imp.* rez*e*rvă *Subj.* să rez*e*rve *Pp.* rezerv*a*t

a r*î*de: rîd, rîzĭ, r*î*de, r*î*dem, r*î*deţĭ, rîd
'to laugh' *Imp.* rîzĭ *Subj.* să r*î*dă *Pp.* rîs

a rug*a*: rog, rogĭ, ro*a*gă, rug*ă*m, rug*a*ţĭ, ro*a*gă
'to ask' *Imp.* ro*a*gă *Subj.* să ro*a*ge *Pp.* rug*a*t

a săr*i*: sar, sarĭ, s*a*re, săr*i*m, săr*i*ţĭ, sar
'to jump' *Imp*. sarĭ *Subj*. să s*a*ră *Pp*. săr*i*t

a săruta: săr*u*t, săr*u*ţĭ, săr*u*tă, sărut*ă*m, sărut*a*ţĭ, săr*u*tă
'to kiss' *Imp*. săr*u*tă *Subj*. să săr*u*te *Pp*. sărut*a*t

a se sătur*a*: mă s*a*tur, te s*a*turĭ, se s*a*tură, ne sătur*ă*m, vă sătur*a*ţĭ, se s*a*tură
'to have enough' *Imp*. s*a*tură-te *Subj*. să se s*a*ture *Pp*. sătur*a*t

a schimb*a*: schimb, schimbĭ, sch*i*mbă, schimb*ă*m, schimb*a*ţĭ, sch*i*mbă
'to change' *Imp*. sch*i*mbă *Subj*. să sch*i*mbe *Pp*. schimb*a*t

a scr*i*e: scriu, scrii, scr*i*e, scr*i*em, scr*i*eţĭ, scriu
'to write' *Imp*. scr*i*e *Subj*. să scr*i*e *Pp*. scris

a se scul*a*: mă scol, te scolĭ, se sco*a*lă, ne scul*ă*m, vă scul*a*ţĭ, se sco*a*lă
'to get up' *Imp*. sco*a*lă-te *Subj*. să se sco*a*le *Pp*. scul*a*t

a serv*i*: serv*e*sc, serv*e*ştĭ, serv*e*şte, serv*i*m, serv*i*ţĭ, serv*e*sc
'to serve' *Imp*. serv*e*şte *Subj*. să serve*a*scă *Pp*. serv*i*t

a sfîrş*i*: sfîrş*e*sc, sfîrş*e*ştĭ, sfîrş*e*şte, sfîrş*i*m, sfîrş*i*ţĭ, sfîrş*e*sc
'to end' *Imp*. sfîrş*e*şte *Subj*. să sfîrşe*a*scă *Pp*. sfîrş*i*t

a se simţ*i*: mă simt, te simţĭ, se s*i*mte, ne simţ*i*m, vă simţ*i*ţĭ, se simt
'to feel' *Imp*. s*i*mte-te *Subj*. să se s*i*mtă *Pp*. simţ*i*t

a sos*i*: sos*e*sc, sos*e*şti, sos*e*şte, sos*i*m, sos*i*ţĭ, sos*e*sc
'to arrive' *Subj*. să sose*a*scă *Pp*. sos*i*t

a spăl*a*: spăl, spelĭ, sp*a*lă, spăl*ă*m, spăl*a*ţĭ, sp*a*lă
'to wash' *Imp*. sp*a*lă *Subj*. să sp*e*le *Pp*. spăl*a*t

a sper*a*: sper, sperĭ, sp*e*ră, sper*ă*m, sper*a*ţĭ, sp*e*ră
'to hope' *Imp*. sp*e*ră *Subj*. să sp*e*re *Pp*. sper*a*t

a speri*a*: sperii /-riĭ/, sp*e*rii, sp*e*rie, speri*e*m, speri*a*ţĭ, sp*e*rie
'to frighten' *Imp*. sp*e*rie *Subj*. să sp*e*rie *Pp*. speri*a*t

a sp*u*ne: spun, spui, sp*u*ne, sp*u*nem, sp*u*neţĭ, spun
'to say' *Imp*. sp*u*ne *Subj*. să sp*u*nă *Pp*. spus

a sta: stau, stai, stă, stăm, staţĭ, stau
'to stand' *Imp*. stai *Subj*. să stea /stęa/ *Pp*. stat

a st*i*nge: sting, stingĭ, st*i*nge, st*i*ngem, st*i*ngeţĭ, sting
'to put out' *Imp*. st*i*nge *Subj*. să st*i*ngă *Pp*. stins

a stric*a*: stric, stricĭ, str*i*că, stric*ă*m, stric*a*ţĭ, str*i*că
'to break' *Imp*. str*i*că *Subj*. să str*i*ce *Pp*. stric*a*t

a sun*a*: sun, sunĭ, s*u*nă, sun*ă*m, sun*a*ţĭ, s*u*nă
'to ring' *Imp*. s*u*nă *Subj*. să s*u*ne *Pp*. sun*a*t

a şti: ştiu, ştii, şt*i*e, ştim, ştiţĭ, ştiu
'to know' *Subj*. să şt*i*e *Pp*. şti*u*t

a tăi*a*: tai, tai, t*a*ie, tăi*e*m, tăi*a*ţĭ, t*a*ie
'to cut' *Imp*. t*a*ie *Subj*. să t*a*ie *Pp*. tăi*a*t

a telefon*a*: telefon*e*z, telefon*e*zĭ, telefone*a*ză, telefon*ă*m, telefon*a*ţĭ, telefone*a*ză
'to telephone' *Imp*. telefone*a*ză *Subj*. să telefon*e*ze *Pp*. telefon*a*t

a termin*a*: t*e*rmin, t*e*rminĭ, t*e*rmină, termin*ă*m, termin*a*ţĭ, t*e*rmină
'to end' *Imp*. t*e*rmină *Subj*. să t*e*rmine *Pp*. termin*a*t

a tră*i*: trăi*e*sc, trăi*e*ştĭ, trăi*e*şte, tră*i*m, tră*i*ţĭ, trăi*e*sc
'to live' *Subj*. să trăi*a*scă *Pp*. tră*i*t

a trebu*i*: tr*e*buie
'must' *Subj*. să trebui*a*scă *Pp*. trebu*i*t

a tr*e*ce: trec, trecĭ, tr*e*ce, tr*e*cem, tr*e*ceţĭ, trec
'to pass' *Imp*. trecĭ *Subj*. să tre*a*că *Pp*. trec*u*t

a trez*i*: trez*e*sc, trez*e*ştĭ, trez*e*şte, trez*i*m, trez*i*ţĭ, trez*e*sc
'to wake' *Imp*. trez*e*şte *Subj*. să treze*a*scă *Pp*. trez*i*t

a trim*i*te: trim*i*t, trim*i*ţĭ, trim*i*te, trim*i*tem, trim*i*teţĭ, trim*i*t
'to send' *Imp*. trim*i*te *Subj*. să trim*i*tă *Pp*. trim*i*s

a se t*u*nde: mă tund, te tunzĭ, se t*u*nde, ne t*u*ndem, vă t*u*ndeţĭ, se tund
'to have a haircut' *Imp*. t*u*nde-te *Subj*. să se t*u*ndă *Pp*. tuns

a ţ*i*ne: ţin, ţii, ţ*i*ne, ţ*i*nem, ţ*i*neţĭ, ţin
'to hold' *Imp*. ţ*i*ne *Subj*. să ţ*i*nă *Pp*. ţin*u*t

a uit*a*: uit, uiţĭ, *u*ită, uit*ă*m, uit*a*ţĭ, *u*ită
'to forget' *Imp*. *u*ită *Subj*. să *u*ite *Pp*. uit*a*t

a se urc*a*: mă urc, te urcĭ, se *u*rcă, ne urc*ă*m, vă urc*a*ţĭ, se *u*rcă
'to climb up' *Imp*. *u*rcă-te *Subj*. să se *u*rce *Pp*. urc*a*t

a usc*a*: us*u*c, us*u*cĭ, us*u*că, usc*ă*m, usc*a*ţĭ, us*u*că
'to dry' *Imp*. us*u*că *Subj*. să us*u*ce *Pp*. usc*a*t

a se vărs*a*: se v*a*rsă
'to flow' *Subj*. să se v*e*rse *Pp*. vărs*a*t

a vede*a*: văd, vezĭ, v*e*de, ved*e*m, ved*e*ţĭ, văd
'to see' *Imp*. vezĭ *Subj*. să v*a*dă *Pp*. văz*u*t

a ven*i*: vin, vii, v*i*ne, ven*i*m, ven*i*ţĭ, vin
'to come' *Imp*. v*i*no *Subj*. să v*i*nă *Pp*. ven*i*t

a vizit*a*: vizit*e*z, vizit*e*zĭ, vizite*a*ză, vizit*ă*m, vizit*a*ţĭ, vizite*a*ză
'to visit' *Imp*. vizite*a*ză *Subj*. să vizit*e*ze *Pp*. vizit*a*t

a vops*i*: vops*e*sc, vops*e*ştĭ, vops*e*şte, vops*i*m, vops*i*ţĭ, vops*e*sc
'to paint' *Imp*. vops*e*şte *Subj*. să vopse*a*scă *Pp*. vops*i*t

a vorbi: vorb*e*sc, vorb*e*ştĭ, vorb*e*şte, vorb*i*m, vorb*i*ţĭ, vorb*e*sc
'to speak' *Imp*. vorb*e*şte *Subj*. să vorbe*a*scă *Pp*. vorb*i*t

a vot*a*: vot*e*z, vot*e*zĭ, vote*a*ză, vot*ă*m, vot*a*ţĭ, vote*a*ză
'to vote' *Imp*. vote*a*ză *Subj*. să vot*e*ze *Pp*. vot*a*t

a vrea: vreau /vrẹau̯/, vrei, vrea, vrem, vreţĭ, vor
'to want' *Subj*. să vrea /vrẹa/ *Pp*. vrut

a z*i*ce: zic, zicĭ, z*i*ce, z*i*cem, z*i*ceţĭ, zic
'to say' *Imp*. zi *Subj*. să z*i*că *Pp*. zis

Key to the Exercises

Lesson 1

Ex. 3 Am un pahar cu lapte. Am o cană cu apă. Văd un om sub un pom. Văd o ladă sub masă. Văd o carte pe masă. Pun o ladă de lemn sub masă.

Lesson 2

Ex. 3 Am o carte. Am un toc. Am o pisică. Am un cîine. Am o sticlă cu vin. Văd un om pe stradă. Văd o fată în curte. Văd doi pomĭ în curte. Văd o cană cu apă pe masă. Văd două pisicĭ sub masă. Văd doi copii în grădină. Nicu are un pahar cu lapte. Elena are două pîinĭ. Petre are un măr mare. Ana are o lampă mică pe masă. Pun o carte pe masă. Pun o sticlă cu vin şi două sticle cu bere sub masă. Pun două pîinĭ lîngă o cană cu apă pe masă.

Lesson 3

Ex. 3 Dl. Smith e (este) englez. El e din Anglia. El e profesor. Şi dna. Smith e profesoară. Dvs. sînteţĭ profesorĭ. Maria şi Elena sînt doctoriţe. Toma şi Maria sînt studenţĭ. Şi dvs. sînteţĭ studenţĭ. Dl. Soare e român. Dumnealui vine din România. Dumnealui e profesor. Dna. Soare e româncă. Dumneaei e din România. Şi dumneaei e profesoară.

Ex. 5 (1) Dl. Soare e profesor (român). (2) Dumnealui e în grădină (casă, etc.). (3) Şi dumneaei e profesoară. (4) Dumneaei e din România. (5) Dumnealui vine din Anglia. (6) Dumnealui e din Londra. (7) Eu sînt studentă. (8) Sînt din Bucureştĭ. (9) Maria şi Toma. (10) Dl. Soare e cu dl. Smith.

Lesson 4

Ex. 4	C*i*ne v*i*ne la cofetăr*i*e?	Ge*o*rge Stăn*e*scu v*i*ne la cofetăr*i*e.
	*U*nde st*a*u *d*l. şi *d*na. So*a*re?	Ei (dumneal*o*r) st*a*u la o m*a*să *î*ntr-o cofetăr*i*e.
	C*e* i*a*u ei (dumneal*o*r)?	Ei (dumneal*o*r) i*a*u un ce*a*i.
	C*e* i*a* d-şo*a*ra So*a*re?	D-şo*a*ra So*a*re n*u* ia nim*i*c.
	C*e* lu*a*ţĭ d*vs*.?	Eu i*a*u o cafe*a*.
	C*e* ia Ge*o*rge?	El i*a* o ciocol*a*tă cu l*a*pte.
	C*î*t c*o*stă d*o*uă prăjit*u*rĭ?	D*o*uă prăjit*u*rĭ c*o*stă z*e*ce l*e*i.
	Şi c*î*t c*o*stă c*i*ncĭ ch*i*fle m*a*rĭ?	C*i*ncĭ ch*i*fle m*a*rĭ c*o*stă tr*e*i l*e*i.
	C*î*t c*o*stă o cafe*a*?	O cafe*a* c*o*stă p*a*tru l*e*i.
	*U*nde st*a*u *d*l. şi *d*na. Stăn*e*scu?	*D*l. şi *d*na. Stăn*e*scu (ei, dumneal*o*r) st*a*u la o m*a*să *î*ntr-o cofetăr*i*e.

Lesson 5

Ex. 3	Av*e*ţĭ un cai*e*t?	N*u*, n*u* am.
	Av*e*ţĭ un stil*o*u?	N*u*, n*u* am; dar *a*m un crei*o*n.
	Au *e*i (*e*le) un profes*o*r sau o profeso*a*ră?	Ei (ele) *a*u o profeso*a*ră.
	C*e* av*e*ţĭ în m*î*nă?	Am un dicţion*a*r.
	C*î*te c*ă*rţĭ are *e*l pe bir*o*u?	(El) *a*re c*i*ncĭ c*ă*rţĭ.
	C*î*ţĭ băi*e*ţĭ şi fete sînt în grăd*i*nă?	Sînt z*e*ce.
	C*e* lecţie av*e*ţĭ *azĭ*?	*Azĭ* av*e*m o l*e*cţie de gram*a*tică.
	C*e* sînt*e*ţĭ d*vs*., dl. So*a*re?	Sînt profes*o*r.

*U*nde sînte*ţ*ĭ ac*u*m?	Sînt în cl*a*să.
C*î*ţĭ stud*e*nţĭ sînt în cl*a*să?	Sînt c*i*ncĭ.
E *A*na a*i*cĭ?	N*u*, n*u* e; e ac*o*lo.
C*î*t c*o*stă c*a*rtea ace*a*sta?	C*o*stă z*e*ce l*e*i.

Lesson 6

Ex. 5 V*ă*d c*i*ncĭ stud*e*nţĭ într-o cofetăr*i*e. (Ei) st*a*u la o m*a*să. (Ei) st*a*u pe sc*a*une. Tr*e*i sînt băi*e*ţĭ şi d*o*uă sînt f*e*te. Ei au c*i*ncĭ caf*e*le pe m*a*să. (Ei) *a*u ş*i* o st*i*clă cu v*i*n şi c*i*ncĭ pah*a*re pe m*a*să. (Ei) vorb*e*sc român*e*şte. (Ei) sînt engl*e*zĭ. (Ei) înv*a*ţă român*e*şte şi vorb*e*sc puţ*i*n român*e*şte. (Ei) vorb*e*sc ş*i* puţ*i*n franţuz*e*şte şi nemţ*e*şte. (Ei) vorb*e*sc p*a*tru l*i*mbĭ.

Lesson 7

Ex. 2 o cafe*a*, cafe*a*ua, caf*e*le, caf*e*lele;
un c*î*ine, c*î*inele, cîinĭ, c*î*inii /kîi̯-ni/
o cofetăr*i*e, cofetăr*i*a, cofetăr*i*i /-rii̯/, cofetăr*i*ile /-r*i*-i-le/;
un cop*i*l, cop*i*lul, cop*i*i /-pii̯/, cop*i*ii /-p*i*-i̯i/;
o l*a*dă, l*a*da, lăzĭ, l*ă*zile;
o m*a*să, m*a*sa, m*e*se, m*e*sele;
un *o*m, *o*mul, o*a*menĭ, o*a*menii /-ni/;
un pah*a*r, pah*a*rul, pah*a*re, pah*a*rele;
un sif*o*n, sif*o*nul, sifo*a*ne, sifo*a*nele;
o str*a*dă, str*a*da, străzĭ, str*ă*zile /str*ă*-zi-le/.

Ex. 6 V*ă*d o c*a*rte române*a*scă pe m*a*să. *E*ste un rom*a*n şi îmĭ pl*a*ce să cit*e*sc rom*a*ne. *E*ste c*a*rtea m*e*a. E l*î*ngă un cai*e*t. Îmĭ pl*a*ce să scr*i*u şi să cit*e*sc m*u*lt. Îmĭ pl*a*ce să scr*i*u scris*o*rĭ. Vă pl*a*ce să scr*i*eţĭ scris*o*rĭ? Vă pl*a*ce să cit*i*ţĭ nuv*e*le? Vă pl*a*ce să vorb*i*ţĭ franţuz*e*şte? Şt*i*ţĭ român*e*şte? Şt*i*ţĭ să scr*i*eţĭ român*e*şte? Cit*i*ţĭ m*u*lt?

Lesson 8

Ex. 6 Locu*i*m în (la) L*o*ndra. Av*e*m un apartam*e*nt m*i*c. E într-un bl*o*c. (Apartam*e*ntul) are p*a*tru c*a*mere şi un h*o*l. C*a*merele s*î*nt: un dormit*o*r, o sufrager*i*e, un sal*o*n şi un bir*o*u. (Apartam*e*ntul) are de as*e*menĭ o b*a*ie, o bucătăr*i*e, o cam*a*ră şi o toal*e*tă. Pri*e*tenul meu T*o*ma are o c*a*să m*a*re. Îmĭ pl*a*ce c*a*sa lui. E ac*u*m ac*a*să cu soţ*i*a lui şi ei înce*a*rcă să vorbe*a*scă român*e*şte. Ei vorb*e*sc puţ*i*n român*e*şte şi au nev*o*ie de un dicţion*a*r engl*e*z-rom*â*n.

Lesson 9

Ex. 4 Patr*i*cia îi ar*a*tă o c*a*rte. Să cit*i*m ac*e*st t*e*xt. Cr*e*d că n*u* e gr*e*u de l*o*c. C*e* cr*e*deţi? Cr*e*d că ac*e*st t*e*xt e uş*o*r. Îmĭ pl*a*ce ac*e*st t*e*xt. Vă pl*a*ce şi d*vs.*? D*a*, îmĭ pl*a*ce. Vă pl*a*c ac*e*ste c*ă*rţĭ? D*a*, îmĭ pl*a*c. Ale c*u*i sînt ac*e*ste c*ă*rţĭ? Sînt c*ă*rţile m*e*le. Av*e*ţĭ şi c*ă*rţĭ român*e*ştĭ? D*a*, *a*m. C*e* *a*lte c*ă*rţĭ mai cit*i*ţĭ? Cit*e*sc şi c*ă*rţĭ englez*e*ştĭ şi franţuz*e*ştĭ. C*e* *a*lte l*i*mbĭ mai şt*i*ţĭ? Şt*i*u şi nemţ*e*şte şi rus*e*şte.

Lesson 10

Ex. 3 a f*o*st, a f*o*st, a făc*u*t, a cumpăr*a*t, a cumpăr*a*t, a cumpăr*a*t, a cost*a*t, a cost*a*t, aţĭ fost invit*a*ţĭ (*F* invit*a*te), am fost invit*a*ţĭ (invit*a*te), aţĭ fost invit*a*ţĭ (invit*a*te), am fost invit*a*ţĭ (invit*a*te).

Ex. 4 *D*l. şi *d*na. Tom*e*scu locui*e*sc la Bucur*e*ştĭ. Ei locui*e*sc într-o c*a*să fo*a*rte m*a*re. (C*a*sa) e un bl*o*c şi ei locui*e*sc într-un apartam*e*nt cu c*i*ncĭ c*a*mere. Au d*o*i cop*i*i: un băi*a*t şi o fet*i*ţă. Băi*a*tul lor înv*a*ţă englez*e*şte şi fet*i*ţa lor înv*a*ţă franţuz*e*şte. Băi*a*tul cit*e*şte b*i*ne englez*e*şte dar n*u* vorb*e*şte englez*e*şte aş*a* b*i*ne. Fet*i*ţa are m*u*lte c*ă*rţĭ franţuz*e*ştĭ şi înce*a*rcă să scr*i*e scris*o*rĭ în l*i*mba franc*e*ză.

Lesson 11

Ex. 2 *M* băiat(ul), cîine(le), doctor(ul), englez(ul), nepot(ul), om(ul), pom(ul), prieten(ul), profesor(ul), român(ul), soţ(ul), student(ul).

N bloc(ul), dialog(ul), drum(ul), ghid(ul), stilou(l), tren(ul).

F carte(a), convorbire(a), curte(a), greşeală (greşeala), grădină (grădina), lampă (lampa), ladă (lada), limbă (limba), mînă (mîna), pisică (pisica), prăjitură (prăjitura), sală (sala), scrisoare(a), stradă (strada), soră (sora).

Lesson 12

Ex. 3 vorbiţi, rog, scriu, învăţ, citim, scrie, stau.

Ex. 4 Am fost la cofetărie şi am cumpărat opt prăjituri. Îmi place ciocolata foarte mult aşa că am cumpărat şase prăjituri de ciocolată. Am luat acolo o cafea deoarece îmi place şi cafeaua. Am fost cu prietenul meu Toma. El a luat o ciocolată cu lapte. Nu a costat mult. Cred că a costat nouă lei. După-masă am fost invitat la prietenii mei cu fratele meu. Am vorbit despre cărţi şi dicţionare româneşti. Prietenul meu Petre a învăţat mai multe limbi străine şi ştie destul englezeşte, franţuzeşte şi nemţeşte ca să citească nuvele uşoare în aceste limbi. Îi place să citească cărţi şi să scrie scrisori în limbi străine.

Vă place să citiţi (*or*: Îţi place să citeşti) cărţi în limba română sau în alte limbi străine? Cred că vă place să cumpăraţi şi să citiţi cărţi străine (*or*: Cred că îţi place să cumperi şi să citeşti cărţi străine). Dacă vreţi să învăţaţi o limbă străină trebuie să citiţi mult în acea limbă.

Lesson 13

Ex. 3 Vom pleca mîine. Va sosi poimîine. Cred că voi pleca. Credem că veţi primi scrisoarea mîine dimineață. Știu că veți veni poimîine. Știm că veți locui la București.

Ex. 4 veniți, vorbească, învățați, citim, vorbim, vorbească, trimit, fac, cumpărați, scriu.

Ex. 5 Patricia și William au fost invitați de prietenii lor Ana și Sandu în România. Ei au primit cu mare plăcere invitația. (Ei) vor să călătorească cu avionul așa că William a cumpărat două bilete de avion. Patricia a început să facă repede bagajele. Vor pleca poimîine dimineață și în trei sau patru ore vor sosi la București. William a cumpărat un dicționar mare pentru Sandu și Patricia a cumpărat două sau trei romane englezești pentru Ana. William și Patricia știu că Ana și Sandu vor fi la aeroport.

Lesson 14

Ex. 3 Unde vreți să mergem mîine? Fratele dvs. a venit ieri? Cînd vreți să plecați la munte? Ce faceți acum acolo? Ce-ați făcut acolo ieri? Unde-ați cumpărat costumul acesta? Cît costă cartea aceasta? Cînd ați început să învățați românește? Ce le place lor să citească mai mult? Ce trebuie să fac acum?

Ex. 4 Patricia și William vorbesc despre călătoria lor la București. (Ei) vor pleca cu avionul dimineața și în patru ore vor fi la aeroportul de lîngă București. Ei sînt siguri că vor petrece bine în România. (Ei) vor să meargă la munte și la mare și să viziteze multe locuri frumoase. Vor trimite o telegramă și vor anunța pe Ana și Sandu de sosirea lor la București. (Ei) știu foarte bine că prietenii lor îi vor aștepta la aeroport. William vrea să vorbească numai românește în România și să uite limba engleză timp de două sau trei săptămîni. În felul acesta el crede că va învăța mai mult în trei săptămîni în România decît în doi ani acasă la Londra.

Lesson 15

Ex. 3 s-au sculat; s-au îmbrăcat; a pus; l-a întrebat; i-a răspuns; i-a spus; a ajutat-o; m-am sculat; m-am pregătit; l-am aşteptat; a venit; v-aţi grăbit; n-aţi venit.

Ex. 4 se vor scula; se vor îmbrăca; va pune; îl va întreba; îi va răspunde; îi va spune; o va ajuta; mă voi scula; mă voi pregăti; îl voi aştepta; el va veni.

Ex. 5 N-am fost; Nu m-am întîlnit; El n-a cumpărat; Nu mi-a plăcut; Nu vom merge; Nu va veni; Nu veţi veni; Nu vor veni; Să nu învăţaţi; Să nu veniţi; Să nu ne sculăm; Să nu se îmbrace.

Ex. 6 — Cînd sosesc Patricia şi William? îl întreabă Ana pe Sandu. — Nu ştiu exact, răspunde el. William încă nu ne-a spus. Dar ştiu că vin mîine. Aştept o telegramă. Va veni azi, sînt sigur. (Ea) trebuie să vină! Tot ce ştim este că ei vin cu avionul! — Atunci, spune Ana, ne vom duce la aeroport mîine dimineaţă şi îi vom aştepta acolo. În patru ore avionul e aici şi trebuie să plece din Anglia devreme dimineaţa. Nu va trebui să aşteptăm prea mult, sînt sigură.

Lesson 16

Ex. 4 am fost; voi cumpăra; au învăţat; aşteaptă; place; locuiţi; face; ce-aţi spus?; vor pleca; s-au întîlnit.

Ex. 5 (1) Daţi-mi cartea, vă rog. (2) Pune cana aceasta (această cană) pe masă. (3) Acum pun stiloul în buzunar. (*N.B. îmi pun* . . . would mean 'I'll put my pen . . .'). (4) Ia cartea aceasta (această carte) şi dă-i-o Mariei (lui Maria). (5) V-aţi uitat mănuşile. (6) Bine, le voi da un răspuns mîine. (7) Anul trecut am fost în România. (8) Am stat acasă din cauza ploii /ploịi/. (9) Ne-am întîlnit în faţa gării. (10) Nu uitaţi nimic acasă. (11) S-au sărutat şi au plecat acasă. (12) El a uitat mănuşile pe care i le-am dat. (13) E multă lume pe peron. (14) Iute, fă-i semn cu mîna. (15) Prietena mea vine să mă viziteze mîine. (16) Să coborîm aici. (17) Cine-i acest domn (domnul acesta) cu care aţi vorbit ieri? (18) Sandu nu-mi spune niciodată nimic. (19) Du-i această cutie (cutia aceasta) lui Peter. (20) Mai daţi-i /d*a*tsii/ (încă) cîteva bomboane.

Ex. 6 Maşina s-a oprit în faţa casei lui Ana şi Sandu. In momentul coborîrii din maşină William a constatat că nu mai are mănuşile. — Asta nu-i nimic, îi spune Sandu. Vara trecută, cînd am fost în Anglia, mi-am uitat pardesiul în avion.

Lesson 17

Ex. 2 daţi-i; dă-mi; trimiteţi-le; duceţi-vă; lasă-ne; cumpără-i; spuneţi-le; pune-ţi; apropii-te /apro-piite/; ajutaţi-ne.

Ex. 3 Ieri ne-am dus cu nişte prieteni la o cofetărie. Prietenul meu Sandu a luat o cafea. Soţiei lui nu-i place cafeaua aşa că ea a luat un ceai. Eu am luat o cafea. Toţi am luat şi nişte prăjituri.

Nu ne-a costat mult.

Ana s-a dus azi dimineaţă la cumpărături.

Ea s-a dus la o alimentară şi a cumpărat mai multe lucruri: pîine, zahăr, orez, untdelemn, vin, oţet, bere, apă minerală, bomboane, marmeladă, cafea, ciocolată, ceai. A întrebat unde trebuie să plătească şi a plătit la casă.

Lesson 18

Ex. 1 o mie o sută zece, o mie o sută unsprezece (unşpe) . . . o mie o sută douăzeci şi unu.

Ex. 4 *A:* Unde ai fost?
P: După cumpărături.
A: Şi ce ai cumpărat?

P: Am cumpărat nişte alimente.

A: Poţi să-mi spui ce alimente ai cumpărat şi cît ai plătit pentru ele?

P: Cred că da. Să încerc. Am cumpărat un kilogram de zahăr, şi am plătit pentru el nouă lei. Apoi am luat două sticle de untdelemn şi am plătit pentru ele douăzeci şi trei de lei. Am cumpărat şi patru sticle de bere mici fiindcă lui Sandu şi lui William le place berea românească. Am plătit pentru ele paisprezece lei. Vînzătoarea a spus că costă paişpe lei.

A: Asta a fost tot?

P: La alimentară, da. Dar m-am dus la o altă prăvălie să-i cumpăr lui William nişte mănuşi.

A: Şi ce-ai făcut?

P: Am cumpărat nişte mănuşi foarte frumoase pentru care am plătit optzeci şi şase de lei.

Lesson 19

Ex. 1 s-a dus; v-a adus; le-au spus; şi-a cumpărat; mi-am pus; i-a spus; i-aţi aşteptat; ne-aţi spus; le-aţi găsit; le-aţi trimis.

Ex. 4 Am nişte prieteni în România. Ei locuiesc la Bucureşti. M-au invitat la ei de mai multe ori şi m-am dus cu multă plăcere. De la Londra la Bucureşti se călătoreşte foarte bine şi repede cu avionul. Nici nu costă mult. În cîteva ore eşti la Bucureşti. Cu trenul îţi trebuie aproape trei zile şi cred că te costă chiar mai mult decît cu avionul, deoarece cheltueşti totodată o mulţime de bani pe drum. Mie îmi place foarte mult să călătoresc cu avionul. Dar cui nu-i place asta? Azi se călătoreşte foarte mult cu avionul.

Lesson 20

Ex. 4 vi s-a spus; ni s-a mai spus; i s-a trimis; li s-a părut; ţi se pare; i se spune; i s-a dat; li s-a atras; nu ni s-a amintit; vi s-au adus.

Ex. 5 am uitat; ne-am întors — ne întoarcem — ne vom întoarce; aţi văzut-o; se duc — se vor duce; ştie.

Ex. 6 (*b*) al optsprezecelea, a cinsprezecea, al treizeci şi unulea, a cinzeci şi patra, a o sută unsprezecea, al o mie cinci sute patrulea, al şaptezeci şi unulea.

Ex. 7 Ieri dimineaţă ne-am dus cu maşina la mare. Ana a vrut să meargă cu trenul fiindcă cu trenul se merge mai repede, dar lui Patricia nu-i place trenul, aşa că cei patru prieteni au plecat cu maşina la Mamaia. Mamaia e lîngă Constanţa. Nu departe de Constanţa sînt Eforie şi Istria. La Eforie sînt o mulţime de hoteluri şi blocuri noi, dar la Istria sînt numai ruine.

Lesson 21

Ex. 4 opt (şi) jumătate; unsprezece fără un sfert; două şi douăzeci; nouă şi cinci; şapte şi douăzeci şi opt; cinci fără cinci; trei (şi) jumătate noaptea; patru şi un sfert după-amiază; douăsprezece fără zece dimineaţa.

Ex. 6 Dna. şi dl. Smith au plecat cu trenul din Londra la Bucureşti. Ei au plecat într-o marţi dimineaţă la ora zece şi jumătate de la Gara Victoria şi au sosit la Paris la ora şapte seara. De la Paris au plecat la ora douăsprezece fără douăzeci marţi noaptea şi după ce au călătorit toată ziua de miercuri şi de joi au sosit joi seara la ora nouă şi douăzeci şi cinci la Bucureşti în Gara de Nord. În felul acesta au călătorit cu trenul cincizeci şi patru de ore şi jumătate sau puţin mai mult de două zile şi un sfert.

Lesson 22

Ex. 2 (*a*) am citit; aţi locuit; au plecat; am mers; a vrut; ce-aţi luat; mi-am cumpărat; i-a plăcut.
(*b*) voi citi; veţi locui; vor pleca; vom merge; va vrea; veţi lua; îmi voi cumpăra; îi va place.

(*c*) am să citesc; aveţi să locuiţi; au să plece; avem să mergem; are să vrea; aveţi să luaţi; am să-mi cumpăr; are să-i placă.

(*d*) aş citi; aţi locui; ar pleca; am merge; ar vrea; ce-aţi lua; mi-aş cumpăra; i-ar place.

Ex. 3 — Ce-ai vrea să facem mîine seară?

— Aş vrea să mergem la un restaurant. Nu am mai fost de mult la restaurant şi aş vrea ceva la grătar.

— Foarte bine. Mergem la un restaurant în centru ca să fim mai aproape de hotel. Ştiu eu un restaurant unde fac nişte mititei şi nişte fripturi foarte bune şi unde au nişte vinuri româneşti excelente.

— Cînd vrei să mergem? Mai devreme sau mai tîrziu?

— Cred că e mai bine mai devreme ca să ne putem întoarce acasă mai repede. Ştiu că nu-ţi place să mergi noaptea prin oraş.

Lesson 23

Ex. 2 Aş cumpăra . . . dacă aş primi . . .
Am merge . . . dacă am găsi . . .
S-ar duce . . . dacă ar avea . . .
S-ar întoarce . . . dacă ar găsi . . .
Dacă nu ar trebui . . . ar pleca . . .
Dacă nu ne-aţi ajuta . . . n-am putea . . .
Dacă nu i-aţi invita . . . n-ar veni . . .
Dacă n-ar fi rece . . . ne-am duce . . .

Ex. 3 (1) Stiloul meu are aceeaşi culoare ca al tău.
(2) Stiloul tău e la fel ca al meu.
(3) Citesc aceeaşi carte ca tine.
(4) E acelaşi lucru.
(5) E la fel de (*or* tot aşa de) mare ca fratele meu.
(6) S-a întîmplat la fel cu mine.

Ex. 4 *Ana:* Patricia, te rog să ne spui pe româneşte ce ai făcut duminica trecută.

P: Cu plăcere. Să încerc. Duminica trecută am fost la mare. Dar mai întîi trebuie să vă spun că ne-am înţeles foarte greu cu ce să mergem. Eu am vrut să mergem cu maşina dar Ana a vrut cu trenul, fiindcă cu trenul se călătoreşte mult mai repede, bineînţeles dacă trenul nu se opreşte prin gări de la Bucureşti la Constanţa. Deci am luat trenul din Gara de Nord. Trenul nostru nu a oprit în nicio gară aşa că în aproape două ore şi jumătate am sosit la Constanţa. Ne-am dus de acolo la Eforie la un hotel unde am luat două camere cu cîte două paturi fiecare la etajul întîi. Apoi ne-am dus la plajă unde am stat cîteva ore pe nisip, la soare. După aceea am înotat mult în mare.

A: Patricia! Ce e cu tine? Nimic din ce spui nu e adevărat!

P: Sigur că nu e adevărat. Nici nu e nevoie să fie adevărat. Ce facem noi acum e un exerciţiu de conversaţie. Eu încerc să vorbesc româneşte, să spun ceva pe româneşte.

A: Şi nu pot spune decît că ai vorbit foarte frumos şi corect.

Lesson 24

Ex. 4 Era către seară cînd Patricia s-a întors din oraş. Ea a sunat la uşă şi a aşteptat puţin. Sandu i-a deschis uşa.

Ea i-a spus, 'Bună seara'.

După ce i-a răspuns el a întrebat-o 'Ce mai faci?'

Ea i-a răspuns, 'Bine mulţumesc'.

Apoi i-a spus cum a intrat într-un magazin cu tot felul de lucruri şi cum a început să întrebe pe o vînzătoare cum se cheamă pe româneşte unele articole din magazin.

Ea le-a notat în carnetul ei în timp ce vînzătoarea se uita curios la ea.

Lesson 25

Ex. 4 (*a*) Dacă aş pleca . . . aş ajunge . . .
Dacă m-ai ajuta aş termina . . .
Dacă m-ai întreba ţi-aş răspunde.
Dacă ai învăţa ai şti . . .
Ai putea să . . . dacă te-ai duce . . .
Ana ar primi . . . dacă i-ai trimite-o . . .
(*b*) Dacă aş fi plecat . . . aş fi ajuns . . .
Dacă m-ai fi ajutat aş fi terminat . . .
Dacă m-ai fi întrebat ţi-aş fi răspuns.
Dacă ai fi învăţat ai fi ştiut . . .
Ai fi putut să . . . dacă te-ai fi dus . . .
Ana ar fi primit . . . dacă i-ai fi trimis-o . . .

Ex. 5 — Aţi avut timp să vedeţi ceva locuri cu adevărat interesante în călătoria la Bucureşti?

— Da, desigur. Am văzut toate clădirile mai importante, muzeele, parcurile, statuile — toate obiectivele turistice cunoscute. Dar, desigur, nu am avut timp să vedem tot ce merită (să fie) văzut.

— Ce v-a impresionat cel mai mult?

— A, minunatele bulevarde largi, parcurile, florile, arhitectura, mîncarea — şi mai cu seamă amabilitatea oamenilor.

— Şi ce v-a plăcut cel mai puţin?

— Iată o întrebare la care e greu de răspuns! Poate căldura cu care noi nu sîntem obişnuiţi în Anglia. Vara nu e cel mai bun timp pentru a vizita capitala României. Bucureştiul e cel mai atrăgător primăvara şi toamna. E mai bine să mergi vara la Mamaia, de exemplu, sau la Sinaia — să înoţi în Marea Neagră sau să mergi pe munţi. Fă aşa cum fac bucureştenii!

Lesson 26

Ex. 2 aş avea; am cumpărat; ne vom întoarce; se ducea ('he is on his way'); m-aţi fi invitat; vino; vă va da; au primit.

Ex. 3 România e o ţară pe coasta Mării Negre, în sud-estul Europei. Ţările vecine cu România sînt: la est şi nord Uniunea Sovietică, la vest Iugoslavia şi Ungaria iar la sud Bulgaria. Prin România trece fluviul Dunărea, al doilea fluviu din Europa. Dunărea izvorăşte din centrul Europei, din Germania, şi trece prin opt ţări: Germania, Austria, Cehoslovacia, Ungaria, Iugoslavia, Bulgaria, România şi Uniunea Sovietică. În România sînt munţi înalţi şi rîuri şi păduri mari. Pe coasta mării, Mamaia, la nord de Constanţa, şi Eforie, la sud (de Constanţa), sînt vestite în toată Europa pentru plaja, soarele şi marea lor.

Lesson 27

Ex. 3 Îmi ceru; îi dădui; ne întrebă; nu ne răspunse; nu le plăcu; citiră; ne văzură; veniră.

Ex. 4 — Cine bate la poartă?
— Eu, Ştefan.
— Care Ştefan?
— Ştefan, domnitorul. Am fost învins de Turci. Deschideţi-mi poarta.
— Tu nu poţi fi Ştefan. Ştefan nu se întoarce niciodată învins din luptă.
— Mamă, sînt eu fiul tău Ştefan. Sînt rănit.
— Tu nu mai eşti fiul meu dacă te laşi învins. Mai bine e să mori în luptă decît să-ţi pierzi ţara.
— Te ascult, mamă. Plec iar la luptă.

Lesson 28

Ex. 2 (*a*) mă duceam . . .
se întorcea . . .
mergeam . . .
vă rugam . . .
îşi cumpărau . . .
veneam . . .

(*b*) m-am dus . . .
s-a întors . . .
am mers . . .
v-am rugat . . .
şi-au cumpărat . . .
am venit . . .

(*c*) mă dusei . . .
se întoarse . . .
merserăm . . .
vă rugai . . .
îşi cumpărară . . .
venirăm . . .

(*d*) mă voi duce . . .
se va întoarce . . .
vom merge . . .
vă voi ruga . . .
îşi vor cumpăra . . .
vom veni . . .

(*e*) Am să mă duc
are să se întoarcă . . .
avem să mergem . . .
Am să vă rog . . .
au să-şi cumpere . . .
avem să venim . . .

(*f*) m-aş duce . . .
s-ar întoarce . . .
am merge . . .
v-aş ruga . . .
şi-ar cumpăra . . .
am veni . . .

Ex. 3 (1) Cum vă (mai) simţiţi? (2) Nu (am să) am nevoie de doctor. (3) Mă doare capul şi (mă dor) dinţii. (4) Trebuie să vă schimbaţi costumul de baie. (5) Să beţi un ceai fierbinte cu rom. (6) Are să trebuiască să vă vadă un doctor. (7) Dacă vreţi să ştiţi, vă spun (vă voi spune, am să vă spun).

(8) Nu aveţi nevoie de doctorii (*or* de nici o doctorie). (9) Ingrijiţi-vă sănătatea! (10) Nici *eu* nu m-am simţit bine acum cîteva zile. (11) Pînă mîine vă trece (v-a trecut) durerea de spate. (12) Lăsaţi că n-au nimic. (13) Aveţi să răciţi dacă nu sînteţi atent (atentă, atenţi, atente).

Ex. 4 Intr-o zi Patricia nu s-a simţit (se simţea) prea bine. O durea puţin capul şi o durea şi în gît. Ea voia să se ducă la doctor dar Ana o opri. Ana îi spuse să ia o aspirină şi să bea unul sau două ceaiuri cu rom şi lămîie. Patricia o ascultă şi se simţi îndată bine. Seara cele două prietene s-au dus (se duseră) cu soţii lor la teatrul de operetă.

Lesson 29

Ex. 2 Sample answers:

un + stilou, caiet, dicţionar, ziar	(*M*, *N*)
o + carte, casă, maşină, revistă	(*F*)
nişte + peşti, mititei, ochelari	(*M*)
nişte + caiete, ziare, cărţi, reviste	(*N*, *F*)

Ex. 4 E al dvs. Sînt ale lor. Sînt ai ei (*or*: ai săi).
E al lor. Sînt ale voastre. Sînt ale lui (*or*: ale sale).
E al tău. E a ei.
(*Note*: a sa *is rare*.)

Ex. 5 — Ce faci cînd eşti bolnav?
— Mă duc la doctor.
— Şi doctorul ce-ţi dă?
— Îmi dă o reţetă.
— Ce faci cu reţeta?
— Mă duc cu ea la farmacie.
— Dar dacă n-ai fost la doctor, ce faci?
— Mă duc la farmacie şi cumpăr doctorii care se pot cumpăra fără reţetă.
— Ce fel de medicamente poţi cumpăra la farmacie?

— De pildă: aspirină, pilule, . . . altele nu mai ştiu.

— Să-ţi faci o listă ca să ştii cum se cheamă pe româneşte diferitele feluri de medicamente şi doctorii. Poate să ai nevoie de ele odată.

— N-am să am nevoie de ele. Eu nu mă îmbolnăvesc niciodată.

— Eşti *chiar* aşa de sigur?

— Da. Am o sănătate de fier.

— Bravo! Dar atunci de ce am mai avut dialogul ăsta?

— Ca să facem puţină conversaţie în limba română. Ştii că am nevoie de aşa ceva.

Lesson 30

Ex. 1 (*a*) Ne culcam . . . ne sculam . . .
Ploua şi ningea . . .
Era frumoasă . . .
Mă gîndeam . . .
. . . se plimbau . . .
Vă era foame şi sete . . .

(*b*) Ne-am culcat . . . ne-am sculat
A plouat şi nins.
A fost frumoasă . . .
M-am gîndit . . .
. . . s-au plimbat . . .
V-a fost foame şi sete . . .

(*c*) Ne vom culca . . . ne vom scula
Va ploua şi va ninge.
Va fi frumoasă . . .
Mă voi gîndi . . .
. . . se vor plimba . . .
Vă va fi foame şi sete . . .

(*d*) Avem să ne culcăm . . . avem să ne sculăm . . .
Are să plouă şi are să ningă.
Are să fie frumoasă . . .
Am să mă gîndesc . . .

. . . au să se plimbe . . .
Are să vă fie foame şi sete . . .

Ex. 2 Sample answers:
(*a*) plouă, ninge, e ger, bate vîntul, e prea cald, e frig
(*b*) oraş, parc, grădină, pădure, ţară, Bucureşti, Sinaia
(*c*) mergem, plecăm, pornim, ne ducem, ne întoarcem, ne oprim, stăm, venim.

Ex. 3 Ne-a trebuit mult pînă cînd ne-am hotărît unde să ne ducem mai întîi. Unii dintre noi voiau să meargă la munte, alţii la mare. Unii voiau să urce pe munţi, alţii voiau să stea jos în vale. Unii dintre noi voiau să doarmă la cabane alţii voiau la hotel unde sînt camere mari, baie şi apă caldă toată ziua şi nu trebuie să se spele adesea cu apă rece. Apoi sus pe vîrfuri şi creste bate vîntul foarte tare şi plouă mult, uneori chiar ninge.

Cum vedeţi nu a fost prea uşor să ne hotărîm ce să facem, dar în cele din urmă a trebuit să ne înţelegem, fiindcă altfel nu mai plecam la munte.

Lesson 31

Ex. 1 Sample answers:
(*a*) albastră, albă, galbenă, gri, maro, neagră, roşie, verde
(*b*) înalt, mare, bătrîn, harnic, obosit, slab, gras, bogat, atent, curios, distrat
(*c*) frumoasă, drăguţă, înaltă, harnică, optimistă
(*d*) lung, scurt, uşor, greu, frumos, urît
(*e*) interesant, nou, plăcut, neplăcut, drăguţ
(*f*) *N* spectacol, restaurant, teatru, film, concert, cinema
F piesă, revistă, tragedie, comedie, operetă

Ex. 2 neagră; roşii; albi; gri; albastră; albastru; negri; verde; frumoasă; moderne; înalte; mici; noii; drăguţe.

Ex. 3 Cînd mergem într-o ţară străină e bine să putem vorbi puţin limba acelei ţări. Numai aşa putem găsi uşor un hotel. Ne putem înţelege în privinţa camerii: dacă are un pat sau două, dacă are baie sau nu, dacă ne costă mult sau puţin. Apoi cînd mergem la restaurant trebuie să putem înţelege cel puţin cîteva din numele mîncărurilor de pe listă.

Cînd mergem prin prăvălii trebuie să ştim ce să cerem, să înţelegem care e preţul lucrurilor şi articolelor şi unde plătim. Trebuie să putem întreba unde e gara, unde e aeropotul, unde găsim un taxi sau ce autobuze sau troleibuze ne duc la gară sau la aeroport. Şi mai sînt încă multe lucruri de menţionat dar nu le putem menţiona acum pe toate aici.

Lesson 32

Ex. 2 Sample answers:

(*a*) mama, sora mea, fratele meu, fiul meu, fiica mea, prietena mea, Sandu, Ana, profesorul, doamna Ionescu

(*b*) fusese, călătorise, mersese, se plimbase, se dusese

Ex. 3 terminasem; ne duseserăm; crezusem *or* crezuserăm că nu avuseseşi; nu se văzuseră; mama primise; nimeni nu o ajutase; copiii nu veniseră.

Ex. 5 acest, acesta, aceştia, aceasta, această, acestui, acestora.

Ex. 6 acea, aceea, acela, aceia, acel, acelui, acelor.

Ex. 7

Bucureşti,
11 septembrie

Dragă Patricia şi William,

Am primit frumoasa voastră scrisoare care ne-a reamintit şi nouă de plăcutele zile (*or* zilele plăcute) pe care le-am petrecut împreună aici, luna trecută.

Sîntem bucuroşi că vizita voastră în România v-a ajutat foarte mult în învăţarea limbii române, dar tot ceea ce trebuie să faceţi acum este să citiţi mult româneşte şi să vorbiţi româneşte unul cu altul, acasă. Ascultaţi de asemeni radio Bucureşti şi scrieţi-ne scrisori lungi în limba română. La anul, cînd vă vom întoarce vizita şi vom veni în Anglia, vrem să vă găsim vorbind limba noastră ca noi.

Vă vom scrie o altă scrisoare mai lungă, în curînd, deoarece plecăm din Bucureşti pentru cîteva zile, chiar azi.

Cu toată dragostea
Ana şi Sandu

ROMANIAN WORD LIST

This is an alphabetical list of the items in the Vocabularies and/or in examples and Exercises. The numbers refer to the Lessons in which the item in question appears first and, sometimes, subsequently. Many grammatical forms, including the numerals and most geographical names, are omitted, and meanings are not distinguished (e.g. *mai* 4 = 'more', *mai* 21 = 'May'). For grammatical items dealt with in the Lessons under Grammar, references can be found in the Index.

A

a 3
abia 30
acasă 8
acel(a) 24, 25
acelaşi 23
acest(a) 3, 9, 20, 24, 25
acolo 5
acoperit 30
a se acoperi 32
activitate 32
acum 5, 28
adăpost 27
a adăuga 26
adesea 18
adevărat 19, 25
adică 18
adînc 30
a se adresa 17
a aduce 16
a-şi aduce aminte 21
aer 23
aeroport 13
afectuos 16
a afla 31
a(h) 18
aici 5
a ajunge 16, 25
a ajuta 15
ajutor 26
al 9, 20, 24, 26, 29
alb 16
albastru 31
alcool 29
a alege 31
aliment 17
alimentară 17
alt 6, 21, 28
altădată 21
altceva 29
altfel 25
amabilitate 25
a ameninţa 25
amiază 21
a(-şi) aminti 21
an 14
Anglia 3
antinevralgic 29
anume 14, 29
a (se) anunţa 13, 32
apă 1, 4, 17

B

D

E

F

G

J

K

L

M

a muri 27
muşchi 22, 26
muzeu 25
muzical 23
muzică 23

N

natural 25
naţional 25
nămol 20
neamţ 27
necăjit 18
nefolositor 19
negru 20
nemţeşte 6
neplăcut 31
nepot 9
nepoată 9
nerăbdare 32
nevoie 8
nicăieri 16
nici 12, 14, 16
niciodată 16
nimeni 16, 27
nimic 4, 16
a ninge 30
nisip 20
nişte 6
noapte 21
noi 5, 17
noiembrie 21
nor 25
nord 20
a nota 24
notă 8
nou 19, 24
nu 4, 14, 16
nu-i aşa 19
numai 4
număr 16
a număra 18
nume 26
numeral 18
nuvelă 7

O

o 1, 15, 16
oameni 25
oară 19
oare 14
oarecum 24
obicei 23
obiect 24, 29
obiectiv 25
obişnuit 23, 25
obosit 31
ochelari 19
octombrie 21
ocupat 24
odată 16
om 1, 5
a omite 31
operetă 28
a (se) opri 16
optimist 21
oraş 10
oră 13, 21
orchestră 22
ordine 21
orez 17
ori de cîte ori 30

poftiţi 22
poimîine 13
policlinică 28
pom 1, 2
porc 22
a porni 30
port 20
poştă 29
poştal 19
a povesti 31
povestire 31
practic 17
practică 32
a prăji 22
prăjitură 4
prăvălie 17
prea 12, 14, 15, 28
a prefera 22, 23
a se pregăti 15
preţ 23
prieten 6
prietenă 16
a primi 10, 27
primul 20, 32
primăvară 30
prin 17, 26, 29
printr- 32
printre 26
a privi 20
privitor la 10
proaspăt 22
profesoară 3
profesor 3
program 30
a promite 30
a propune 23
prost 19
a pune 12, 15
a putea 13, 29
puţin 6, 11

R

a se rade 29
radio 31
rar 17
ras 1, 29
răceală 28
a răci 28
răcoare 23
a rămîne 21
rănit 27
a răsări 20
răsărit 20
a răsfoi 31
răspoimîine 30
a răspunde 9
rău 18, 21
rece 23
redus 16
regiune 26
a relua 32
a repara 12
repede 12, 30
rest 29
restaurant 22
reţetă 29
a reţine 23
a reuşi 32
a revedea 17
revedere 17
revistă 19, 23
a rezerva 23
rezervat 23
rezultat 31
rinichi 28

a speria 30
spital 28
splendid 30
sport 30
spre 24
a (se) spune 10, 18
a sta 4, 13
stal 23
statuie 25
stație 25
stațiune 30
sticlă 2
a stinge 30
stilou 5
stîngă 19, 32
stomac 28
stradă 2
străin 12, 24
a se strica 25
student(ă) 3
stuf 26
sub 1
sud 26
sud-est 26
sufragerie 8
a suna 24
supă 22
sus 20
sută 18

Ş

şcoală 24
şi 3, 5, 14, 16, 18, 19, 20
şosea 25
a şti 7, 14, 21
ştiinţă 26
ştrand 28

T

tare 18, 19, 26
taxi 25
teatru 23
telefon 23
a telefona 23
telegramă 13
televiziune 21
televizor 31
a termina 13
text 1, 2
timbru poştal 19
timp 6, 14, 21
timp de 14
tine 16
tînăr 32
tîrziu 15
toaletă 8
toamnă 21, 30
toc 1, 2
tocmai 26
tort 22
tot 7, 14, 18, 19, 20, 23, 24
totdeauna 24
totodată 19
totuşi 10
a traduce 31
tragedie 23
a trebui 12
a trece 21
trecut 16, 21
tren 1, 4
a trimite 13
troleibuz 25
tu 4
a (se) tunde 29

Z

ENGLISH-ROMANIAN VOCABULARY

As in the preceding Word List the meanings of Romanian items under the same entry are not distinguished. There are many 'synonyms' in both languages. Attention is concentrated on those words and meanings used in the Texts, and recourse must be had to the Lesson Vocabularies for details of the various uses and related forms. The preceding Romanian Word List provides the necessary Lesson references. Numerals are listed in Lessons 18 and 20, Geographical Names in Lesson 26.

The majority of entries appear in the Lesson Vocabularies. A few occur only in the Exercises. A small number of 'new' items has been added, and these are accompanied by a minimum of detail. In this connection the following points are worth noting:

(1) unless otherwise stated, all new nouns ending in *-ă*, *-a* and *-ie* are F-nouns;

(2) all other new nouns are of N-gender, unless marked *M* or *F*;

(3) the plural ending or the whole plural form of new nouns is given in round brackets, where appropriate, except for F-nouns in *-ie* (plural ending *-ii*), and for M-nouns (plural ending *-i*).

Stress is shown only on new words and phrases. Items in square brackets are to be ignored from the point of view of alphabetical order but *only* from this point of view.

Grammatical forms not occurring in the following list may be located by consulting the Index.

This Vocabulary is followed by a Tourist Restaurant Aid, which is merely a check-list of words you may want to use, may see or hear, in cafés and restaurants (see also Lessons 4 and 22).

A

a(n) un, o, vreun, vreo
to [be] able to a putea
about despre, prin, privitor la, cam
abroad în străinătate
absent-minded distrat
to accept a primi
accident accid*e*nt (-e)
according to după
accustomed(to) obişnuit (cu, să)
ache durere
to ache a durea
across peste
activity activitate
actually de fapt
to add a adăuga
address adr*e*să (-e)
to address a se adresa
aeroplane avion
affectionate(ly) afectuos
after după (ce), peste, în urma
after that pe urmă, după aceea, mai departe
afternoon după-masă, după-amiază
[this] afternoon azi după-masă
again iar, iarăşi, mai, din nou
against împotriva
ago acum
agreed s-a făcut, de ac*o*rd
air aer
airport aeroport
alcohol alcool
to alight a coborî
alighting coborîre
all tot(ul), toţi, cîţi
all right bine, s-a făcut
[that's] all right pentru nimic, cu plăcere
all round în jur
almost aproape
alone singur
already şi, dej*a*
also şi, mai (şi), tot, totodată, de asemeni
although deşi
altogether în total, cu totul
always (în)totdeauna
among printre
and şi, iar
and so on şi aşa mai departe
to announce a anunţa
annoyed necăjit, supăr*a*t
another (un) alt, altul, încă un(ul)
another time altădată
answer a răspunde
ant furnică
any nişte, orĭc*a*re, orĭc*e*
anyhow, in any case în orĭc*e* caz
anyone cineva, orĭc*i*ne
anyone else altcineva
anything ceva, orĭc*e*
anything else altceva, mai ceva
anywhere undev*a*, orĭunde
apartment apartament
apartment block bloc
to apologise a-şi cere scuze, a-şi cere iert*a*re
apparently parcă
to appear a apărea, a se vedea, a arăta
appetite poftă de mîncare
apple măr
to approach a se apropia (de)
April aprilie
arm braţ
armchair fotoliu
to arrive a sosi, a ajunge
arrival sosire
art artă
article articol
as ca, cum, deoarece, după cum, pe cînd, pe măsură ce
as . . . as tot aşa de . . . ca, tot atît de . . . ca, le fel de . . . ca
as . . . as possible cît mai . . .
as well şi, mai (şi)
ashamed ruşinat
to ask a cere, a întreba, a ruga

to ask a question a pune o întrebare
aspirin aspirină
assistance ajutor
assistant ajutor
astonished uim*i*t
astonishing uimit*o*r
at la, în, din, de la, pe
at home acasă
at last în sfîrşit, în fine
attention atenţie
attentive(ly) atent
to attract a atrage
attractive(ly) atrăgător
August august
autumn toamnă
avenue bulevard
to await a aştepta

B
back spate, înapoi
bad rău, prost
to bake a coace, a prăji
balcony balcon
ball minge
bandage band*a*j (-e), pansament
bank bancă
(bank) note bancnotă
bar bar
barber frizer
barber's shop frizerie
basket coş
bath(-room) baie
bathing costume costum de baie
battle luptă
to be a fi, a se afla, a se găsi
to be able to a putea
beach plajă
to beat a bate
beautiful frumos
because deoarece, fiindcă, pentru că
because of din cauza
to beckon a face semn cu mîna
to become a deveni, a se face
bed pat
to [go to] bed a se culca
bedroom dormitor
beef carne de vacă
beer bere
before înainte (de, de a), pînă cînd
to begin a începe, a porni
beginning început
to believe a crede
below jos
bench bancă
[(the)] best cel mai bun, cel mai bine
better mai bun, mai bine
between între, dintre
big mare
bill notă de plată
bird p*a*săre (păsări) *F*
black negru
blade lamă
block (of flats) bloc
blouse bl*u*ză (-e)
to blow a bate, a sufla
blue albastru
boat vas (-e), b*a*rcă (bărci)
book carte
to book a reţine, a rezerva
bookshop librăr*i*e
bordering vecin
both amîndoi, cîţi
both . . . and şi . . . (ca) şi, atît . . . cît şi
bottle sticlă
boulevard bulevard
box ladă, cutie, lojă
boy băiat
bravo bravo
bread pîine
to break a (se) strica
breast sîn *M*, piept (-uri)
bridge pod (-uri), bridge
to bring a aduce
British englez, brit*a*nic (-ă, -i -e)

broken stricat
brother frate
brush perie
Bucharest Bucureşti
Bucharestian bucureştean
to build a construi, a înălţa
building clădire
bus autobuz
bus-stop staţie
busy ocupat, act*i*v (-ă, -ĭ, -e)
but dar, ci, iar, însă
butter unt *N*
button buton, n*a*sture *M*
to buy a cumpăra
by cu, de, (de) la, lîngă, prin, pînă
by the way apropo

C

cabin cabană, cab*i*nă (-e)
cable telegramă
café cofetărie
cake prăjitură, tort
['phone] call telefon
to call a chema
to [be] called a se chema, a se spune
to call on a vizita, a trece pe la
can a putea
car maşină
care grijă
to [take] care of a îngriji
careful atent
carefully atent, cu grijă
carp crap
to carry a duce
to carry on a continua, a duce
to carry out a îndeplini
case caz, geamantan
cash-desk casă
cat pisică
category categorie
cause cauză
caviar icre negre
centre centru
century secol
certain sigur
certainly desigur, bineînţeles
chair scaun
chance pril*e*j (-urĭ), întîmplare
[by] chance din întîmplare
change rest, b*a*nĭ măr*u*nţĭ, schimb(are)
to change a (se) schimba
cheap ieftin
cheerio la revedere, cu bine
cheers nor*o*c
chemist's drogherie, farmacie
chest ladă, piept
child copil
chips cartofi pai, cartofi prăjiţi
chocolate ciocolată
to choose a alege
Christmas Crăci*u*n (-urĭ)
church biserică
cigar ţigară de foi
cigarette ţigară
cinema cinema(tograf)
circle cerc (-urĭ)
[dress-, upper-]circle balcon
to circulate a circula
citadel cetate
city oraş, cetate
class clasă
class-room (sală de) clasă
clear(ly) clar
client client
climb ascensiune
to climb a (se) urca
clinic policlinică
clock ceas
to close a închide
close to lîngă, aproape de
clothes haine
cloud nor
coast litoral, coastă
coat haină
coffee cafea
cold frig, rece, răceală
to [catch (a)] cold a răci
colleague col*e*g (-i) *M*

colour culoare
comb pieptene
to come a veni
comedy comedie
concerning privitor la, apropo de
concert concert
to confuse a încurca
to conquer a învinge
consent voie
to consider a (se) gîndi
to construct a construi
to continue a continua
conversation conversaţie
cook a găti
cool răcor*o*s (-*oa*să, -*o*şi, -*oa*se), răcoare
copy exempl*a*r (-e)
corner colţ
[round the] corner după colţ
correct(ly) corect, exact
to cost a costa
costume costum
[swimming] costume costum de baie
cotton bumb*a*c *N*, *a*ţă (-e)
cotton-wool vată
to count a număra
country ţară
courage cur*a*j
course curs, decurs, fel de mîncare
court(yard) curte
to cover a acoperi
covered acoperit
cow vacă
crowd mulţime
cup ce*a*şcă (ceşti)
curious(ly) curios
custom obicei, d*a*tină (-i)
customer client, cumpărător
customs vamă
to cut a tăia

D

daily zilnic
to dare a îndrăzni
date dată
daughter fată, fi*i*că (-e)
day zi
[the] day after tomorrow poimîine
[in three] days' time răspoimîine
dear drag, scump
December decembrie
to decide a decide, a (se) hotărî
deep adînc
to defeat a învinge
defender apărător
delta deltă
dentist dentist
to depart a pleca
departure plecare
to depend a depinde
to deserve a merita
desk birou
dessert desert
dialogue dialog
dictionary dicţionar
to die a muri
different diferit
difficult greu
dimension dimensiune
to dine a lua masa, a se ospăta
dining-room sufragerie
direct direct
directly îndată
dish (fel de) mîncare, farfur*i*e
distance dist*a*nţă (-e)
[in the] distance departe
district regiune
to divide a despărţi
to do a face
doctor doctor(iţă), m*e*dic (-i) *M*
dog cîine
done gata
to [be] done a se face, a fi gata
door uşă
down (în) jos

to draw a trage, a atrage, a desena
drawing-room salon
dress rochie
to dress a (se) îmbrăca
to [get] dressed a se îmbrăca
dressing pansament
drink băutură
to drink a bea
to drive a conduce
drug doctorie
dry sec (seacă, secĭ)
to dry a (se) usca
dye a vopsi

E

each fiecare, toţi, cîţi
ear ureche (-ĭ) *F*
early devreme
to earn a cîştiga
earth pămînt (-urĭ)
easily uşor
east est
Easter Paştĭ *M sg.*
easy uşor
to eat a mînca
egg ou
either . . . or fie . . . fie
else mai, alt-, altfel
embassy ambasadă (-e)
to embrace a se îmbrăţişa
empty gol
encouragement încurajare
end sfîrşit
to end a (se) sfîrşi, a termina
[in the] end în cele din urmă, în sfîrşit
English englez (esc), englezeşte, limba engleză
English woman englezoaică (-e)
Englishman englez
to enjoy oneself a petrece bine
enormous enorm
enough destul (de), de ajuns, suficient (-tă, -ţi, -te)
to [have] enough (of) a se sătura (de)
to enrich a îmbogăţi
to enter a intra
envelope plic
equipment echipament
to erect a înălţa
error greşeală
especially mai cu seamă, mai ales
even chiar
evening seară
[in the] evening seara, după-masă
[this] evening astă-seară
event întîmplare
every fiecare, toţi, cîţi
every time ori de cîte ori
everyône fiecare, toţi, toată lumea
everything tot(ul), toate
everywhere peste tot
exactly exact
example exemplu, pildă
[for] example de exemplu, de pildă
excellent excelent
except (for) în afară de
excursion excursie
excuse scuză
to excuse a scuza
excuse me please permiteţĭ vă rog, vă rog să mă scuzaţĭ, pardon
exercise exerciţiu
exercise-book caiet
expensive scump
expression expresie
eye ochĭ (ochĭ) *M*

F

face faţă
fact fapt
[in] fact de fapt
to fall a cădea
family familie, soţii

famous celebru (-ă, -i, -e), vestit
far (away) departe
[as] far as pînă la
[as] far as I know pe cît ştiu
fast repede
fat gras
father tată (taţi) *M*
[my] father tatăl meu, tata
February februarie
to feel a se simţi
to feel like a avea chef (de, să)
[(a)] few puţini, cîţiva
film film
to find a găsi
to find out a constata
to finish a termina
finished gata, terminat
first (mai) întîi
[the] first primul, întîiul
fish peşte
flat apartament, plat (-tă, -ţi, -te)
floor etaj, duşumea (-le), pardoseală (-seli)
flour făină
to flow a se vărsa, a curge
flower floare
to follow a urma
food aliment(e), mîncare, bucate *F pl.*
food-shop alimentară
fool(ish) prost, idiot (-oată, -oţi, -oate)
foot picior (picioare)
football fotbal, minge de fotbal
for pentru, de, timp de, căci, fiindcă
foreign(er) străin
to forget a uita
fork furculiţă (-e)
to form a forma
fountain-pen stilou
free liber
French francez, franţuzesc, franţuzeşte
fresh proaspăt
Friday vineri
friend prieten(ă)
to frighten a speria
from din, de, de la
front faţă
[in] front în faţă
frost ger
to fry a prăji
full plin
further (on, away) mai departe
future viitor
[in (the)] future pe viitor

G

to gain a cîştiga
gallery galerie
game joc (-uri), meci
garden grădină
gate poartă
general general
generally de obicei, în general
gentleman domn
geography geografie
German nemţesc, nemţeşte, neamţ
to get a primi, a găsi, a ajunge, a deveni
[how do I] get to X? care e drumul la X?
to get down, out a coborî
to get in, on a se urca (în)
to get on (with) a continua, a se înţelege (cu)
to get up a se scula
gift cadou (-ri)
girl fată, fetiţă
to give a da
glad bucuros
glass pahar, sticlă
glasses ochelari
glory slavă
glove mănuşă
to go a merge, a se duce
to go away a trece, a se duce, a pleca

to go down a coborî
to go in a intra
to go inside a intra înăuntru
to go out a ieşi, a se stinge
God Dumnezeu
gold *a*ur
good bun, bine
good afternoon bună ziua
good at tare la
good evening bună seara
good morning bună dimineaţa
good night bună seara, noapte bună (*intimate*)
to [have a] good time a petrece bine
good-will bunăvoinţă
goodbye la revedere, ad*i*o, rămas b*u*n
grammar gramatică
gram gram
granddaughter nepoată
grandparent bun*i*c (-ĭ) *M*, bun*i*că (-ĭ) *F*
grandson nepot
grass iarbă
gratitude mulţumire
green verde
grey gri
grill grătar
grilled la grătar
grocer's alimentară
ground păm*î*nt (-urĭ)
guard apărător, g*a*rdă (gărzĭ)
to guess a ghici
guest o*a*spete (-ţi) *M*, musaf*i*r *M*, -ă (-e) *F*

H

habit obicei
hair păr
to [have a] haircut a se tunde
to [have one's] hair done a se coafa
haircut tuns
hairdo coafură
[ladies'] hairdresser coafor
[ladies'] hairdresser's salon de coafură
[men's] hairdresser frizer
[men's] hairdresser's frizerie
hairdressing coafat
half jumătate
hall sală
hall(way) hol
hand mînă
[on the other] hand pe de altă parte, în schimb
handbag poş*e*tă (-e)
to happen a se întîmpla
happening întîmplare
happy fericit
happy birthday, New Year la m*u*lţĭ *a*nĭ!
hard greu, tare
hard-working harnic
hardly abia
hat pălăr*i*e
to have a avea, a lua
to have to a trebui să
he el, dumnealui
head cap
headache durere de cap
headache pill antinevralgic
health sănătate
healthy sănătos
to hear a auzi
to hear (about) a afla
heart inimă
[by] heart pe dinafară
heat căldură
heaven cer
heavy greu
help ajutor
to help a ajuta
her(s) (al) ei, (al) său
here aici
here is, are iată
to hide a ascunde
high înalt
high (up) sus
high-road şosea
hike plimbare

hill deal
his (al) lui, (al) său
historic(al) istoric
history istorie
to hold a ţine
holiday concediu, sărbătoare (-tori) *F*
home casă, acasă
[at] home acasă
to hope a spera
horse cal (cai) *M*
hospital spital
hospitality ospitalitate
hospodar domnitor
hot cald, fierbinte
hotel hotel
hour oră
house casă
how cum, ce, cît (de)
how are you? ce mai fac(eţ)i?
how many cîţi
how much cît
however totuşi, însă, de altfel
hundred sută
[I'm] hungry mi-e foame
hurray ura
to hurry a se grăbi
[in a] hurry grăbit
to hurt a durea
husband soţ

I

I eu
ice gheaţă (gheţi-)
ice-cream îngheţată
idea idee
if dacă
ill bolnav
to [become] ill a se îmbolnăvi
immediately imediat, îndată
impatience nerăbdare
important important
to impress a impresiona
impression impresie
impressive impresionant
in în, într-, la, din, de la, pe, peste, prin
in front în faţa
in order to ca să, pentru a
incidentally apropo
indeed chiar
industrious harnic
to inform a înştiinţa, a anunţa
ink cerneală
inquisitive curios
inside înăuntru
instance exemplu, caz
[for] instance de exemplu, de pildă
instead (of) în loc (de, să)
instead of me în locul meu
interesting interesant
international internaţional, universal
invitation invitaţie
to invite a invita
iron fier
item articol, număr
its lui, ei, său

J

jam marmeladă, gem (-uri), dulceaţă (dulceţuri)
January ianuarie
jar borcan
to join a (se) uni
joke glumă
journal revistă
journey călătorie
jug cană
July iulie
to jump a sări
June iunie
just drept, chiar, tocmai, cam, abia, tot, exact

K

to keep a ţine
key cheie (chei) *F*
kidney rinichi

kilo(gram) kilogram
kilometre kilometru
kind bun, am*a*bil (-ă, -ĭ, -e), fel
kindness bunăvoinţă, bunăt*a*te (-t*ă*ţĭ), amabilitate
to kiss a (se) săruta
kit echipament
kitchen bucătărie
knife cuţ*i*t (-e)
to knock a bate
to know a şti, a cunoaşte
to [get to] know a se învăţa cu
knowledge ştiinţă

L

lady doamnă
[young] lady domnişoară
lake lac, ghiol
lamp lampă
land ţară, păm*î*nt (-urĭ)
language limbă
large mare
last trecut
[at] last în sfîrşit
[the] last ultimul
last year anul trecut
late tîrziu
to laugh a rîde
lavatory toaletă, clos*e*t (-e)
law lege
to learn a învăţa
learning învăţare
[at] least cel puţin
[the] least cel mai puţin
leave concediu
to leave a pleca, a lăsa
to leave behind a uita, a lăs*a* (în *u*rmă)
to leave out a omite
left stîngă
to [be] left out a lipsi
leg picior
legend legendă
lemon lămîie
less mai puţin, fără
lesson lecţie
letter scrisoare
liar mincinos
library bibliot*e*că (-ĭ)
to lie a sta, a fi, a minţi
to lie down a se culca
life viaţă
lift lift
light uşor, lum*i*nă (-ĭ)
to light a aprinde
lighter brichetă
to like a plăcea, a vrea
like ca, la fel ca
like that, this aşa, *a*stfel, în modul acesta
likewise tot, de asemeni
lion leu
list listă
to listen (to) a asculta
literature literatură
little mic
[a] little puţin, cam, oarecum
litre l*i*tru (l*i*tri) *M*, kilogram
to live a locui, a trăi
[long] live trăi*a*scă
liver ficat
London Londra
long lung, de mult, mult (timp)
[as] long as (atîta vreme) cît, cu cond*i*ţia ca
look! uite
to look a privi, a se uita
to look after a îngriji
to look for a căuta
to lose a pierde
lost pierdut
[the] lost-property office biroul obiectelor pierdute
[a] lot (of) o mulţime (de), mult, mulţi
love dragoste, am*o*r (-urĭ)
to love a iubi
lovely frumos, atrăgător
luck nor*o*c (noro*a*ce)
luggage bagaj(e)

M
machine maşină
mackintosh pardesiu de ploaie
to [be] made a se face
made of de, făcut din
magazine revistă
to make a face
man om, bărbat
manner fel, mod
many mulţi
[(very)] many a mulţime de
March martie
mark notă, semn
market piaţă, tîrg (-urĭ)
market-place piaţă
marmalade marmeladă
to [get] married a se căsători
marvellous minunat
match chibrit, meci
mathematics matematică
matter chestiune (-ĭ) *F*, problemă (-e)
[it doesn't] matter nu face nimic
[what's the] matter? ce este?
May mai
may a (se) putea, a avea voie, a fi posibil
maybe poate
to mean a însemna
meanwhile între timp
means mijloc
[by] means of prin
meat carne (cărnurĭ) *F*
mediaeval medieval
medicine doctorie, medicament
to meet a (se) întîlni (cu)
meeting întîlnire (-ĭ) *F*
to mend a repara
to mention a menţiona
menu listă (de bucate, de mîncare), meniu (meniurĭ)
method mijloc, metodă (-e)
middle mijloc, centru
milk lapte
million milion
mine al meu, mină (-e)
mineral water apă minerală
minute minut
Miss domnişoara
to miss the train a pierde trenul
to [be] missed a lipsi
mistake greşeală
to mix up a (se) încurca
modern modern
moment moment
monastery mănăstire
Monday luni
money bani
month lună
monument monument
moon lună
more mai (mult, mulţi)
more and more tot mai
moreover de altfel, în plus, pe deasupra
morning dimineaţă
mother mamă
mountain munte
mouth gură (-ĭ)
[river] mouth vărsare
to move a (se) mişca, a circula
to move (house) a se muta
Mr domnul
Mrs doamna
much mult
mud nămol
mud bath baie de nămol
to muddle a (se) încurca
muscle muşchi
museum muzeu
music muzică
musical muzical
must a trebui să
mustard muştar
my meu

N
name nume
namely anume, adică

nasty neplăcut, urît
national naţional
natural natural
near (to) lîngă, aproape de
nearby aproape, prin apropiere
nearly aproape
neck gît
need nevoie
to need a avea nevoie de, a trebui
needle ac (-e)
neighbour vecin
neighbouring vecin
neither nici
nephew nepot
never niciodată
nevertheless totuşi
new nou
newspaper ziar
news-stand debit de ziare
next viitor, mai departe, pe urmă
next year la anul
nice frumos, plăcut, drăguţ, atrăgător
niece nepoată
night noapte
[last] night aseară, noaptea trecută
night-club bar (de noapte), cabaret (-e)
nil zero
no nu, ba
no one, nobody nimeni
nor nici
north nord
nose nas (-urĭ)
not nu
not at all de loc, pentru nimic, cu plăcere
not to worry n-avea grijă
to note a nota
note notă, bancnotă
note-book carnet
nothing nimic
to notice a constata, a observa
to notify a anunţa, a înştiinţa
novel roman
November noiembrie
now acum
[from] now on de-acuma, pe viitor
number număr, numeral

O

to obey a asculta de
object obiect, lucru, articol
to observe a observa, a constata
occasion oară, prilej (-urĭ)
occupied ocupat
to occur a se întîmpla
October octombrie
odd(ly) curios, ciudat (-tă, -ţĭ, -te)
of cu, de, din, de la, lui, al, dintre
of course bineînţeles
office birou, oficiu (oficii)
often adesea, des
oh o(h), a(h), vai
oil ulei (-urĭ)
old vechi, bătrîn
[how] old are you? cîţi ani aveţi?
old man bătrîn
old woman bătrînă
olive măslină (-e)
olive oil untdelemn
to omit a omite
on pe, în, la
once odată
once more iar, din nou, încă o dată
one un(ul), o, una, vreunul, vreuna
[the] one unul, cel
one's own propriu (-ie, -ii, -ii)
[on] one's own, by oneself singur
only numai, nu . . . decît, abia
to open a deschide
open deschis, liber

[in the] open air în aer liber
open-air theatre grădină
operetta operetă
optimist optimist
or sau
orchestra orchestră
to order a comanda, a cere
order ordine
[in] order that ca să
[in] order to pentru a
ordinary obişnuit
other alt, alţi
[the] other celălalt
[the] other day de*u*năzi
otherwise altfel
ought to ar trebui să, a se cuveni să
our(s) (al) nostru
outside afară, pe dinafară
over peste, terminat, gata
over here (pe) aici
over there (pe) acolo
to [become] overcast a se acoperi
overcoat pardesiu
to owe a datora
[one's] own pr*o*priu (-ie, -ii, -ii)
to own a poseda

P

to pack a face bagajele
page p*a*gină (-i)
pain durere
to paint a vopsi, a picta
painting pictură, tabl*o*u (-ri)
pantry cămară
paper hîrtie
pardon? poftim, cum?
park parc
to park a parca
parking-place loc de parcare
part parte, rol (-uri)
to part a se despărţi
to pass a trece
past trecut
paste pastă
pay(ment) plată
to pay a plăti
to pay the bill a face plata
peak vîrf
pen toc, stilou
pencil creion
people lume, oameni
pepper pip*e*r *N*
perfect perfect
perhaps poate
periodical revistă
permission voie
person persoană
pessimist pesimist
petrol benz*i*nă (-e)
pharmacy drogherie, farmacie
photograph fotografie
phrase expresie
picture film, ilustr*a*ţie, pictură, tabl*o*u (-ri)
piece buc*a*tă (buc*ă*ţi)
pig porc
pill pilulă
pity m*i*lă (-e)
[it's a] pity păcat
place loc
plain simplu, clar, cîmpie
plan plan
plane avion
plateau plat*o*u (-ri), podiş
platform peron
play piesă
to play a se juca, a cînta
pleasant plăcut, frumos, atrăgător
please vă rog, poftiţi
pleasure plăcere
plum prună (-e)
plum brandy ţuică
pocket buzunar
police mil*i*ţie
polite politic*o*s (-o*a*să, -*o*şi, -o*a*se)
poor sărac, prost
pork carne de porc
port port

possible posibil (-ă, -ĭ, -e)
possibly (se) poate, eventual
to post a expedia (prin poştă)
post-office poştă, oficiu poştal
postage stamp timbru poştal
postal poştal
pot borcan, vas (-e)
to pour a (se) vărsa
powder pudră
practical(ly) practic
practice practică
precisely tocmai, exact, precis
to prefer a prefera
to prepare (oneself) a se pregăti
prescription reţetă
present cadou (-rĭ)
price preţ
priest preot (-ţĭ) *M*, popă (-ĭ) *M*
prince prinţ *M*, domnitor
programme program
to promise a promite
to propose a propune
to pull a trage
pupil elev *M*, elevă (-e)
purchase cumpărătură
to purchase a cumpăra
purse pungă (-ĭ)
to push a împinge
to put a pune
to put on a pune, a aprinde
to put out a stinge

Q

quantity număr, mărime, cantitate (-ăţĭ)
quarter sfert
question întrebare, problemă (-e)
queue coadă (cozĭ)
quick iute, repede, rapid (-dă, -zĭ, -de)
quiet liniştit (-tă, -ţĭ, -te)
quite destul de, cam, chiar

R

radio radio
railway cale ferată
railway station gară
to rain a ploua
rain ploaie
raincoat pardesiu de ploaie
to raise a înălţa, a ridica
rare(ly) rar
rather mai bine, mai degrabă, cam
[I'd] rather aş prefera să
razor aparat (-e) de ras
razor-blade lamă de ras
to reach a ajunge la, a atinge
to read a citi
reader cititor
ready gata
to [get] ready a se pregăti
to realize a constata, a înţelege, a-şi da seama
really de fapt, chiar, cu adevărat
receipt recipisă (-e), chitanţă (-e), primire (-ĭ) *F*
to receive a primi
recently de curînd, recent, mai deunăzĭ
recipe reţetă
red roşu
to reduce a reduce
reduced redus
reed stuf
regarding privitor la, apropo de
region regiune
to remain a rămîne, a sta
remainder rest
to remember a ţine minte, a-şi aduce aminte, a-şi aminti
to remind a aminti
[that] reminds me apropo
to repair a repara
reply răspuns
to reply a răspunde
request a cere
reserve a rezerva, a reţine
resort staţiune

rest rest, p*a*uză (-e)
restaurant restaurant
result rezultat
[as a] result of în urma
to resume a relua
to retain a reţine
return înapoiere
to return a (se) întoarce, a pleca înapoi
review revistă, rec*e*nzie
revue revistă
rice orez
rich bogat
ridge creastă
right dreaptă, aşa
to [be] right a avea drept*a*te
ring inel
to ring a suna
to ring (up) a telefona
to rise a răsări, a se scula, a izvorî
river rîu, fluviu
road c*a*le (căi) *F*, drum, şosea
to roast a frige, a prăji
roe icre
roll chiflă
Romanian român(că), românesc, româneşte
room cameră
round în jurul, rot*u*nd (-dă, -zi, -de)
ruin ruină
rum rom
Russian rus(esc), ruseşte

S

sad trist (tr*i*stă, trişti, tr*i*ste)
to [be] said a se spune
salad salată
salami salam
salt s*a*re *F*
[the] same (as) acelaşi (ca, cu)
[the] same (kind) (as) la fel (ca)
[the] same (thing) acelaşi lucru
[at the] same time totodată, în acelaşi timp
[in the] same way la fel
sand nisip
Saturday sîmbătă
to say a spune, a zice
to say goodbye a se despărţi
scarcely abia
scenery decor, peis*a*j (-e)
school şcoală
science ştiinţă
sea mare
seaside litoral
seat loc, scaun
to see a vedea
to see again a revedea
to see each other a se vedea
to seek a căuta
to seem a se părea
[it] seems (that) parcă, se pare (că)
seldom rar
to select a alege
self-service autoservire
semolina gris
to send a trimite
sentence fr*a*ză (-e)
to separate a separa, a (se) despărţi
September septembrie
serious serios
to serve a servi
to set off a pleca
setting decor
several mai mulţi
[I] shall voi, am să
shave ras
to shave a (se) rade
she ea, dumneaei
shelter adăpost
shirt cām*a*şă (-i)
shoe pantof
shoemaker cizm*a*r *M*
shop magazin, prăvălie
shop-assistant vînzător, vînzătoare

to [go] shopping a se duce la cumpărături
short scurt
show revistă, spectacol
to show a arăta
to [be] shown a se arăta
to shut a închide
sick bolnav
side parte
sight obiectiv turistic, ved*e*re (-ĭ) *F*
sign semn
to signify a însemna
silver arg*i*nt
simple simplu
sin păcat
since de, de cînd, deoarece
to sing a cînta
sister soră
to sit a sta, a şedea
sitting-room salon
size mărime, număr
skating patinaj
ski(ing) schi
to skim (through) a răsfoi
skirt f*u*stă (-e)
sky cer
to sleep a dormi
sleep somn
[I'm] sleepy mi-e somn
slope coastă
slow(ly) încet
small mic
to smoke a fuma
smoker fumător
snack-bar buf*e*t-expr*e*s (buf*e*te-expr*e*se, l*a*ctob*a*r (-urĭ)
to snow a ninge
so (chiar) aşa (de), prea
[(and)] so aşa că, aşadar, deci
so (as to) ca să
so many atîţia
so much atît(a)
so (that) aşa că, ca să
soap săpun
soda-water sifon
some nişte, unii, cîţiva
some (or other) vreun, cîte un
somehow oarecum
someone cineva
someone else altcineva
something (else) (alt)ceva, (mai) ceva
sometimes uneori
somewhat cam, oarecum, puţin
son fiu, băiat
song c*î*ntec (-e)
soon (în) curînd, îndată
[as] soon as de îndată ce
sorry scuzaţi-mă
[I'm] sorry îmi pare rău
sort fel
soup supă, borş (-urĭ), ci*o*rbă (-e)
south sud
south-east sud-est
to speak a vorbi
to speak to a vorbi cu, a adresa
to spend a cheltui, a petrece
splendid splendid
spoken vorbit
spoon l*i*ngură (-ĭ)
sport sport
spring primăvară
square pătr*a*t (-e), piaţă
stale vechi
stalls staluri, fotolii
stamp timbru (poştal)
to stand a sta
start început
to start a începe, a pleca, a porni
station gară
stationer's papetărie
statue statuie
to stay a sta, a rămîne
steak biftec, muşchi de vacă
to steal a fura
steel oţ*e*l
stewed fruit compot
still încă, tot (mai), linişt*i*t

stocking ciorap *M*
stomach stomac
to stop a opri, a sta
[bus-, tram-]stop stație
store magazin
storey etaj
storm furtună
story nuvelă, povestire
straight drept, direct
straight on drept înainte
strange(ly) ciud*a*t (-tă, -ți, -te), curios, străin
street stradă
strong tare
[collar] stud but*o*n (de g*u*ler)
student student(ă)
study birou
to study a studia
stupid prost, tîmp*i*t (-tă, -ți, -te)
sturgeon morun
to succeed (in) a reuși (să)
such *a*stfel de
sufficient destul (de), sufici*e*nt (-tă, -ți, -te)
sugar zahăr
[castor] sugar zahăr tos
[powder] sugar zahăr pudră
to suggest a propune
suit costum
suitcase geamantan
summer vară
summit vîrf
sun soare
Sunday duminică
sunrise răsărit (de soare)
sunset apus (de soare)
sure sigur
sweet bomboană, desert, d*u*lce (-e, -ĭ, -ĭ)
to swim a înota
swimming costume costum de baie
swimming pool bazin de înot, ștrand
to switch off a stinge
to switch on a aprinde
syphon sifon
system sistem

T

table masă
to take a duce, a lua
talk conversație, convorbire
to talk a vorbi
tall înalt, mare
taxi taxi
tea ceai
to teach a învăța
teacher profesor, profesoară
teaspoon lingur*i*ță (-e)
telegram telegramă
to telephone a telefona
telephone telefon
telephone call telefon
[by] telephone prin telefon
[on, over the] telephone la telefon
television televiziune, televizor
to tell a anunța, a povesti, a spune
text text
textbook manual
than ca, decît, de
to thank a mulțumi
thank you very much vă mulțumesc foarte mult
thanks! mulțumesc, mers*i*
thanks mulțumire
that acest(a), acel(a), asta, că, (pe) care
that is (to say) adică
that's the way așa
that's why de aceea, iată de ce
the -(u)l, -le, -(u)a, -i, cel
theatre teatru
their(s) (al) lor
then (pe) atunci, apoi, așa dar, pe urmă
there acolo
there is este, se află

therefore aşadar, deci, de aceea
they ei, ele, dumnealor
thin subț*i*re (-e, -i, -i), slab
thing lucru, obiect
to think a crede, a (se) gîndi
[I] think (that) cred că, parcă
[I'm] thirsty mi-e sete
this acest(a), asta
thoroughly compl*e*t, absol*u*t (-tă, -ți, -te)
thoroughfare art*e*ră (-e), şosea
though deşi, totuşi, însă
thought gînd
thousand mie
thread *a*ță (-e)
to threaten a amenința
throat gît
through prin
to throw a arunca
Thursday joi
thus aşa, *a*stfel, în modul acesta
ticket bilet
time timp, vreme, oră, oară
[from] time to time din cînd în cînd
to [have a good] time a petrece bine, a se amuza
[in] time la timp
[three] times de trei ori
tired obosit
to la, pe, (pentru) a, lui
tobacco tut*u*n
tobacconist's tutungerie
today azi, *a*stăzi
together împreună
toilet toaletă
token semn
to [be] told a se spune
tomato roşie
tomorrow mîine
tomorrow evening mîine seară
tongue limbă
tonight astă-seară, deseară, la noapte
too şi, mai (şi), de asemeni, prea
tooth dinte
top vîrf, parte de sus
[on] top deasupra, sus
tourist turist, turistic
towards spre, către
towel pros*o*p (proso*a*pe)
tower turn
town oraş
tragedy tragedie
train tren
tram tramv*ai* (-e)
to translate a traduce
to travel a călători, a merge
tree pom
trip excursie, călătorie
trolleybus troleibuz
trousers pantal*o*ni *M pl.*
true adevărat
truly cu adevărat
to try a încerca
Tuesday marți
Turk turc
twice de două ori

U

ugly urît
umbrella umbrelă
under sub
to understand a înțelege
to undress a (se) dezbrăca
unfortunately din păc*a*te
universal universal
university universit*a*te (-tăți) *F*
unpleasant neplăcut
until pînă la, pînă (cînd)
up (în) sus
up to pînă la
upset necăjit
to use a folosi
used (to) obişnuit (cu, să)
to [get] used to a se învăța cu
useful folositor
useless nefolositor
usual obişnuit
[as] usual ca de obicei
usually de obicei

V

valley vale
vermouth vermut
very foarte, tare, prea
via prin, via
vicinity apropiere
view vedere (-ĭ) *F*
village sat
vinegar oţet
visit vizită
to visit a vizita
vocabulary vocabular
volume volum
to vote a vota

W

to wait a aştepta, a sta
to wait for a aştepta
waiter chelner
waitress chelneriţă (-e)
to wake a (se) trezi
walk plimbare
to walk a merge, a se plimba
wall perete (-ţĭ) *M*
wallet portofel (-e)
to want a vrea, a dori
warm cald
to warm (up) a (se) încălzi
to wash a (se) spăla
watch ceas
to watch a privi la, a se uita la
water apă
wave a face semn cu mîna, a saluta
way drum, fel, metodă
[by the] way apropo
[this] way pe aici
we noi
weak slab
weather timp, vreme
Wednesday miercuri
week săptămînă
well bine, sănătos, ei, vai
well-known cunoscut
west vest
wet ud
what ce
when cînd
whenever oricînd, ori de cîte ori
where unde
wherever oriunde
whether dacă
which (pe) care, al cîtelea
while în timp ce, pe cînd, cît
white alb
who (pe) cine, (pe) care
whom pe cine, pe care
whose al cui
why de ce
wife soţie
[I] will voi, am să, vreau
to win a cîştiga
wind vînt
window fereastră
wine vin
winter iarnă
wish dorinţă
to wish a vrea, a dori
with cu
without fără
woman femeie
to wonder a se întreba
[I] wonder oare, mă întreb
wonderful minunat
wood lemn, pădure
word vorbă, cuvînt
work lucrare (-ări) *F*
to work a lucra, a merge
[it] works merge
worried necăjit
[don't] worry n-avea grijă
worse mai rău, mai prost
worst cel mai rău, cel mai prost
to [be] worth a merita
wounded rănit
to write a scrie
to write down a nota
writer scriitor

Y

yard curte
year an
yellow galben
yes da
yesterday ieri
yet încă, însă, totuşi
you tu, voi, dumneata (d-ta), dumneavoastră (dvs.)
young tînăr
your(s) (al) tău, (al) vostru, (al) dumit*a*le, (al) dvs.

TOURIST RESTAURANT AID

A. Miscellaneous Items (English-Romanian)

1. a cover un tac*í*m
   a cup o ce*a*şcă
   a fork o furcul*i*ţă
   a glass un pah*a*r
   a knife un cuţ*i*t
   a napkin, a serviette un şerv*e*t
   a plate o farfur*i*e
   a saucer o farfurio*a*ră
   a spoon o l*i*ngură
   a table-cloth o f*a*ţă de m*a*să
   a teaspoon o lingur*i*ţă

2. mustard muşt*a*r
   oil untdel*e*mn
   pepper pip*e*r *N*
   salt s*a*re *F*
   vinegar oţ*e*t

3. [brown] bread p*í*ine ne*a*gră
   [white] bread p*í*ine *a*lbă
   butter unt
   [sour] cream (smetana) smîntînă
   [sweet, whipped] cream fr*i*şcă
   honey mi*e*re *F*
   ice-cream îngheţ*a*tă
   jam gem, dulce*a*ţă, marmel*a*dă
   milk l*a*pte *N*
   rolls ch*i*fle *F pl.*
   [castor] sugar z*a*hăr t*o*s
   [lump] sugar z*a*hăr c*u*bic
   [powder] sugar z*a*hăr p*u*dră
   yoghurt ia*u*rt

4. bitter am*a*r
   clean cur*a*t
   delicious delici*o*s
   dirty murd*a*r
   fresh pro*a*spăt
   savoury săr*a*t
   sour *a*cru
   stale vechĭ
   sweet d*u*lce
   tender fr*a*ged
   tough t*a*re

B. Romanian Food List

Note: only those items are listed which commonly appear on Romanian menus and can be bought in shops. It is a check-list only.

1 *Ouă—Eggs*
jum*ă*rĭ scrambled eggs
*o*chiurĭ poached eggs
oml*e*tă omelette
*o*uă fierte, m*o*i soft-boiled eggs
*o*uă fierte, t*a*rĭ hard-boiled eggs
*o*uă prăj*i*te fried eggs

2 *Borşuri, Ciorbe, Supe—Examples of Soups*
borş de i*e*pure hare soup
borş de mi*e*l lamb soup
ci*o*rbă de cr*a*p carp soup
ci*o*rbă de p*a*săre chicken soup
ci*o*rbă de perişo*a*re meat-ball soup
ci*o*rbă de p*e*şte fish soup
ci*o*rbă ţărăne*a*scă 'peasant soup' (with meat)
s*u*pă de c*a*rne meat soup
s*u*pă de leg*u*me vegetable soup
s*u*pă de r*o*şii tomato soup

(*Borşuri* and *ciorbe* look rather like stews. They are sour soups containing a generous helping of beans, meat, fish, or whatever.)

3 *Peşte—Fish*
batog smoked and salted sturgeon or other fish
crap carp
homar lobster
icre negre caviar
morun sturgeon
păstrăv trout
peşte afumat smoked fish
racĭ crayfish
sardele sardines
scrumbie herring, mackerel
somn sheat-fish
şalău pike-perch
ştiucă pike

4 *Carne—Meat*
antricot entrecôte steak
biftec steak
carne de berbec mutton
carne de miel lamb
carne de porc pork
carne de vacă beef
carne de viţel veal
cîrnaţĭ pork sausages
cotlet cutlet, chop
curcan turkey
ficat liver
friptură de porc roast pork
gîscă goose
[la] grătar grilled
lebărvurşt liver-sausage
mezelurĭ sausages
micĭ, mititei rolled mincemeat, richly spiced
musaca mincemeat pie
muşchĭ de porc fillet of pork
muşchĭ de vacă fillet steak
pui, pasăre chicken
rasol boiled meat
raţă duck
rinichĭ kidney
salam salami
slănină bacon
şniţel schnitzel
şuncă ham
tocană goulash
vînat venison (or other game)

5 *Legume—Vegetables*
ardei red or green peppers
cartofĭ fierţĭ boiled potatoes
cartofi pai chips (small, thin variety)
cartofĭ prăjiţĭ fried potatoes, chips (French fried)
castraveţĭ cucumber
castraveţĭ micĭ gherkins
ceapă onion
ciupercĭ mushrooms
dovlecei marrow
fasole beans
mămăligă maize polenta
măsline olives
mazăre peas
morcovĭ carrots
orez rice
pireu de cartofĭ mashed potatoes
ridichĭ radishes
roşii tomatoes
salată de roşii tomato salad
salată verde lettuce, green salad
sarmale stuffed cabbage or vine leaves
sfeclă beetroot
spanac spinach
varză cabbage
vinete aubergines

6 *Fructe—Fruit*
alune prăjite, arahide peanuts
banane bananas
caise apricots
căpşunĭ strawberries
cireşe (sweet) cherries
compot stewed fruit, compot
conserve de fructe canned fruit
curmale dates
fragĭ wild strawberries

grepfrut grapefruit
lămîi lemons
mere apples
nucĭ walnuts
pepene galben melon
pepene verde water-melon
pere pears
piersicĭ peaches
portocale oranges
prune plums
smochine figs
strugurĭ grapes
vişine (sour) cherries
zmeură raspberries

7 *Brînză—Cheese*
brînză de Olanda Dutch cheese
caşcaval ewe's-milk cheese
pateurĭ cu brînză cheese pastries
plăcintă cu brînză cheese pie
şvaiţer Emmental-type cheese

8 *Băuturĭ—Drinks*
apă (minerală) (mineral) water
aperitiv apéritif
băutură alcoolică alcoholic drink
băutură nealcoolică non-alcoholic drink
bere beer
cacao cocoa
cafea filtru filter coffee
cafea turcească Turkish coffee
ceai tea
cocteil, cocteil cocktail
gheaţă ice
lapte milk
lichior liqueur
limonadă, citronadă, sitronadă lemonade
oranjadă orangeade
rachiu, coniac brandy, cognac
sifon soda-water
sirop (diluted) fruit juice syrup
şampanie champagne
ţuică plum brandy
vin spumos sparkling wine
vinurĭ wines

(With your coffee you may like *biscuiţĭ* or *prăjiturĭ* — perhaps a cool chocolate *joffre*, a large slice of *tort de ciocolată*, or one or two *gogoşĭ* 'doughnuts'. Note that Turkish coffee is always sweetened in the pan. If you prefer it bitter or less sweet, say *fără zahăr* or *zahăr separat*; to be on the safe side, it is best to use *both* phrases!)

FOR FURTHER READING

There are few courses in English for beginners. The following are useful, though the first one may be difficult to obtain:

A. Cartianu, L. Leviţchi and V. Ştefănescu-Drăgăneşti, *A Course in Modern Rumanian*, Bucharest, 1958

—— *An Advanced Course in Modern Rumanian*, Bucharest, 1964

B. Cazacu, C. G. Chiosa, M. C. Marioţeanu and V. G. Romalo, *A Course in Contemporary Romanian*, Bucharest, 1969 (the English version, by V. Ştefănescu-Drăgăneşti and A. Nicolescu, of a course published in French in 1967)

G. Nandriş, *Colloquial Rumanian*, London, 1961

G. O. Seiver, *Introduction to Romanian*, London, 1953

The largest modern English–Romanian dictionary is by C. Sadeanu *et al.*, Bucharest, 1953, and Romanian–English by L. Leviţchi and A. Bantaş, Bucharest, revised 1965. A slim pocket dictionary by Ş. Andronescu is also in two parts, called *Dicţionar de buzunar englez-român* and *Dicţionar de buzunar român-englez*, Bucharest, revised 1966. A tiny, but fatter, work is by A. Bantaş, *Mic dicţionar englez-român* and *Mic dicţionar român-englez*, Bucharest, 1965. The phrasebook currently available is by M. Miroiu, *English–Romanian Conversation Book*, Bucharest, 1966. The handiest all-Romanian dictionary is *Dicţionarul limbii romîne moderne*, published by the Romanian Academy, Bucharest, 1958. The Academy also publishes the most comprehensive grammar of the written language, *Gramatica limbii române*, Bucharest, latest edition 1966. There is no grammar of contemporary spoken Romanian.

For those who know French or German, the choice is somewhat wider. A good short introduction both to the nature of the language and to Romanian literature is a German work, containing very full bibliographies, by

K.-H. Schroeder, *Einführung in das Studium des Rumänischen*, Berlin, 1967. For those who would like to begin reading original works of literature, the following can be recommended:

E. Tappe, *Rumanian Prose and Verse*, London, 1956

The Romanians publish a large number of little books in English about the country for tourists and businessmen. A larger work for tourists is entitled *Romania, A Guidebook*, Bucharest, 1967. Useful British works are:

T. Appleton, *Your Guide to Rumania*, London, 1965
P. Latham, *Romania: A Complete Guide*, London, 1967
W. Forward, *Romanian Invitation*, London, 1968

CLASSIFIED INDEX

A number of grammatical words listed in the Lesson Vocabularies are not discussed in Grammar sections and therefore do not appear in this Index. They can be located by referring to the Romanian Word List.

Some of the items can be labelled in a number of different ways, depending on their function, but they are classified in the Index only according to their (apparently) central use.

The references are to paragraphs.

B. The Verb Phrase

TEACH YOURSELF BOOKS

POLISH

M. Corbridge-Patkaniowska

This book offers a comprehensive course in modern Polish for the beginner. The complicated grammar and changes of word form are gradually introduced with helpful examples from everyday speech. The book also provides a thorough grounding in pronunciation, vocabulary and idiom.

'. . . an excellent introduction to a most difficult subject. The author has achieved considerable success . . . The intelligent reader should be able to make good headway in the language.'

Higher Education Journal

TEACH YOURSELF BOOKS

RUSSIAN

Michael Frewin

Russian is always thought to be a very difficult language but, in fact, it is not so much difficult as different. Only half the population of the Soviet Union speaks Russian as their mother tongue – the other hundred million learn it as a foreign language and accept this as natural.

This book aims to give a good working knowledge of the language. It consists of twenty lessons, each containing a reading passage, a section to explain new grammatical points, and exercises which practise the new material in many different ways. A key to the exercises is included and, as well as the grammar notes in each lesson, a summary of all the main forms is given in the appendix.

At the end of the book, a selection of reading passages is provided which are all derived from contemporary Soviet sources and are completely unabridged. They are thus a real guide to the progress the student is making and hence a particularly valuable feature of the book.

TEACH YOURSELF BOOKS

CZECH

W. R. and Z. Lee

This book provides a systematic and practical approach to both written and spoken Czech. The thirty-seven carefully graded units introduce the main grammatical points in easy stages, paying particular attention to the needs of the English-speaking student.

Exercises to test and reinforce understanding are provided throughout, and a selection of reading passages with comprehension questions is given at the end of the course. An extensive Czech–English vocabulary and a useful bibliography are also included.

TEACH YOURSELF BOOKS

SERBO-CROAT

V. Javarek and M. Sudjic

This book is a complete course for beginners in Serbo-Croat, the language spoken over the greater part of Yugoslavia.

The course is divided into a series of twenty-five carefully graded lessons, each complete with translation pieces and exercises. Keys to these are to be found at the end of the book, along with an extensive general vocabulary, the course having been devised with the student working on his own in mind.

'Undoubtedly the best work of its kind . . . will certainly be welcomed by the increasing number of travellers and students who desire to learn the principal language of Yugoslavia.'

Slavonic and East European Review

'A direct, compact, up-to-date and reliable text-book of Serbo-Croat.'

Novin (British Yugoslav Society)

TEACH YOURSELF BOOKS

ITALIAN

Lydia Vellaccio and Maurice Elston

This book assumes no previous knowledge of Italian and takes you to the point at which you can read and write simple texts and join in everyday conversation. The twenty-four carefully-graded units focus on communication in a wide range of practical situations and provide all the Italian you need to feel confident about travelling, shopping, ordering a meal, and coping generally with everyday life in Italy.

Each unit contains lively dialogues, introducing useful vocabulary and essential grammar which is clearly and simply explained and then practised in a variety of exercises. Information sections and authentic illustrative material complement the dialogues and offer a valuable insight into the Italian way of life. A key to the exercises, a grammar index and a comprehensive Italian–English vocabulary are also provided.